愛的讚歌

林明理著

文學叢刊

文史哲出版社印行

國家圖書館出版品預行編目資料

愛的讚歌 / 林明理著. -- 初版 -- 臺北市：文史哲出版社, 民 112.05
頁； 公分 --（文學叢刊；471）
ISBN 978-986-314-638-4（平裝）

863.4 112007628

文 學 叢 刊 471

愛 的 讚 歌

著 者：林 明 理
出 版 者：文 史 哲 出 版 社
http:// www.lapen.com.tw
e-mail：lapen@ms74.hinet.net
登記證字號：行政院新聞局版臺業字五三三七號
發 行 人：彭 正 雄
發 行 所：文 史 哲 出 版 社
印 刷 者：文 史 哲 出 版 社
臺北市羅斯福路一段七十二巷四號
郵政劃撥帳號：一六一八〇一七五
電話886-2-23511028 · 傳真886-2-23965656

定價新臺幣六四〇元 彩色版一六八〇元

二〇二三年（民一一二）五 月 初 版

ISBN 978-986-314-638-4 10471

勤奋有成，祝贺明理博士

《爱的赞歌》出版！

张智中

2023.4.16.

天津

詩壇呈現一片美麗的天空

文壇出現大道光芒的願景

恭賀

林博士明理新著出版

彭正雄 [印：彭正雄] 謹識

二〇二三、五、十二

愛的讚歌

目 錄

contents

張智中題詞 1
彭正雄題詞 2

（一）散文暨新詩 Prose and poetry

1. 再別阿拉巴灣 9
2. 華源村即景 13
3. 金樽的黃昏 17
4. 月光下的東興部落 21
5. 北里村漫遊 25
6. 遙望嘉蘭村美景 29
7. 永康部落旅思 33
8. 布農部落遊趣 37
9. 重生的喜悅 41

10. 大南圳漫影 46
11. 玉里鄉野物事 49
12. 永安村即景 53
13. 七月的思念 57
14. 你一直在我身邊 60
14. You are always by my side 61
15. 傾聽山水清音 63
16. 戀慕加津林部落 67
17. 魯拉克斯部落遊記 71
18. 夏日已逝 74
18. Summer is gone 75
19. 又見油桐花開 77
20. 重遊加路蘭部落 79
21. 秋夜旅思 83
22. 走進秋天 87
23. 雙流森林尋幽 90
24. 山中冥想 94
25. 安通部落紀行 98
26. 漫遊成功鎮偶思 102
27. 沉醉秋日田野 106
28. 情繫都蘭村 110
29. 雨後的山村 115
30. 七星潭的晨歌 118
31. 風中絮語 122
31. Whispering in the wind 123

32. 拉索埃部落尋幽 125
33. 和風吹遍迦納納 129
34. 桃源部落懷思 133
35. 光復鄉漫遊拾影 137
36. 在匆匆一瞥間 141
36. In a quick glance 142
37. 初冬的一個早晨 143
38. 雨後的光燦裡 147
39. 時光深處的馬太鞍 150
40. 星空下的撒舒而雅 154
41. 光復鄉疊景 158
42. 丹路山村逍遙遊 162
43. 尚武村尋幽 165
44. 花蓮港旅思 169
45. 瑞穗尋幽隨想 173
46. 海生館旅思 176
47. 抒寫膽曼部落 180
48. 聖誕節懷思 183
49. 雨後的尚武村 186
50. 元旦述懷與祝福 190
51. 冬夜遐思 194
52. 長長的思念 197
53. 烏俄戰火下的祈禱 199
54. 時光深處的巴拉雅拜 200
55. 歲暮遐思 203

56. 難忘的年節往事 207
57. 奇美部落之秋 211
58. 迎春的旅思 215
59. 北京湖畔遐思 218
59. Reverie by the Lake in Beijing 219
60. 初春思鄉情 220
61. 漫步黃昏鄉野中 223
62. 奇美部落旅痕 227
63. 重遊新園部落 230
64. 悼土耳其強震 233
65. 春節感懷 236
66. 重複的雨天 240
66. The endless rainy days 241
67. 聆聽濕地跫音 244
68. 冬季裡的思念 247
69. 走讀瑪家鄉部落 251
70. 偶遇山嶺榴部落 254
71 永懷吳開晉老師 257
72. 春暖遊思 260
73. 光陰裡的七腳川 264
74. 知本濕地遐思 268
75. 古樓部落遊蹤 272
76. 在風中，愛妳 275
77. 稻葉部落旅思 277

（二）詩評暨文學評論 Poetry review and Literary review

（二）詩評暨文學評論 Poetry review and Literary review 280

78. 《星星的孩子》賞評 285
79. 米拉·洛赫維茨卡婭抒情詩印象 285
80.《時空之外 — 非馬新詩自選集》評賞 292
81. 夜讀《出版人瑣記》 300
82. 席慕蓉抒情詩三首的探新 303
83. 夜讀谷羽的詩 309
84. Seeking sensibility in tranquility—From the perspective of "Lu Xun's Illustrated Biography" 317
84. 尋找恬淡中的感性 — 以《魯迅圖傳》為視角 318
85. 莫渝譯詩《瑞典與丹麥》賞析 326
86. 夜讀卡扎科娃的詩 334
87. Kurt F. Svatek 抒情詩賞析 338
87. Appreciation of Lyric Poems by Kurt F. Svatek 342
88. 夜讀蔡輝振詩集《思無邪》 350
89. 試析喬凡尼坎皮西抒情詩三首 355
89. Analysis of Three Lyric Poems by Giovanni Campisi 361
90. 紮根於鄉土的行吟 368
90. Lyrics Rooted in the Country 374
91. 庫爾特·F·斯瓦泰克的詩歌藝術 382
91. The Art of Poetry by Kurt ·F·Svatek 388
92. 夜讀張智中的詩 395

93. 追求光明的勇者 — Sara Ciampi 的詩世界 400
93. The Warrior-Pursuer of Light 406
94. 托馬斯•特蘭斯特羅默 《巨大的謎語》賞析 416
95. 淺析蔡榮勇的詩 423
96. 瓦西里基•德拉古尼的詩歌藝術 430
97. 真摯的詩情與崇高美的融合 — 讀倫扎·阿涅利的詩 ... 435
後 記 *postscript* 440

(一)詩評暨文學評論(Poetry review and Literary review)

林明理畫作(山村曉色)及攝影,此畫存藏於臺灣的「國圖」,「當代名人手稿典藏系統」,臺北市。

1. 再別阿拉巴灣

一大清早就下起了雨，我靜靜地坐在書房，聽著雨聲淅瀝，心也彷彿溢滿了莫名的思緒……終於，把我帶到那日到過的一座阿美族的山村——阿拉巴灣，我心中的桃花源。

那是一個蟬聲響亮的夏日清晨，當我來到馬武溪橋上眺望泰源村，青山幾座、溪水清澈和緩，伴著鳥聲靜靜地流向遠方。那美帶著恬靜，而我寧願選擇親近絕塵無垢的山村，更甚於都會裡繁華的雍容。

這時，吹過泰源盆地鄰近馬武溪下游的微涼清風，也吹著泰源村歷史悠久的阿拉巴灣部落（Alapawan）美麗的山林。幽谷中的山巒一片蔥綠，老樹濃蔭，樹葉和空氣充滿著芬芳。我細細領略山間美妙的鳥聲、陽光和蝴蝶……美得輝燦。

清風裹著大地的芳香，也含著潭面水色澄碧，成群的飛燕穿梭於山谷。我看到老街上早起的菜販、麵店，趕著送貨的農夫，還有警察局、聚會所、泰源國小，這些交錯紛疊的影像，最後被凌空而來的一隻大白鷺劃破。

恍惚中，我聽見了歲月低語，也鑒賞這座位於登仙橋休憩區至泰源村之間部落的歡笑……而眼底的阿拉巴灣，四周都閃耀躍動。它的光芒源於由馬武窟溪孕育而成的河谷盆地，所有的聲音源於溪水，也潤澤村落，在水流匯集處彈撥美麗的交響曲……讓阿美族古調的委婉與高亢，傳唱得更寬廣遼闊了。

據說，早在一八七九年，清朝夏獻綸的《後山總圖》，就繪出「阿那八灣社」。日據時期將村名改稱「阿望八灣社」、嘎咾叭灣社及「高原」部落，光復後才改名為「泰源」。

早期的族人多來自花蓮縣富里、瑞穗等地，因四面環山，地表高低起伏差異大，讓狩獵時容易迷失方向，因而阿美族語稱之為 Kariparawan，意指為「迷失方向之地」，阿拉巴灣便由此轉音而來。

臨睡時，隱隱有一絲涼風襲來，窗外的雨聲令人感到平靜。我依然可以呆呆地想起山村，在雨夜裡……空氣中仍殘留那天陽光的味道。再別阿拉巴灣，我止不住想念那山水的聲音，想聽聽耆老談談記憶中的往事。

我想起那天在泰源天主堂廳前的長椅上全都是老人，我盡可能倚在車窗往外張望，就看到有位年輕族人正忙碌地照料他們，遠看令人感動……在記憶中部落裡的老人便顯得愈發慈祥。

我努力記住，那兒有寂靜的街道、蔥綠的樹木，土地肥沃和有生氣的溪水……阿拉巴灣的背影在我面前，依然閉目吟唱。還有那擦身而過、被我問路的孩童，天真的回眸，就像閃爍在夜晚的星星，讓我顧盼，滿心祝福。

雨慢慢地下了，就像唱著一首思念的歌。很幸運今生有位知音，成為我寫作最大的分享者，也激勵我追逐夢想的意志。我喜歡初老有這樣的生活方式，心境離大自然愈近，愈令我心存感恩。

－2022.06.09 作

青年日報　2022.7.3日

中華民國111年7月3日　星期日　副刊 15

再別阿拉巴灣

◎林明理

一大清早就下起了雨，我靜靜地坐在書房，聽著雨聲淅瀝，心也彷彿溢滿了莫名的思緒……終於，把我帶到那日到訪的一座阿美族的山村——阿拉巴灣，我心中的桃花源。

那是一個鮮豔響亮的夏日清晨，當我來到馬武窟橋上眺望泰源村，青山翠巒、馬武窟溪緩和地，伴著飛鳥靜靜地流向遠方。那美景靜謐，而我寧願選擇親近絕塵無染的山村，更甚於都會裡繁華的喧囂。

這時，吹過泰源盆地靠近馬武溪下游的微涼清風，也吹著泰源村歷史悠久的阿拉巴灣部落（Alapawan）美麗的山林。幽谷中的山巒一片蒼綠，老樹濃蔭，樹葉和空氣充滿著芬芳。我細細領略山間美妙的鳥聲、陽光和靜謐……美得輝煌。

清風裹著大地的芳香，也含著潺潺水色登碧，成群的飛燕穿梭於山谷。我看到老街上早起的菜販、麵店，趕著693的農夫，還有警察局、聚會所、泰源國小，那些交錯紛繁的影像，最後被凌空而來的一隻大白鷺劃破。

恍惚中，我看見了歲月低語，也驚覺這座位於登仙橋休憩區至泰源村之間部落的歡笑……而眼底的阿拉巴灣，四周都美麗靈動。它的光芒源於由馬武窟溪孕育而成的河谷盆地，所有的聲音源於溪水，也瀰漫村落，在水流匯集處彈奏美麗的交響曲……讓阿美族古調的委婉與高亢，傳唱得更為興趣盎然了。

據說，早在一八七九年，清朝夏獻綸的《後山總圖》，就描繪出「阿那八灣社」。日據時期將村名改稱「阿那八灣社」、「嗄吧叭灣社」及「高原」部落，光復後才改名為「泰源」。

早期的族人多來自花蓮縣富里、瑞穗等地，因四面環山，地表高低起伏差異大，狩獵時容易迷失方向，因而阿美族語稱之為 Kariparawan，意指「迷失方向之地」，阿拉巴灣便由此轉音而來。

幽靜裡，隱隱有一絲涼風襲來，窗外的雨聲令人感到平靜。我依然可以呆呆地想起山村，在雨夜裡……空氣中仍殘留那天陽光的味道。再別阿拉巴灣，我止不住想念那山水的聲音，想聽聽耆老談談記憶中的往事。

我想起那天在泰源天主堂鐘樓前的長椅上坐著那老人家，我總可能倚在車窗往外張望，就看到有位年輕族人正忙碌地照料他們，還看令人感動……在記憶中部落裡的老人便顯得愈發慈祥。

我努力記住，那兒有寂靜的街道、蔥綠的樹木，土地肥沃和有生氣的溪水……阿拉巴灣的身影在我面前，依然明白透明。還有那緣身而過、被我問路的孩童，天籟的回眸，就像閃爍在夜晚的星星，讓我翹盼，滿心祝福。

雨慢慢地下了，就像唱著一首思念的歌。很幸運今生有位知音，成為我寫作最大的分享者，也鼓勵我追逐夢想的意志。我喜歡和老有這樣的生活方式，心境離大自然愈近，愈令我心存感恩。

林明理畫作（山村晚色）

—刊臺灣《青年日報》副刊，2022.07.03，

及畫作 1 幅，攝影 1 張。

林明理畫作及攝影

2. 華源村即景

第一次被大海所觸動，是在雨後朦朧的拂曉中。而後，不止一次，我會悄悄來到太麻里站前，諦聽那古老的風用莊嚴的語調向我問候。

當浪花用吻把過往的記憶喚醒，而遠方的綠島已成了我心底的思念的時候，那浮雲，便悠然地在山岩上微笑了。

這次歸來，我刻意驅車彎進一條閱盡滄桑卻令人欣羡的山路。我看到了一幅古樸卻充滿趣味的彩繪圖，那是華源社區的指標。一條蔥綠的林中小徑，在原始林的綠蔭下，佈滿清新的芬多精，也遺留了昔日遠從彰化、雲林、南投陸續遷移來的村民共同開墾、走過艱辛歲月的車跡、足痕。

而通往華源灣眺望台的路上，也讓我向著旅人的足音，極目遠眺太平洋日出的壯闊。看看那早起的幾處漁家燈火，還有更遠處的綠島、蘭嶼，看那南迴鐵路上奔馳掠過的車影，心中竟有種莫名地感動。

這一瞬，風吹飄然。我只想變成一棵大樹，靜靜地伸向天穹……隨著思緒盪回愛做夢的童年，去尋覓年少的天真。就好像真能摘下一朵飄逝的雲，或諦聽得到雞鳴於家鄉、水聲潺潺，太陽的呼喚……恍若是夢。

不久後，繼續跟著風的裙步，緩緩地踏響山林。一路上招手的風鈴草、白蝶、伯勞鳥的叫聲，已化成一片片寧靜。我直想把縷縷晨光剪下，鐫刻在山坡上的樹梢、果樹上，在這一個夏日清晨，在七點十分。

轉身離開時，一輪紅日浴在太平洋海面上，而村裡的故事，像透明的漏斗，順流在昔日遠從西部遷徙而來歷史的橫軸。當我適巧貼近一家街屋，就聞到了陣陣傳來的咖啡香，徐徐地……徐徐地，令人難忘。

我一邊張望，一邊跟著迎面而來的村民打招呼，一邊想起，有次偶遇到當地種植阿拉比卡咖啡的專家。我深信，這裡的農民成功的背後，肯定是勤奮。

他們大多以耕種釋迦、波蘿蜜，或蜂蜜、咖啡等農業加工品為生，親切而善良。

當我回首這個數十載風雨吹過的小村，並認真地記住了每一處果園和努力開墾的鄉路。忽然，就想起了楊牧編譯的《葉慈詩選》，書裡有一小段詩句讓我愛不釋手、難以忘懷：

我知道那沉睡的鄉野，天鵝繞圈子飛
雙雙以金鎖作對，一邊飛一邊歌唱。

原來詩人葉慈一生中有許多回憶都在其家鄉愛爾蘭之外，但他晚年，從對家鄉的想望一直書寫到生命圓融的時候，心境也就趨於淡泊平靜了。

當我再度轉身一望，遠山含笑，村落的背影顯得溫柔而肅穆。我愛極了這種恬靜、與世無爭的村落，帶有一種無法形容的和諧、新奇的享受，遂而拍下許多鏡頭，鏡頭隱在村裡樸實無華的寧靜中。至今，或者在很久很久以後，我想，我仍會不期然地記起華源村……那山長水闊的歌聲。

-2022.05.26 作

3 馬祖國際／副刊

馬祖日報 2022.7.4

中華民國一一一年七月四日／星期一

報復性出遊 暑假國旅訂單看俏

發表蔡復一畫像修復成果 金門文資登上國際平台

澎湖海廢地景藝術型作品吸睛

遠距醫療擴大對象

桃園神社 台灣現存最

成人睡7至9小時保心臟健康 列入最新「生命八要素」清單

華源村即景

文／圖：林明理

－刊臺灣《馬祖日報》副刊，2022.07.04，及畫作 1 幅，攝影 5 張。

攝影作品：林明理

3. 金樽的黃昏

今年三月，百花在沉寂之後，繽紛燦爛；與此同時，國際面臨巨大的動盪。索性選擇一個黃昏，獨往金樽漁港，面朝大海，看潮起潮落，以此舒解憂愁。

一隻大白鷺不知來自何方？牠緩緩地掠過海的一方，風兒依戀地跟隨著……或前或後。我好像也變成了一隻鳥，展開翅膀，自由飛翔。

停在休憩區，試圖由上俯瞰整個金樽的陸連島。遠遠的，純淨的沙灘為天邊的金光所罩住。綠島則露出朦朧的身影，酷似一隻俯臥的雄獅，昂首望向幻變的上空，一面深情地凝視著前方，彷彿正要跟久違的朋友寒暄一番。

而我突然心中充塞著莫名的感動和空想，覺得眼前這一幅臺灣唯一現在進行式的陸連島美景，有全然體現唯美而獨特的本色。周遭雖然靜寂，心情卻即刻轉換成雲彩炫耀般快樂，又像隻從月宮蹦跳而出的小白兔。

約莫二十分鐘後，便來到漁港的入口，一座廢棄的哨站旁。春風以溫柔的歌聲喚醒了馬鞍藤，還有海濱植物的莖芽，在沙丘緩慢地吹拂……在此，耀眼的藍，帶出天幕下陸連島熒熒的光和蒼鬱的山巒。

一切的一切，都那樣和諧地落入我的眼眸。那瓦藍色的金樽衝浪小屋，還有浪花正敲擊著礁石發出清脆的聲響……宛如雲彩的喝彩。

終於我踏上了美麗的沙灘，並沉醉於黃昏的和諧。一開始，目光所及的相接相遇，讓我忘卻一切，融入悠然自在的衝浪者的嘻笑氛圍之中。猛一轉身，卻受到歸航的漁船入港的那一幕辛勞的情景所動。

就在同一時刻，春天靠過來了，似要把捕魚人臉上映照的滄桑一拂拭，再獻給人間，重新孕育希望。它輕輕走過漁村前的小路，在風的號角中前進，直到玫瑰色的天空慢慢轉淡，在陸連島上方，現出一幅無與倫比的圖案。

那是金樽，恰似諸神遺落人間的畫，在東河鄉安然無恙。它孤單地在海灘上唱歌，在距離山村和形狀似酒杯般美麗的海灣之間……我隱約聽見了它的歌聲。

歸途，掠過沿途的椰林和屋宇。我繼續平行地奔向綿延的海岸。看哪，那是都蘭山，那是溪流和樹林，永不間斷地向前奔流和生長。在天穹下的大地塵土，都是我眷顧的地方。

我忽然想起了鄭愁予在《夢土上》的詩（夜謌），末段裡說：「當輕愁和往事就像小小的潮的時候，／你必愛靜靜地走過，就像我這樣靜靜地／走過，這有個美麗彎度的十四號碼頭」。是啊，詩人澄澈的眸光，必然比一般人思想來得深刻、浪漫。當他回想起自己的往事時，世事漫漫，想必心中也付之淡然。

我知道，世事本無常，能活在當下，一如漁舟奮勇的前進，就是希望。那金樽的山海灣，還有迎接耳語的浪花，是如此輕柔，也教我難忘！

—2022.03.08 作

6 浯江副刊　2022.7.4　金門日報　中華民國一一一年七月四日　星期一

浯江夜話

金廈大橋的政治信號

◎李福井

山水探索歷程

◎杜甘宏

金樽的黃昏

◎林明理

橘子

◎黃恩亞

－刊臺灣《金門日報》副刊，2022.07.04，及攝影 1 張。

攝影作品：林明理

4. 月光下的東興部落

今夜，仰望萬點繁星。我想起有一片莊嚴、白皙的野百合，如風吹過原野，縈迴在山谷與我的夢之間，讓我毫不猶豫地迎向卑南鄉「達魯瑪克」〈Taromak〉，一個有澄淨的溪流經過，上千個魯凱族人居住的村落。

夢中，一隻美麗的雲豹緩慢而謹慎地走來，在空濛的溪邊輕輕地啜飲……而後，便踮起腳尖敏捷疾奔而去。這短暫的邂逅，就像進入蒙太奇的空間裡，在光影裡無聲播放，又似久違的老友令我難忘。

許多許多年後，山澗小溪的野百合持續地唱著，歌聲穿越三百多年前的一個月夜，回到達魯瑪克部落的祖先在卡帕里瓦（Kapaliwa）舊社的土地，更顯得悅耳。

那一夜，在幸福的夢境中，我聽見族人在吟唱古謠……風兒回到我身邊，我與之交談。月一樣美，貓頭鷹、山羌、水鹿等開始活躍。

傳說達魯瑪克祖先是太陽神的後裔，因大洪水時代曾到肯杜爾山避難，等洪水退去才建立部落。直至日據時期，因遭逢一場大火，幾經波折，才遷移到現在的東興部落，也就是意指「勇士居住之地」的「達魯瑪克」。

在去年榮獲柏林臺灣影展閉幕片的《尋找達魯瑪克》中，我看到一張由林務局空拍的東興部落，在晴空中，像光那樣放射出光芒！恍惚中，有勇士的歌聲迴盪在山中，久久不去……他唱出部落的滄桑、族人的喜樂與愛，也唱出找回部落的根，以及最深處的思念。

影片中所呈現族人的生活方式，以及對族語斷層的憂處，傳達的訊息和意義，最能觸動我心。遂而想起在這文化園區打球的一對兄弟，年長的哥哥剛從大學畢業，他說：「我想先返鄉，看自己能為部落做些什麼？想要從中找到自己。」而今，仍能聽到他對未來存著盼望，周遭有花草的樸實與芬芳。

這次歸來，光陰瞬換。因疫情關係，一路走來，街上顯得特別寂寥。不變的是，站在比利良橋往上看，青山依舊，樹林發光。一隻黑鳳蝶停歇在血桐樹的圓葉上，慢慢地散發即將飛去的可愛光芒……還有群蟬的叫聲，響徹四方。

樹葉在林中竊竊私語，花斑鳩、梳理羽毛中的綠繡眼和大地萬物，仍與我那麼親近。靜謐中的蟲鳴鳥叫，如天堂般和諧。大南圳沉沙池水利公園的涼亭，似乎在凝望天空的雲朵、溪水與山巒。這一切就像造物者賦予部落的神奇一樣，讓我的心極為感動，彷彿大自然也以一朵花在我頭上加冕。

當第一隻公雞開始啼叫後，我看到族人已騎著機車或小貨車外出工作了。整潔的步道上，只有幾位慢跑的，或散步中的老人與我擦身而過，向我揮揮手。部落的風總是甜甜地吹……它不像都市的地景音樂，但在我心靈內卻更有曲調。

—2022.06.15 作

青年日報　中華民國111年7月10日　星期日　副刊 15

月光下的東興部落

◎林明理

今夜，卻是萬點繁星。我想起有一片莊嚴、白皙的野百合，如風吹過原野，突然在山谷與我的夢之間，讓我想不自覺地跟向卑南語「達魯瑪克」（Taromak），一個自渡淨的溪流經過，上下為魯凱族人居住的村落。

夢中，一隻美麗的雲豹緩慢而優雅地走來，在空曠的溪邊輕輕地漫步……而後，便跳起靜美敏捷地奔向而去。這短暫的邂逅，就像進入象大奇的空間裡，在光影裡綻放，又似入寐的宛夜令我難忘。

許多許多年後，山澗小溪的野百合持續地唱著，歌聲穿越三百多年前的一個月夜，回到達魯瑪克部落的祖先在卡帕里瓦（Kapaliwa）舊社的土地，更顯得悅耳。

那一夜，在幸福的夢境中，我聽見族人在吟唱古謠……風兒回到我身邊，我與之交談。同一樣美，蝴蝶、山羌、水鹿等開始活躍。

據說達魯瑪克祖先是太陽神的後裔，因大洪水時代曾到肯杜爾山避難，等洪水退去才建立部落。直至日據時期，因遭逢一場大火，幾經波折，才遷移到現在的東興部落，也就是稱指「勇士居住之地」的「達魯瑪克」。

在去年榮獲柏林臺灣影展的紀錄片的《尋找達魯瑪克》中，我看到一張由林慧芳空拍的東興部落，在晴空中，像光那樣放射出光芒！恍惚中，有勇士的歌聲迴盪在山中，久久不去……他唱出部落的滄桑、族人的歡笑與憂愁，也唱出找回部落的根，以及最深處的眷念。

影片中所呈現族人的生活方式，以及對族語斷層的憂慮，傳達的聲與和感動，最能觸動我心。遂而想起在這文化園區打球的一對兄弟，年長的哥哥剛從大學畢業，他說：「我想先返鄉，看自己能為部落做些什麼？想要從中找到自己。」而今，仍能聽到他對未來存著的盼望，周遭有花草的樸實與芬芳。

遠天隱來，光線漸緣。因這樣開始，一
走來，街上顯得冷清寂寥。不變的是，
比利良橋在上看，青山依舊，樹林發光。
隻紫嘯鶇停歇在卸板樹的欄杆上，慢慢地
象徵將飛去的可愛光芒……還有無數的
響徹四方。

當夢在林中飄飄起舞，花斑鳩、杭理
中的綠繡眼和大地萬物，仍與我那麼親近
靜謐中的鳥鳴鳥叫，如天堂般和諧。大南
泥沙池水利公園的涼亭，似乎在凝望天空
雲朵、溪水與山巒。這一切就像是物香
部落的神奇一樣，讓我的心極為感動，彷
大自然也以一朵花在我頭上加冕。

當第一隻公雞開始啼叫後，我看到族人
騎著機車或小貨車外出工作了。整潔的步
上，只有幾位慢跑的，或散步中的老人與
擦身而過，向我揮揮手。部落的風總是甜
地吹……它不像都市的地景音樂，但在我
靈內卻更有韻調。

珠頸斑鳩

利嘉溪景

達魯瑪克文化園區

井

◎張威龍

水汪汪的雙眼
看盡人間多少繁華
日漸落寞
終歸於寂靜

荒煙蔓草處
依然守候著歲月
流淌無聲

－刊臺灣《青年日報》副刊，2022.07.10，及攝影 3 張。

攝影作品：林明理

5. 北里村漫遊

驟雨過後，院子裡懸掛著累累百香果，桂花的淡香，使我記起不久前某一天清晨，我沿著省道順著海濱蜿蜒而行。太平洋親切的呼喚向遠處延伸：有晨曦中的綠島，鳥聲與棋盤腳，一直伸展到太麻里站前的天空與寧靜的村落。相接之處，海水在中央山脈與沿海平原之間，在湛藍與墨綠的交錯之間，靜靜地盪漾。

彎進北里村入口，我看到排灣族雕像及許多美麗的圖騰。再沒有比這裡更安靜純樸的山海風景了。在這裡，我可以四處遊蕩，在幽深的寧靜中遐思。

驀然回首，一群小燕子飛入我眼眸，洋溢著驚異又幸福的表情，瞅瞅我，讓我可以想像，牠們結伴的欣喜有一半是對於村裡的愛。時間靜靜地消逝了，在這個涼爽迷人的夏日清晨，當我來到山多、平地少的太麻里（Tjavualji），排灣族語意指「被樹林所覆蓋的地方」。

當地耆老說，源自三百多年前，由大武山麓建立 Pu-tung 部落，陸續移居至現今所住的撒布優（Sapulju）部落，又稱「新興部落」。而目日卡樂（Muzekale）部落是在一九二七年遷入北里村，鄰近的給拿布樂部落（Ginabuleke）則在翌年相繼遷入。

這裡的族民多從事於種植釋迦、洛神、芭樂、生薑、柑橘、百香果等，民風純樸。他們世代在這裡勞動、生活著，或許不盡然都能事事順遂，但在任何困難下，他們都樂天知命，勇往直前。

山裡的風亦步亦趨，跟著我一路走下去。在我眼睛深處很遠的地方，是太平洋的海，它比青天的色彩更深邃、更湛藍。

當我走到北里村目日卡樂部落頭目的家屋前，我不禁拿起相機拍攝屋牆上的圖騰，卻引發坐著聊天的老族人關切的眼神。其中有位主動站了起來：「妳看，這是我們頭目的家，這屋裡也出了一位現任的東華大學教授哦。」老先生滿臉驕傲地說。

「真了不起啊！」我豎起大拇指。他們都很平易近人，不知不覺間，便聊起了部落遷徙的過程。而另一位老人家也搶著回答說：「由那面牆可以看到我們排灣族的琉璃珠和圖騰啦。」她微笑地用手指著前方不遠處。

「哦！我知道了。謝謝您們。」我揮揮手點點頭，不覺又來到另一個頭目的家屋前。雖然從周遭的彩繪牆可以強烈地感到時光流過村裡的足跡，但由這裡望去，令人懷舊的老屋，和沿途的花木交相輝映，空氣中散發出純淨的味道……多變的天空正俯瞰著下方那片掩映著山巒的樹林和翠綠的果園。

在這廣闊的平靜中，我盡情領受大自然的美好，諦聽野鳥同花朵共譜和鳴的聲音。哪怕只有短短幾個小時，它已濃縮成歡愉的記憶，讓我的心靈充滿了天空的藍與期許；而北里村那幾位老族人樸實的話語，也讓我的旅遊增添更多的溫馨。

—2022.05.21 作

2022.7.17 青年日報

青年日報　中華民國111年7月17日　星期日　副刊 15

北里村漫遊

◎林明理

↑目日卡樂部落石碑

↑排灣族頭目配刀圖騰

－刊臺灣《青年日報》副刊，2022.07.17，及攝影 3 張。

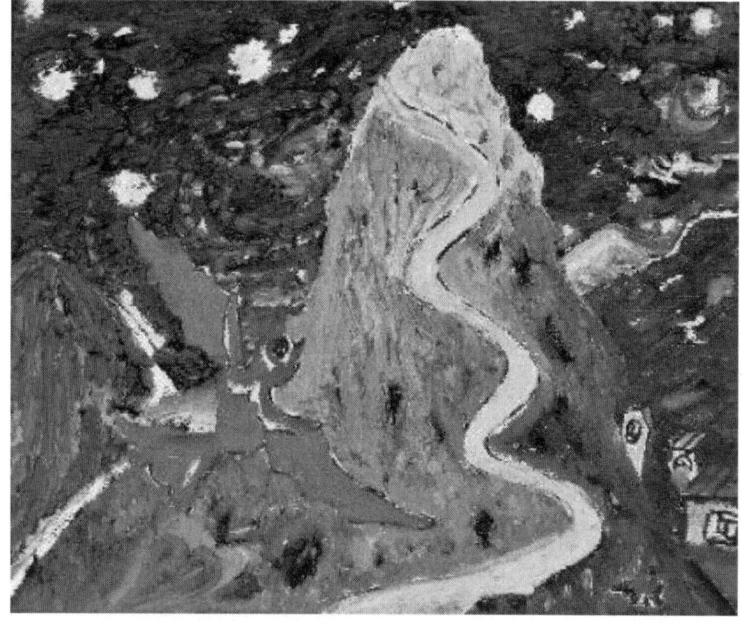

林明理畫作（夜思）

6. 遙望嘉蘭村美景

今夜，為我引路的星辰閃耀不停，讓我的思緒跟著緩緩流動，飛向了嘉蘭村深邃的天穹……恍惚中，我聽到了一首排灣語古謠「naluwan」，歌裡充滿了回憶，令我想起故鄉難忘的歡聚時刻。

幽婉歌聲，在夏夜獨自行走於寧靜的月光下時，我想起了一座拉冷冷大橋，在我的心中。那樂音就像雨後風中帶來了泥土的氣息，讓山谷的野百合開了；有鳥雀婉轉又嘹亮的鳴唱，溪水淙淙。

溫暖曲調讓我感到世界如此安靜，彷彿又回到那天驅車穿過一切如舊的山巒和溪橋，通向一條重生的部落之路……而太麻里溪緩緩潺潺，仍綿延著流動。

「請問，這裡是嘉蘭部落嗎？」一下車，正巧遇到三位年輕族人在嘉蘭教會門前忙碌著，我不禁佇立原地。

「是啊，是啊！」他們搶著回答。那時候群峰飄浮著雲霧，一旁有兩個幼童開心地玩耍。我看到這座古樸的村落，霧氣和彩繪牆的圖騰，空曠的街巷，還有教會的光芒。風仍徐徐地吹拂，吹過夏日閃亮的山溪，浮現在澄碧的天空上。

早已聽過金峰鄉的第一大村嘉蘭部落，位於太麻里溪下游北岸。當地原住民稱為 Bulibolison（布邏布路深），意指多霧、多大樹的村落。

終於，我來了。沿途所見，不只是樸實無華的風景，更是距離莫拉克風災相去近十三年的所在。時至今日，這條通往當年被風災重創的嘉蘭村可還安好？我不由得擔心起來。儘管如此，我還是想去看一看。

沿途景致優美，山巒蓊鬱，古木矗入藍天。站在嘉蘭碉堡公園俯瞰下的溪谷，景色清幽；但僅駐留片刻，便繼續奔往嘉蘭遊客服務站。我凝視眼前一整排原住民頭目的木雕和小小的蓮池，彷彿時光是可以延長的，讓我足以感悟嘉蘭村走過風雨的歷史。

相傳，原居知本溪上游 Kaaluwan 社的排灣族人率先移到太麻里溪下游北岸。民國三十四年以後，又有從太麻里溪上游支流等溪岸的部落遷移到此地，村內主要族群為排灣族和魯凱族。

我看到週日的嘉蘭村活動中心內，正在舉辦一場喜宴，參與的親友們都盛裝以待，洋溢幸福。嘉蘭村溫泉公園旁，有一排西側永久屋，石牆上鐫刻著當年風災的空拍圖；還有紀念誌石碑旁，一片翅果鐵刀木在簌簌山風中搖曳，開得燦爛！

我看到因風災遭受沖毀的嘉蘭橋，早已重建為「拉冷冷大橋」。當年的悲愴肯定遠比用筆描述出來的任何文字更加深刻。但我想，人生的旅程中本有許多波折，部落裡族人勇敢的生存意志，讓我領悟到更多的啟示。

當自己聆聽歲月低語，我學會了向幫助我的人感恩；鑑賞嘉蘭村的歡笑，於每絲微微的感動中，都會讓我由衷地獻上祝福。

—2022.05.17 作

2022.7.24

青年日報　副刊

遙望嘉蘭村美景

林明理

吟遊人生

寶島聚焦見光景

蔡富澧

黃昏　紀明宗

—刊臺灣《青年日報》副刊，2022.07.24，及畫作 1 幅，攝影 2 張。

林明理畫作及攝影（此畫存藏於臺灣的「國圖」，「當代名人手稿典藏系統」，臺北市）

7. 永康部落旅思

報載，油芒舊稱為「蘆麥」，它在部落間消失近半世紀後，竟因有位族人想要找回布農族傳統穀物，引起了中研院科學家對復育油芒的重視，並冀望先以臺東縣延平鄉布農族人為種植的推廣區域。這則新聞，也讓我燃起對布農族人與環境和諧共生的一種尊重。

當我再次經過鹿野溪與鹿寮溪流經的延平鄉，初次深刻地體察到山林韻律的清音……彷彿有一股清爽的風從部落的後山吹來。與我前幾年之所見相比，當地布農族人舉辦的「射耳祭」，或在慶典時所唱出的祈福之音（俗稱八部合音），這一切看似平凡，卻都是極有意義的，在傳統文化上，更是崇高的。

據我所知，這裡大部分的布農族人對於耕種農作物都懷有尊重大自然之心。記得有一次與友人到延平鄉鸞山部落參加爬山活動時，從族人充滿活力的談話，到進山後一起體驗野炊、品嚐族人煮出的樹豆排骨湯、涼拌山蘇等家常的料理，最後，還搬來杵臼、搗製麻糬，讓我們一行十多位旅人品嚐到截然不同的麻糬美味。這種感觸，一直都是激起我對布農族習俗的好奇與寫作的熱情之所在。

這次重回永康部落（Uninang），看見了美麗的山脈、溪水潺潺如昔，也看到家燕歸來、鳳蝶翩翩的姿影。我看到族人在假日的多元廣場前，一起打棒球的快樂，也仔細欣賞了彩繪牆上貼滿各種布農傳統文化，如「報戰功」，是早期勇士們狩獵後，圍聚一圈，大聲呼喊口號的英勇圖騰；畫裡有走過歲月的滄桑，也有族群團結的美好。

更令我驚奇的是，在永康部落裡只有看到樸實的耕作者，還有族人在教堂裡那些優美的歌聲無一不帶有一種純粹極致的自然。恍惚中，我在部落的小徑上度過的時光，也是我及族人一起祈禱的時光。

這次歸來，我終於理解了永康部落經歷過風雨的洗禮卻依然保存單純的美之因。此刻，它一如一條寬闊而澄澈的溪流，輕輕地哼起了歌……那用母語唱出的音，詞句像是布農族才子金國寶所譜曲的《回家》(Kulumaha)。歌聲隱約可聽，讓我不禁想像翩飛。

歌裡除了牽動許多離鄉在外遊子的心，也彷彿看到那些過去的歲月和記憶。那些布農族人善用染料薯榔，和老人編了數十年背籃的黃藤；那些走過風雨的族人仍教導年輕人要學會分享與自然共榮的精神，都反映出布農族人的堅毅與溫柔。

我也想到了詩人鄭愁予在(邊界酒店)有一段:「多想跨出去，一步即成鄉愁／那美麗的鄉愁，伸手可觸及／或者，就飲醉了也好」是啊，詩人對故鄉之思，也勾勒出許多異鄉遊子的思念。而我在體認延平鄉布農族人生活的面貌後，也由衷喜歡上這個部落，並期待著他們將油芒復育成功。

—2022.03.15 作

2022.7.26

7 更生副刊

更生日報

中華民國一一一年七月二十六日／星期二

清明

永康部落旅思 ◎林明理

慈母的背影

月下賞詞

遇見街貓 ◎王映涵

女孩與貓

—刊臺灣《更生日報》副刊，2022.07.26，及畫作 1 幅，攝影作 5 張。

畫作（蝴蝶谷）及攝影，此畫存藏於臺灣的「國圖」，「當代名人手稿典藏系統」，臺北市。

8. 布農部落遊趣

清晨六點，在碩大而高聳的群山下，延平鄉桃源村北端的蝴蝶谷，隱匿於與鹿鳴溪流所形成的峽谷中。我瞥見了天穹深渺，日復一日的溪水潺潺，像鑲滿寶石閃閃耀耀……涼風習習，遠近的飛鳥在山林的背影裡掠過。

當蟬聲在我耳畔清晰起來，仲夏便開始變得意味深長了。我喜歡在山谷的靜謐和清寂之中，細細傾聽百鳥愉悅如昔，而我就像風塵僕僕的遊子，耽於橋畔遐思。或者說，風就是從那兒吹起的，穿過溪谷的薄霧，自山頂傳到溪橋。外界的一切彷彿都離得遠遠的──人或景，地或天。只有時間在走啊走，讓我繼續探索這座心中的桃花源，它純淨、整潔、不染塵埃。

沿著我的傘尖看去，幾度寒暑，這座蝴蝶谷沒有過多的人工雕飾、美化，我常在這裡呼吸，也一一記錄內心的懷念。時近八點，我再度出現在鄰近的布農部落休閒農場時，一縷金光直直射在園區布農族的雕塑上，周遭的花木也跟著耀眼起來。偌大的園區被規劃為八部合音的表演廳、射箭區、藝品工作坊、住宿區等，大型的石雕藝術或紫斑蝶依然處處可見。

這次歸來，步行其中，半是愛上這裡隨處都有古樸中帶著純真的意趣，半是布農部落保有原始的美之外，更見秀逸。適巧，小路上出現一個騎機車的年輕人，背後載著一位族人，顯然正在工作中。他們發現我駐留其間，晃來晃去，並對著田園的蝴蝶拍攝，不禁笑著對我揮揮手。我也立馬點頭回應。

一隻紅鳩低頭凝視著我，背景的天空像海一般，湛藍得很夢幻。德國詩人里爾克在書中寫著，「世界始終是孩童，唯獨我們很遺憾會長大。」詩人的譬喻甚妙，讓我不禁又佇立在部落劇場前，回想起多年前初次看到布農族人穿著傳統服飾，從表演廳步出，緊接著又聽八部合音響起，那奇偉的歌聲動人心湖，令全場掌聲如雷。

尤其是歌唱到「臺灣，我愛你」那一瞬間，一種純粹的力量湧冒於胸中，讓人感到歌裡有多麼真摯，又包含了多少部落裡的歡笑與淚珠的故事，都如電影鏡頭般一幕幕地留在我的記憶深處。

最近兩年，因疫情的影響，雖然遊客變少了，但對那些喜歡走向大自然尋求喜悅的人來說，漫步在園區裡所有的路徑上，因為純淨、沒有一點都市裡的繁囂氣味，讓人忍不住要去嗅一嗅咸豐草及野花的芬芳。

踏上歸途前，輕輕仰起頭，自然而然地對這裡又懷著一層濃厚的感情。我深信布農部落族人無言的純樸，所表現的情感是最令人難忘的。只要用心領會，那裡的族人勇於付出的熱情，或聽到八部合音最深層的願望，那麼就會讓旅人得到心靈的平靜以及歡快的愉悅了。

—2022.07.12 作

2022.7.31

副刊 15

布農部落遊趣

◎林明理

吟遊人生

惜福感恩

燈下流光

—刊臺灣《青年日報》副刊，2022.7.31，

及畫作 1 幅，攝影 2 張。

林明理畫作

9. 重生的喜悅

這清晨，從台九線抵達關山鎮百年的天后宮前，這周遭的光與力，這初綻的花兒，我歡喜，我將重生。

蔥蔥鬱鬱的山巒常被澄碧的藍空給開拓出遼遠的感覺，

一座開滿鳳凰花的關山國小，蟬聲不絕於耳，給了我舒適感……使我不得不放慢腳步，仔細聆聽，靜心思考。

最近有位癌症病癒的義工說:「我不得不從磨難中找到生存的勇氣。」長我一歲的珺姐的話，也很快把我鼓舞起來，使我順利地在今夏決定走上手術台。不但這樣，更幸運的是，在馬偕、台東基督教醫院醫護人員的照料下，一些困擾多年的痼疾，也都慢慢消失了。

多虧了她柔聲慢慢勸導，陪同我去醫院，並到家中探望，讓我不再感到有點不安。友人的先生曾經當過警察小隊長，已退休多年。據說，他年輕時，曾多次力搏罪犯，獲內政部頒發榮譽獎狀。如今，我已經會高興地笑著，對這對熱心的夫婦說：「很榮幸認識您們，現在身體感覺很好，更舒適，」我真誠地說。她卻不好意思地笑了。

這就是我透過思考才找到的答案。原來我並不像自己所想像的堅強，長期以來，我一直把身體的痼疾拖延到最後，每每臨近開刀，卻不自覺地習慣又繞個彎避開，等過幾年再說。直到最近坐骨神經及消化系統出現了大毛病，才勇敢地走進手術台。我依稀記得那些醫師眼神閃爍於其中的智慧之光仍然清晰可見，而護理人員、麻醉師也都十分友善。

此刻，我想說的是，在世上能得到友人的祝福或牽掛，是我一生中精神上最大的安慰。當然，我覺得應當特別感謝那些醫護人員的辛勞，讓我知道這世界因為有許多幫助我們的人而變得更溫馨、美好。

我也聽說過，「有一分熱，發一分光」，這句話讓我思考到，其實就是要我們自己有多大能力，就盡量貢獻自己的一份力量。就像印度詩人泰戈爾在《漂鳥集》書裡說的：「我們的生命是被賜予的。我們惟有奉獻生命，才能贏得生命。」我始終這麼認為，人處於幸福當中是必須要心存感恩的。

而現在愈是在遐思之中，那些近日就醫的畫面愈是清晰顯見。比起許多人在病中的痛苦處境，此時的我更學會惜福，以及所有曾經幫助過我的人。而我能在病癒後，及時悟出了這一切，感激之情，不言而喻。

當和煦的陽光在我身上灑下溫暖，清晨的操場一片寂靜。不久之後，市場旁的攤販都回來了，這些賣菜的阿婆十分可親。我又恭敬地走進媽祖廟，鞠了躬，誠心祈祝正在休養中的好友，盼她能早日康復，免我持久的思念。

後記：最近，我先後在兩家醫院動手術，特別向曾茂雄醫師、陳正能醫師、吳大中醫師及全體醫護人員致謝。

—2022.6.28 作

中華民國一一一年七月三十一日／星期日　中華日報　2022.7.31　中華副刊 A8

錯不了的直覺

■天藍

明治時代的大文豪

一以文豪故居為名的紀念館（下）

十七歲的中興橋

■李玉花

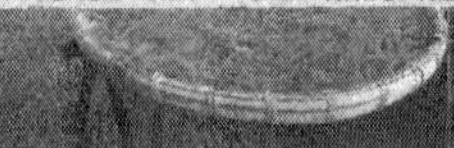

重生的喜悅

文／圖 林明理

－刊臺灣《中華日報》副刊，2022.07.31，及畫作 1 幅。

攝影及畫作：林明理

10. 大南圳漫影

今夜，繁星滿天。院子裡除了螽斯、雛鳥聲，什麼都聽不見了。望著夜空，我特別想起那天在卑南鄉大南圳的比利良橋，從溪澗伸起的原始林所有泛光的綠葉，映照著天空一片澄藍。

風從溪岸來，我聽見了今夏的第一聲蟬鳴，鳥聲啁啾，卻看不見這近處林間水面上野鳥的蹤影。可就在那一瞬，溪水挾著天光，一隻鳳蝶停歇在血桐的圓葉邊，臨風飄動的舞姿映著明晃晃的溪面。牠安靜地飛過，漸行漸遠……直到模糊消失。但有一種莫名的歡喜，充盈我的心靈，讓我繼續漫步在佈滿咸豐草的小徑上，好奇張望。

忽然，又有一隻花斑鳩映入我眼眸，咕咕－咕咕的叫聲在黎明的晨光中迅速瀰漫開來，像是遠去的鄉音，一下子喚起了我的童年。

小時候，我總是頂著櫻桃小丸子式的蘑菇頭，穿上一件略大的白衣黑裙，顯得有幾分滑稽。放學後，也喜歡赤腳，跟著哥哥走在泥濘的田埂上釣青蛙。這也許就是我在教學退休後喜愛追求一種最質樸的、純真的快樂吧？

在這清涼靜謐的深夜，我讓思緒漫遊開去……像匹小馬，挪開腳步，沿著大南圳開始小跑與馳騁，就好像那天我看見了東興村的側影在時光中變得溫柔了。繼而，我看見了一隻用喙整理羽毛的綠繡眼，左顧右盼，靈巧至極。我就這麼傻傻地看著，然後在林子裡穿行，到處是芬多精的氣息。

而風兒快步迎上來，湊近我耳朵說。很久以前大南村族民歷經天災與磨難，他們仍齊力把水圳設置在利嘉溪左岸的林班地。由於當年沒有建造沉沙池，取水不易，如今已將進水口移至比利良橋上游，約莫五百公尺處。

走了一程，從比利橋右岸設置的大南圳沉沙池公園，細看了看，沉澱砂石後的水流分往利嘉淨水廠和大南圳幹線。鄰近還有涼亭與一刻有紅字的大南圳石碑。

在深深的山影裡，過去我未曾察覺，原來東興村還有座全臺仍在運轉中最小的水力發電廠，自利嘉溪的支流大南溪下游引用溪水。這座東興發電廠最早興建於日據時期，原名為「大南發電所」，戰後，由臺灣電力公司接管。

這則近百年的電廠歷史，讓我忽然記起了前行政院長孫運璿先生的身影。我在記憶中努力搜索他曾為台電工作二十二年，一生克勤克儉，以身作則的印象……而走過歲月中那些艱辛的故事與工程人員努力的背影便顯得越發莊嚴。

在唐際明譯書《慢讀里爾克》的書裡，我曾讀到這樣一段：「即將來臨的從不遙不可及；消逝的從未徹底離去……」我察覺，我之所以喜歡大自然，是因為在回憶中確實迎來了一種惜福感恩的心緒。它就存在於徜徉自然山水的心靈，或帶有微微喜悅的新希望中。

—2022.06.02 作

2022. 馬祖日報　8.2

2022莒光海洋觀光年　8/15線上率先開跑

大南圳漫影

文/圖：林明理

—刊臺灣《馬祖日報》副刊，2022.08.02，及畫作 1 幅，攝影作 5 張。

畫作及攝 影：林明理

11. 玉里鄉野物事

在玉里鎮（舊稱璞石閣），鄉野閃爍在時間之流裡，那溫柔的稻浪，山巒與清風，溪水潺潺……各種的花、菜籽復歸於泥土，在這裡生根，發芽，保持著它們的純樸與從容。

風來了，雨來了，太陽又一次打開了笑靨。如同今晨清涼的風從山邊吹來，我開始回想起這個全臺灣面積最大的玉里鎮和境內秀姑巒溪及其支流。恍惚中，我跟著一群孩童迎著風，順勢來到一個源自百年前秀姑巒阿美群的苓雅部落（Lingacay）。

那是今年春節期間的一個黃昏，在苓子溪橋畔一隅，一群小燕子盤旋著，輕盈地剪過山谷台地的上空……牠們掠過一座昔日阿美族勇士牽著牛車上坡的塑像，掠過群山環繞的鄉野菜圃和稻田，像黃昏的和諧與彩色隨著水波晃動著。而天空是最美麗的畫布，耳邊的蟲鳴混雜在被水波揉碎的斜暉裡，讓我的心滿懷愛意。

風兒告訴了我，苓雅部落的一切，所有的光芒來源於農友，所有的感動也源於良田。它讓花蓮農改場研究團隊推展有機產業在這裡落地生根，農友們還曾勇奪全臺灣優良產銷班殊榮。

樸實無華的苓雅部落彷彿一首情韻別緻的散文詩，詩中有每年豐年祭舉行時，族人會先釀製七罈酒，做為犒賞有功的壯士或耆老，再由阿美族少女將盛滿酒釀的酒甕，帶進會場的故事，讓我內心洋溢著太陽般的溫暖。

我喜歡站在苓仔溪橋的兩岸觀望，細流涓涓的聲音像是阿美族世代的傳唱……然後跟著遐想，有著水一樣寧靜的苓雅部落，族民在平平淡淡的生活中，和諧地生於斯，長於斯，孕育了自己固有的文化。那溪谷裡的小魚、紅蜻蜓，空中的白鷺鷥……穿越時空，讓我想起了昔日的故鄉，也是這般寧靜淳樸的。

而鄰近的春日社區交織著阿美族、客家、閩南和外省人相處的融洽與族民耕種農作物的用心。我看到了織羅部落（Ceiroh）族人聚在一起的歡聲笑語，也看到社區內有全臺灣唯一的行動郵車，還有「看見臺灣」導演齊柏林曾在此部落拍攝「大腳印」時祈禱雨過天晴的老樹。那些動人的疊影，牽出思念的情愫，也點燃我內心深處對鄉野踏青的熱情。

當暮色降臨，終於來到下德武部落（Satefo），那裡的阿美族祖先大多從馬太鞍拔仔社遷徙而來，老人家大多擅長用月桃葉編織籮筐或結繩綁紮物品。悄然來到德武國小時，大樹挺拔，彩繪的貓頭鷹等壁畫充滿諧趣與創意，行吟的風一直與我形影不離，讓我充滿感激。

此刻，又雨過天晴了。我仍可以聞到清晨的鄉野中清新的氣息，那些被鳥鳴吻過的溪水，織羅部落的大腳印稻田等等……都折射出太陽七彩的光芒，也盼望這溫暖的陽光帶給鄉民生生不息的勇氣與希望！

－2022.3.28 作

7 更生副刊

更生日報

2022.8.5

怕什麼

玉里鄉野物事

城南文學森林散步

微笑及其他

我的心仍眷戀著雙冬

竈的回憶

－刊臺灣《更生日報》副刊，2022.08.05，及畫作 1 幅，攝影作 5 張。

林明理畫作（農情茶鄉）及攝影作（此畫由臺灣的「國圖」「當代名人手稿典藏系統」Contemporary Celebrities' Manuscripts）存藏於臺北）

12. 永安村即景

漫步永安村，像永安村在等待我。放眼望去，社區的整潔與恬靜，最能給我一種放鬆的慰藉。當我走進日卡地

（Rekat）部落，街道兩旁的每一棵老茄冬樹都生機盎然，風正講述著人與自然和諧的故事……讓我不由自主地側耳傾聽。

這是源自恆春阿美族系的一個小部落，八十多年前，從卑南溪谷邊遷村到此地緩坡上，之後才改為「永昌部落」，是鹿野鄉人數最多的阿美族部落。他們大多以自然農法耕種，多年來，仍有耆老唱著傳統生活的歌謠，族人穿著傳統服飾參加祭典的表演活動，交織著文化的薈萃和族群的融洽。

或許這天剛好是週日，在風的輕喚聲中，我又來到這一個曾經獲選「十大經典農漁村」農情萬種獎的永安社區，細細體會原鄉純樸的風情，也隨處可見歲月裡曾經的記憶與建築。

據說，清光緒年間，漢人遷移至此，發現有許多狩獵野鹿所搭建的草寮，故稱為「鹿寮」，日本人曾設鹿寮移民村，直到光復後，才更名為永安村，也是東臺灣最大的茶鄉。

眼前一道道翠綠的茶樹，在黃昏中鋪展開來，與遠山、檳榔樹、雲彩、白鷺鷥等融匯成一幅靈動寫意的畫面。社區裡的客家人、閩南人多半從事茶葉、鳳梨等相關產業。

一座聖安宮，是信徒心靈感應的幸福依靠。一條玉龍泉的生態步道，在舖設石板步道和林蔭階梯步道間，林相豐富，空氣異常清新，被當地居民視為「靈泉」。

我安靜地聆聽著泉聲叮咚、跳躍，滋潤著草木……那是佈滿大自然中最詩意的回聲。這一刻，我只想褪去所有的煩憂，不想錯過沿途所遇見的小螃蟹、蜻蜓或蜂蝶。

在環村街道中，我看到了社區的老人活動中心，原本是日據時期的鹿寮神社；而古樸的木建築「鹿寮會社」，則提供社區居民展售自產的無毒蔬果，也提供奉茶等服務的公益平台。

此刻，大地靜好。在這寧靜的村落，可以自由自在，感受光陰的變化與痕跡；除了能夠品嘗美味的草仔粿等餐飲，還能在這裡感受品茗或認識製茶過程解說的驚喜。

當暮色籠罩，我最愛坐在玉龍泉入口前的一棵百年老榕樹旁，讓遐想更深遠，讓千言萬語匯聚成一句話，就好像戴望舒譯法國詩人波特萊爾寫下的〈邀旅〉：「西下夕陽明，把朱玉黃金／籠罩住運河和田隴／和整個城鎮；／世界睡沉沉／在一片暖熱的光中。」這段所描述的，彷彿就是我熟悉的永安村，那動人心弦的詩句，也適時融入了這片黃昏深邃的和諧中。

永安村，那耀眼的綠已融入我的眼裡。它是一個經典的農村，除了村民用心耕種，也透出濃郁的茶鄉文化，讓我不禁在風中寫下一句讚嘆：「美是樸實無華，感動人心的。」

—2022.01.02

2022.8.7日

青年日報　中華民國111年8月7日　星期日　副刊 15

永安村即景

◎林明理

漫步永安村，像永安村在等待我。放眼望去，社區的整潔與恬靜，最能給我一種放鬆的感覺。當我走進日卡地（Hekat）部落，街道兩旁的每一棵老茄苳樹都生機盎然，還正講述著人與自然和諧的故事……讓我不由自主地側耳傾聽。

這是源自阿美族系的一個小聚落，八十多年前，從卑南溪谷遷居村到此地殺拔上，之後才改為「永昌部落」，是鹿野鄉人數最多的阿美族部落。他們大多以自然農法耕種，多年來，仍有許多耆老吟唱著傳統生活的歌謠，族人穿著傳統服飾參加祭典的表演活動，交織著文化的薪傳和族群的融洽。

或許這天剛好是週日，在鳥的鳴唱聲中，我又來到這個曾經榮獲「十大經典農漁村」農情萬種境的永安社區，細細體會那樸實的風情，也能感受到歲月裡曾經的記憶與建築。

據說，在光緒年間，漢人遷移至此，發現有許多[illegible]所搭建的草寮，故稱為「鹿寮」，日本人曾設鹿寮移民村，直到光復後，才更名為永安村，也是東臺灣最大的茶鄉。

眼前一着翠綠的茶樹，在黃昏中鋪展開來，與遠山、檳榔樹、雲彩、白鷺鷥等點綴成一幅生動寫意的畫面。社區裡的客家人、閩南人多半從事茶葉、鳳梨等柑橘產業。

一座聖安宮，是信徒心靈慰藉的幸福依靠。一條玉龍泉的生態步道，在鋪設石板步道和林蔭陪伴步道間，林相豐富，空氣異常清新，被當地居民稱為「雲泉」。

我安靜地聆聽遠處蟲鳴、跳躍，撫摸著草木……都是佈滿大自然中最詩意的回聲。這一刻，我只想擁去所有的煩憂，不想錯過沿途所遇見的小螃蟹、蝸牛或蜻蜓。

在環村街道中，我看到了社區老人活動中心，原本是日據時期的鹿寮神社；而古樸的木建築「鹿寮會社」，則提供社區居民展售自產的無毒農果，也提供泡茶等服務的公益平台。

此刻，大地靜好。在這寧靜的村落，可以自由自在，感受光陰的變化與蟲鳴；除了能品嚐美味的草仔粿等餐飲，還能在這裡感受居民熱情親切導覽解說的魅力。

當暮色籠罩，我靜靜地坐在玉龍泉入口前的一棵百年老榕樹旁，讓視野更深遠，讓千思萬想匯聚成一句話，就好像希望舒爾茲法國詩人波特萊爾筆下的〈邀旅〉：「西下夕陽明，把染玉黃金／整個村莊和田疇／和整個城鎮；／世界靜沉沉／在一片暖烘烘的光中。」這段詩句描述，彷彿就是我熟悉的永安村，那動人心弦的詩句，也適時融入了這片黃昏深處的和諧中。

永安村，那耀眼的綠已融入我的旅程。它是一個經典的農村，除了村民用心耕種，也透出濃郁的茶鄉文化，讓我不禁在風中寫下一句讚歎：「永安是樸實無華，感動人心的。」

彩繪鹿

茶園

林明理畫作（農情茶鄉）

星河

◎高朝明

陽光已被解剖
各自獨立出來的邊界
張開了視線

每一顆眼睛
都有自己的焦點
亮起燈火
把黃昏的顏色
剝除餘暉
金色象限折射影響
組合黑夜的夜空

從光影中立起星幕
鋪成銀河

—刊臺灣《青年日報》副刊，2022.08.07，

及畫作 1 幅，攝影 2 張。

攝影（黑水雞）：林明理

13. 七月的思念

夜深了。窗外的小葉欖仁樹密葉裡傳來幾聲雛鳥怯怯的、甜美的回聲，便再也沒有任何騷動了。

這一瞬，我的世界不再侷限於書房之中，心早已透過淡淡的月影望見記憶中彼端的景物和另一端通往幸福的時刻。就好像我經常走過一些山林，遇上熟悉且感到愉悅的清風、晨霧，或蟲鳴鳥叫在前方等待著我，讓我也能嗅出森林的芬芳來。

我最記得，赴知本的途中，沿途的伴侶很多。田野的白鷺鷥，春耕的田水、辛勤的農夫。車過豐里橋，有小野鴨、黑水雞三三兩兩，時而結隊划行，時而潛水，是多麼自由啊！

從橋上俯瞰太平溪出海口，溪水潺潺，長達數公里，波光瀲灩……而我心雀躍，如同花朵在我的眼底綻放。

沿著知本林道上山，山巒巍然在望。當金黃色的陽光落在白色勇男橋，天空一片澄澈、藍藍。有紅嘴黑鵯、紅鳩、白鶺鴒，或偶見一隻鷹翺翔在森林與天空之間。

我曾在白玉瀑布周遭聽見特殊的鳥聲，開始我有些好奇，等走近一看，踏在溪石上並弄出聲音的，正是一隻紫嘯鶇。牠，穿著一身紫藍色的晚禮服，具有金屬光澤，看起來像個愛跳舞的小公主，棲止的尾羽上下搖擺著，極為逗趣。

常見的大花曼陀羅、山芙蓉，或者吸吮花蜜的蝶，都像是不染塵埃的小仙子。想到這裡，使我不由得記起唐朝詩人李白寫下《遊泰山六首》裡的一句：「山明月露白，夜靜松風歇」，看來，詩人在一個靜謐的夜晚，心中所嚮往的情感之山，也如我今夜念想的山水，時而互相接近，時而從心湖盪起的點點漣漪……叫我極目難盡。

—2022.7.25 作

6 浯江副刊　2022.8.11　金門日報　中華民國一一一年八月十一日　星期四

黑巖的記憶　◎吳啓騰

母女陳年情書　◎王秦眞

我的手　◎蔡忠修

七月的思念　◎林明理

夏日光影　◎巧爾

－刊臺灣《金門日報》副刊，2022.08.11，及攝影 1 張。

14. 你一直在我身邊

風雨過後
星星一樣璀璨明淨
飛吧，思念
在那兒——
在冬天的一個晚上

彷彿從地平線的彼岸
傳來了熟悉的聲響
那橫渡的月光啊
將不是虛幻
是我靜默的遐想

你一直在那兒
在薄雪紛飛的
爐火旁
帶著我從未看過的
如清水般的目光

啊，我的朋友
像傳説中的神話
像風帆高掛的大船
轉眼便到眼前……
史詩般的圖像 －2022.1.12 作

14. You are always by my side

◎Lin Mingli

after the storm
my yearning
bright as a star
flies toward
a winter night

where you pace
around a fire
under the flying snow
your eyes clear
as pure water

ah my friend
like a sailing ship
an epic image
a myth of legend
you appear in the blink of an eye...

Translator：Dr. William Marr，非馬，馬為義博士英譯

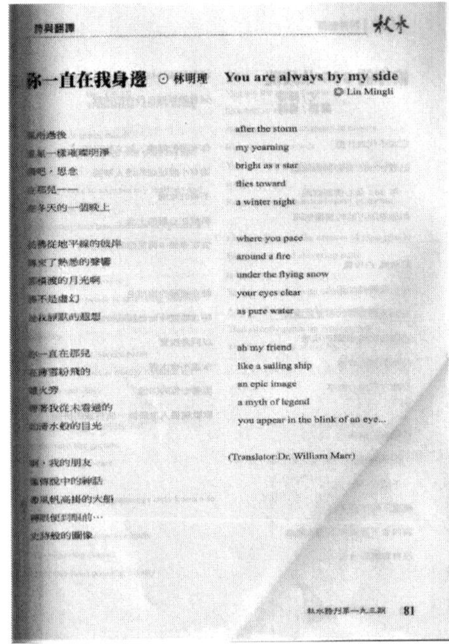

詩與翻譯

祢一直在我身邊 ⊙ 林明理

雨過後
星一樣璀璨明淨
吧，思念
那兒——
冬天的一個晚上

彷彿從地平線的彼岸
來了熟悉的聲響
橫渡的月光啊
不是虛幻
我靜默的遐想

祢一直在那兒
在薄雪紛飛的
火旁
著我從未看過的
清水般的目光

啊，我的朋友
傳說中的神話
風帆高掛的大船
眼便到眼前…
史詩般的圖像

You are always by my side
© Lin Mingli

after the storm
my yearning
bright as a star
flies toward
a winter night

where you pace
around a fire
under the flying snow
your eyes clear
as pure water

ah my friend
like a sailing ship
an epic image
a myth of legend
you appear in the blink of an eye...

(Translator:Dr. William Marr)

秋水詩刊第一九三期 81

－中英詩，刊臺灣《秋水詩刊》，第 193 期，2022.10，頁 81。

攝影及畫作：林明理
（此畫由臺灣的「國圖」「當代名人手稿典藏系統」存藏於臺北）

15. 傾聽山水清音

馬立雲（Maibul），這名字源自瑞穗鄉舞鶴村一個撒奇萊雅（Sakizaya）族人比例最高的部落。行經掃叭石柱，不多時，便可清楚地看到這個部落是帶有田園色彩的，具有自然且靜謐的景觀，散發著莊嚴和溫暖的氣息。

風兒告訴我，很久以來，每個撒奇萊雅族人都擁有深刻的記憶。對於族人來說，他們的「族名」，早在十七世紀就被西班牙人稱為 Saguiraya，被荷蘭人稱為 Sakiraya；至一七一七年，被清朝的《諸羅縣志》記載為「筠椰椰」，一八七五年後，再改為「奇萊」等名。

我止不住接著聽下去。原來一百四十多年前，撒奇萊雅族受到達固湖灣*事件*戰敗後的影響，倖存者隱姓埋名，流亡至此；直到二〇〇七年，撒奇萊雅人才得以成為第十三個臺灣原住民族。

當我知道這些生命故事，強烈地感受到歲月流逝而令人不勝唏噓時；我忽然體會到，歷史已經發生的一切，彷彿就像一面鏡子，照看古往今來。它讓我們看到昔日撒奇萊雅人為生存而奮鬥的勇氣，也看到了光明的未來。

環顧一下，族人迄今仍保有純樸的生活環境。聽聽那山水清音，溪澗的鳥鳴……純淨得讓我詫異。我不禁放慢腳步。

再回頭看到活動中心旁，一群白鷺鷥冉冉掠過山巒，風中的咸豐草逸放出陣陣芳香。一隻長尾山雀適時出現在電線桿唱歌，那樣生動活潑……又像不捨地向我揮手道別。

我想起了上次前來巧遇一對夫婦。大概是我揹著相機，還打著雨傘，引起他們好奇朝我瞧望。我於是問起他們是哪一族，他說：

「噢，是 Sakizaya，你們是哪邊來的？」我笑著說：「臺東市。這部落好乾淨啊！」說完，我們都笑了。他神采飛揚，回答得很爽快。雖然部落裡沒有任何奢華的建築，但閉上眼睛，便覺得好舒適自在。

若再細細端詳，從活動中心到聖教會，山巒環抱這個撒奇萊雅族人為主的聚落，大多是老舊的平房，但我覺得，族人那種回歸寧靜、淡泊的人生態度，還有那路旁的柚香、古老教堂十字架上的光芒，似乎都向我暗示些什麼。就像那龐大蒼鬱的山體，我總以為有更多堅韌不拔的意味，但永遠也無法透徹理解山的滄桑。

車過富里鄉萬寧村一個以阿美族為主的姆拉丁部落（Monating），稍作停留時，但見入口處有座阿美族傳統捕魚的雕像，栩栩如生。走到萬寧國小門口，正好趕上下起了小雨。我難得這樣自在，便任由它落在臉上，只把歸鳥迴旋入阿眉溪的秀色揮灑於天空。

是啊，世事多繁雜，無奇不有。此刻，看著部落的孕育成長，或聽其背後的故事，雖充滿滄桑，卻又同新生一樣。我十分喜歡這種平靜，就像閱讀一首美麗的小詩，令人欣然。

—2022.03.05 作

傾聽山水清音

◎林明理

長尾山雀

馬立雲（Maibul）這名字源自臺東縣瑞穗鄉舞鶴村一個撒奇萊雅（Sakizaya）族人比例最高的部落。行經掃叭石柱，不多時，便可清楚地看到這個部落是帶有田園色彩的，具有自然且靜謐的景觀，散發著莊嚴和溫暖的氣息。

風兒告訴我，很久以來，每個撒奇萊雅族人都擁有深刻的記憶。對於族人來說，他們的「族名」，早在十七世紀就被西班牙人稱為 Saguiraya，被荷蘭人稱為 Sakiraya；至一七一七年，被清朝的《諸羅縣志》記載為「筠椰椰」，一八七五年後，再改為「奇萊」等名。

我止不住接著聽下去。原來一百四十多年前，撒奇萊雅族受到達固湖灣事件戰敗後的影響，倖存者隱姓埋名，流亡至此；直到二〇〇七年，撒奇萊雅人才得以成為第十三個臺灣原住民族。

當我知道這些生命故事，強烈地感受到歲月流逝而令人不勝唏噓時，我忽然體會到，歷史已將發生的一切，彷彿就像一面鏡子，照看古往今來。它讓我們看到昔日撒奇萊雅人為生存而奮鬥的勇氣，也看到了光明的未來。

環顧一下，族人迄今仍保有淳樸的生活環境。聆聽那山水清音，深情的鳥鳴……純淨得讓我詫異，我不禁放慢腳步。

再回頭看到活動中心旁，一群白鷺鷥冉冉掠過山巒，風中的咸豐草綻放出陣陣芳香。一隻長尾山雀適時出現在電線桿唱歌，那樣生動活潑……又像不捨地向我揮手道別。

我想起了上次前來巧遇一對夫婦。大概是我揹著相機，還打著雨傘，引起他們好奇朝我瞧望；我於是問起他們是哪一族，他說：「噢，是 Sakizaya，你們是哪邊來的？」我笑著說：「臺東市。這部落好乾淨啊！」說完，我們都笑了。他神采飛揚，回答得很爽快。雖然部落裡沒有任何奢華的建築，但閉上眼睛，便覺得好舒適自在。

若再細細端詳，從活動中心到聖教會，山巒環抱這個撒奇萊雅族人為主的聚落，大多是老舊的平房，但我覺得，族人那種回歸寧靜、淡泊的人生態度，還有那路旁的榕蔭、古老教堂十字架上的光芒，似乎都向我暗示些什麼。就像那龐大蒼鬱的山體，我總以為有更多堅韌不拔的意味，但永遠也無法透徹理解山的滄桑。

車過富里鄉東寧村一個以阿美族為主的姆拉丁部落（Monating），稍作停留時，但見入口處有座阿美族傳統捕魚的雕像，栩栩如生。走到萬寧國小門口，正好趕上下起了小雨。我難得這樣自在，便任由它落在臉上，只把歸鳥迴旋入阿眉溪的秀色揮灑於天空。

是啊，世事多繁雜，無奇不有。此刻，看著部落的孕育成長，或聽其背後的故事，雖充滿滄桑，卻又如同新生一樣。我十分喜歡這種平靜，就像閱讀一首美麗的小詩，令人欣然。

親愛的讀者：一、本刊以發載純文藝文稿為主，如短篇小說、散文、詩歌等，文長八百字以內；來稿請勿違反著作權法，若涉法律責任由作者自負。二、國軍官兵投稿者，請註明單位職銜，以便配合刊載作業。三、為了便利核發稿費，來稿請附郵局帳號與郵局戶名，並附身分證字號與戶籍地址及聯絡電話，資料不齊者，恕難採用

2022.8.14 青年日報 副刊

－刊臺灣《青年日報》副刊，2022.8.14，

及畫作 1 幅，攝影作 1 張。

攝影：林明理

16. 戀慕加津林部落

那是一個驟雨過後的早晨，大武山山腳下鳥聲此起彼伏。在一片紅嘴黑鵯響亮的叫聲中，有一隻松鼠閃著慧黠的眼神，從椰林溜到另一邊的木橋底下，被濃密的樹冠遮住，轉眼跑得無影無蹤。

忽然，普悠瑪列車經過。在匆匆一瞥間，我瞧見了南迴線加津林段高架橋背景的蔚藍太平洋，天空滿是斑斕……那遠遠的白雲，像層疊的棉花糖。轉過身去，我快步地走向一個東排灣族的古老部落，它就位於加津林溪出海口北岸的河階地，今稱為加津林部落（Seqeciin)。很快就看到教會附近有位顯然是排灣族爺爺，手裡拎著一包鋁箔紅茶給她的小孫女吸食。小女孩看起來有點兒羞澀，但還是望著我抿著嘴笑了。

「請問部落裡有種什麼嗎？」我上前向這位長者請教。

「有種植小米、花生和水果。現在種得很少了，」聽這位爺爺感慨地說話，就成了故事，也覺得備加親切。

「這瓶『舒跑』送給小妹妹喝，」我靠近他們爺孫身邊說。

「masalu (馬沙路)！」他一邊用母語告訴小孫女，一邊翻譯給我聽。這句真摯的語言一下子就感動了我，我也跟著大聲回答他:「masalu，謝謝。」便向老爺爺揮揮手，向他們告別。

後來又聽人說，這村裡的先民原本居住在屏東縣 Pulci 社，在清朝稱為「鴿子籠社」，到日據時期改為「加津林」。

村民經歷了殖民時代與一些天災，多半儉僕，年輕人也多在外地工作，生活才逐漸好轉起來。

值得慶幸的是，過去村裡因地勢高，苦無自來水。等了很多年後，終於在今年有了自來水，讓村民既感動又興奮。

在村裡拐了個彎，就看到一群公雞咕咕啼，有兩隻大白鵝悠閒地轉進院牆裡去了。而集會所裡彩繪美麗的排灣族圖騰旁，還高掛著自來水通水典禮慶祝的紅布條，十分醒目。就這樣，在部落裡走走停停，好像生活的齒輪終於逐漸慢了下來，有一種濃厚的靜謐安詳。

經過加津林教會時，我竟然默默祈禱了，這是為部落的孩子，由衷地祝福。祝福他們常懷著對未來美好的憧憬，昂首向前。

確切說，是我想起了小時候父母給予自己所有的溫暖的幸福感。每餐吃飯時，都有家人關照著我，叫我吃菜。我想起了父親為我做的糖炒蛋，也想起了母親養的白鵝會嘎嘎叫喚，還會追著我跑。我盡可以自在地躲在瓜棚下，看著一本本父親遠從都市辛苦租借回來的小說《飄》、《簡愛》或《青鳥》……直到睡意來了，才輕輕地闔上了書休息。

走出加津林部落，我又去了鄰近的海濱。當我看到壯闊的海洋，在蒼穹下的大武山群間隱現，那麼安靜，靜得讓我感到祥和，讓我真切地感受到父母不求一絲回報的愛。而我感動的心，真想擁抱這山海交織的一片藍。

—2022.05.31 作

青年日報　副刊 15

戀慕加津林部落

◎林明理

吟遊人生　◎蔡富澧

黃昏的沉思

秋野三唱

—刊臺灣《青年日報》副刊，2022.08.21，及攝影作 2 張。

攝影：林明理

17. 魯拉克斯部落遊記

選擇中秋前驅車來到一座遺世獨立的小山村，車窗外映出一片湛藍的天空，一隻紅嘴黑鵯發出熱烈而熟悉的叫喚，山巒的清香和沿途的彩繪牆所誘發出來的欣喜混雜在一起，溢滿了整個心房。

我向加油站旁的一位族人探了探頭：

「早安，請問前面的部落可以往裡邊走嗎？」他示意地點點頭，在這明媚的陽光裡，我看到他的眼裡閃耀著親切的光芒，不禁回到初次來訪的記憶。這個部落一直讓我感動，並非出自於對它的愛惜，而是除了單純的寧靜之外，還有些意想不到的樂趣。巷弄裡家家戶戶的彩繪牆全是那麼質樸動人，都在訴說著部落的傳統與故事，教人油然而升一縷淡淡的思念之情。

「瞧，那昨夜被雨淋濕的紅土操場、亮閃閃的老樹，以及小米學堂入口的那隻彩繪著百步蛇的陶壺和族人手拉手的圓柱。」風兒與我面面相對，只有紅嘴黑鵯不時以天真口吻來撩撥我的情感。這次歸來，恍惚中，聽見奏鳴著一首似新卻是老調的歌曲，它在低吟豐收的小米和紅藜，是久久渴望的珍寶；又似在歌唱廣闊的原始森林中，蘊含著的幻想與舊夢。

這時，我的思緒被鳥聲打斷了：

「妳看，前面是八八風災後，溫泉被土石掩埋的地方！」「魯拉克斯（rulakes，排灣族語）彷彿漸漸被遺忘了！」風兒輕聲呢喃。「但部落的人依舊種植著小米、紅藜，也盡全力推出文化遊程，讓遊客手擣小米殼，或品嘗刺蔥炒蛋等美食。」它深情地望了望部落，蟬聲賣力嘶鳴地歡唱。再移步向前，一座吊橋，橫跨金崙溪兩岸，在風中矗立，像個魁偉的勇士。

我知道風兒說的都是肺腑之言，相比之下，沒有經歷過風災之變的我，只能默默懷著由衷的祝禱。「魯拉克斯是由臺東排灣族，跟從屏東遷入的魯凱族共融的部落。」它又鄭重地補充了一段：「原本在一九四七年創立的歷坵國小，現在已成為居民舉辦豐年祭等大型活動的場所，後來發展成為小米學堂，與部落特色產業結合。」剛說到這兒，我的目光停在學堂的一間音樂教室裡。「畫得好極了！」我轉身一笑，因為黑板上正寫著，「歡迎回家，魯拉克斯。」

光陰荏苒，歲月流轉，魯拉克斯部落不因疫情阻斷奮力向前的勇氣，彷彿熬過了消逝的過往，都是為了珍貴的堅持與努力，絕不畏難苟安。真想讓時光在這一瞬間停止流逝，讓我回顧那曾在操場上打球的孩童們的笑顏，讓我再回望那一畦畦土地裡，用血汗耕耘、播種的穀物，在暖暖的晨光下發芽，讓我找回那曾編織夢想的青春少年……而這顆心也曾經歷過部落青年返鄉打造與部落共生命運的時刻。

—2021.08.31 作

2022.9.4 日

青年日報　副刊 15

魯拉克斯部落遊記

林明理

吟遊人生

空花水月望紅塵

朝夕微醺

—刊臺灣《青年日報》副刊，2022.09.04，及攝影作 2 張。

林明理攝：木荷

18. 夏日已逝

再見，炫目的夏日！
你最後與群星結伴嬉遊
讓我把世界拋諸腦後…
那身影，已在風中消逝了。

木荷花開燦爛，
那簇浪而起的深藍星河，
是你顧盼的回眸，
還是隨之飄轉的夢？

再見，我的微風！
你覆蓋又半透明的秘密，
如閃現的夜鶯，而展翼的
歌聲，也漸行漸遠了。 —2022.05.28 作

18. Summer is gone

◎Lin Mingli

Goodbye, dazzling summer!
You finally frolicked with the stars
Let me leave the world behind…
That figure has disappeared in the wind.

The wood lotus blooms brilliantly,
The deep blue galaxy with waves,
Is it the look you look forward to,
Or a dream that floats with it?

Goodbye my breeze!
your covered and translucent secrets,
Like a flashing nightingale, and the winged
Singing has also drifted away.

Translator：Dr. William Marr，非馬 譯

林明理 作品

夏日已逝

再見，炫目的夏日！
你最後與群星結伴嬉遊
讓我把世界拋諸腦後…
那身影，已在風中消逝了。

木荷花開燦爛，
那懸浪而起的深藍星河，
是你顧盼的回眸，
還是隨之飄轉的夢？

再見，我的微風！
你覆蓋又半透明的秘密，
如閃現的夜鶯，而展翼的
歌聲，也漸行漸遠了。

又見油桐花開

桐花在鄉野的小路上飛舞，
歡喜地唱起了歌；
山林、溪流和雲朵齊來
聆聽她一聲聲的歌謠。

她吟詠天穹下
農夫辛勤的身影，
她凝視純樸寧靜的村莊，
歌聲深情款款。

她帶有一絲酸甜的傷感
為遠離家鄉的遊子；
翩翩旋舞，流淌在風中，
溫柔，又充滿力量。

她是山谷間清新的仙女，
不染凡塵的優美詩韻；
她是千年來的客家風華，
恰如藹藹白雪的山花。

註：每年春夏交替之際，鹿野鄉瑞源社區的大窩花布燈籠生活文化館、瑞源國小及台九線田陌上，山谷都會陸續開滿油桐花，總會讓人思念起一些溫馨的記憶。村裡也有油桐花、阿美族人織布等壁畫，充滿濃濃古早味與暖暖溫情。

－刊臺灣《笠詩刊》，第 350 期，2022.08，頁 65。

桐花和野蜂：林明理攝

19. 又見油桐花開

桐花在鄉野的小路上飛舞，
歡喜地唱起了歌；
山林、溪流和雲朵齊來
傾聽她一聲聲的歌謠。

她吟詠天穹下
農夫辛勤的身影，
她凝視純樸寧靜的村莊，
歌聲深情款款。

她帶有一絲酸甜的傷感
為遠離家鄉的遊子；
翩翩旋舞，流漾在風中，
溫柔，又充滿力量。

她是山谷間清新的仙女，
不染凡塵的優美詩韻；
她是千年來的客家風華，
恰如靄靄白雪的山花。

註：每年春夏交替之際，鹿野鄉瑞源社區的大原花布燈籠生活文化館、瑞源國小及台九線田陌上、山谷都會陸續開滿油桐花，總會讓人思念起一些溫馨的記憶。村裡也有油桐花、阿美族人織布等壁畫，充滿濃濃古早味與暖暖溫情。

—2022.04.21 作

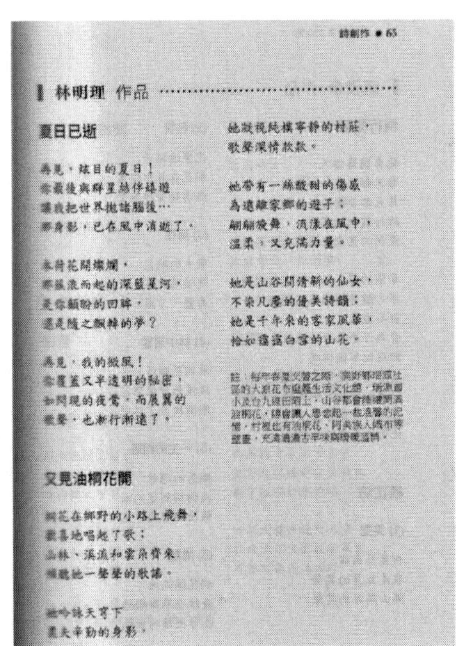

林明理 作品

夏日已逝

再見，炫目的夏日！
你最後與群星結伴遠遊
讓我把世界拋諸腦後…
那身影，已在風中消逝了。

永[illegible]花開燦爛，
那飄浪而起的深藍星河，
是你顧盼的回眸，
還是隨之飄緲的夢？

再見，我的微風！
你覆蓋又半透明的秘密，
如閃現的夜鶯，而展翼的
歌聲，也漸行漸遠了。

又見油桐花開

桐花在鄉野的小路上飛舞，
歡喜地唱起了歌；
山林、溪流和雲朵齊來
傾聽她一聲聲的歌謠。

她吟詠天穹下
農夫辛勤的身影，
她凝視純樸寧靜的村莊，
歌聲深情款款。

她帶有一絲酸甜的傷感
為遠離家鄉的遊子；
翩翩旋舞，飄蕩在風中，
溫柔，又充滿力量。

她是山谷間清新的仙女，
不染凡塵的優美詩韻；
她是千年來的客家風華，
恰如靄靄白雪的山花。

—刊臺灣《笠詩刊》，第 350 期，2022.08，頁 65。

攝影：林明理

20. 重遊加路蘭部落

今年的氣候似乎比往年不穩定，暑夏酷熱，時而也有陰霾微雨的天氣，還有怪異的颱風從外海掠過，把門前的小葉欖仁樹冠的枯葉全部掃落，但也讓新綠的葉子露了出來。

選一個清爽的黎明，攜一縷對大海的情絲，藉由晨光，去看看分別太久的加路蘭部落。它慢慢地接近了，眼底含著廣大的光芒……又像是綻開的一朵文殊蘭，在大地無私的懷抱裡安靜地等我來。

一隻烏頭翁棲在枝頭，正在唱著一首歌。我聚精會神地聽著大海的韻律，沒有注意到周遭和別的事。只瞧著牠跳上跳下，自由自在多歡暢。霎時，天空泛出淡淡金色的曙光，慢慢盪漾開來……我被這經東管處整建成休憩區的風情吸引著，遂成了這裡的常客。

在這裡，無論是清晨或黃昏，我的鏡頭裡，總會留住裝置藝術上的飛鳥，浪花、曉月和空軍健兒例行飛越天際的感動。這些尋常的事物，在時光的流逝中，自有另一種寧靜祥和的美，也緬懷起昔日鄉居的樸實歲月與童年。

我常在黎明的微光中，沿著平緩的草坡漫步。當我望著層巒疊嶂的山林或海浪，腳底下踏著一大片草地時，心中就會感到一種異乎尋常的力量。我喜愛它遠甚於那些瑰麗的岩貌，只要時間緩緩停泊於曙光中珊瑚謳歌的所在，我便感到自己更加勇敢了。

我也喜歡繞到富岡里一個擁有百年歷史的加路蘭部落（Karoroan），瀏覽天主堂彩繪牆上賞心悅目的解說圖。據說，「加路蘭」是瓦灣社分支出去的部落，意指「洗髮的地方」。因為早期附近的小溪富含黏土礦物質，阿美族人常在此區域取之洗髮，並以此取為社名。

百年來，阿美族人的根在此部落裡延伸，枝繁葉茂；子女們在這片土地上得以繁衍、成長。我不禁想起上次前來遇到一個阿美族老人家望著我抿著嘴笑。老人家靠在住家的矮牆上一隅，跟我侃侃而談。

「這裡每到週日，大多數的族人都到教堂做禮拜。前幾年，我突然中風了，半夜裡被兒子送醫急救後，我努力復健，現在全好了。這是主的恩典。」

「您說得極是！」我稱讚道，八十多歲的她仍神采奕奕，一邊描述，一邊開心地分享她的人生故事，舉止模樣彷彿見著故人，有著阿美族人慣有的熱情與天真。

如今，我重遊加路蘭部落，想起了那位風趣的老人家，至今難忘。歸途，從部落的出口望過去，被山巒覆蓋的太平洋在陽光下依然湛藍。路旁田野的月桃花開得極為燦爛，令我有種適意的快感。

我想像當族人到了豐年祭時，他們一定會像解說圖裡的族人那樣圍成一個大圓圈，盡情地載歌載舞，真誠的笑；而我深信，這世界會因族民一起歡笑而更美好。

—2022.04.09 作

2022.9.11

青年日報　副刊 15

重遊加路蘭部落 ◎林明理

加路蘭海岸

時遊人生

誠信最無價 ◎蔡富澧

回首

DISHONEST

－刊臺灣《青年日報》副刊，2022.09.11，及攝影 2 張。

攝影及林明理畫作（雨中田野）

21. 秋夜旅思

好幾個月以來，極端高溫襲擊全球，地球暖化像是加速了。終於盼到秋天翩然而至，在這寂靜的小城，多年來一點兒也沒有改變，只有盈盈月光覆蓋了整個大地。夜色降臨後，馬路上一切聲響都靜止，只聽見飄忽而逝的夜鷹和草叢間細微的蟋蟀聲。

當我回到自己的書房，拿出老花眼鏡，從螢幕裡找出記憶中的幾張照片。恍惚中，我回到那一日有風的清晨，從中華大橋畔眺望著卑南溪緩緩潺潺流向太平洋的時候……遠方的綠島一如往昔靜靜地吟唱在海面上，而萬物在黎明中被喚醒了。

順著往東河鄉的指標，直想繼續一探部落樣貌。路經興昌社區前，有個阿美族婦女在搗米、男子欲出海捕魚的雕像，栩栩如生，吸引了我尋幽的目光，遂而彎進聖若瑟天主堂。一群燕子在電線桿上忙碌地穿梭於屋簷，那消逝的燕語呢喃，如同和風或一首聖歌……教我頻頻回眸、難忘。

沿途又經過泰源村一個阿美族少女雕像的東河鄉導覽石雕，在那山巒上幾層的雲與幽谷間，我聽見了溪水流動聲，不知名的野鳥，在樹林間啼叫。耀眼的天空遼闊無比，三三兩兩的獼猴，行移於橋畔。還有那辛勤的農夫，不論晴雨，在田地上耕種的背影，讓大地愈來愈有活力而發亮。

行經北源國小，屋宇旁有風鈴草的籬笆、香丁樹果園、清澈的溪底和善變蜻蜓以及涼風，徜徉鄉村的快樂就根源於親近大自然那極為美妙的感動。在鄰近的北源橋，這條涓涓細流看似不顯眼，卻足以容納許多生物在此棲息。我看到幾隻蝴蝶和牠的同伴優閒地飛舞著，周遭的農作物、果樹都充滿新的生機。

適巧，遇到一個村民。我拉高嗓門，拉下左車窗問：

「請問前面是往順那部落嗎？」

「就往這邊直走，會經過一個教堂，路的兩邊大多是族人居住的。」他露出一臉的微笑。終於抵達順那部落，在這山村的平靜裡，當地先民稱此為「潮溼且踩踏下去黏黏的地方」；此外，據說早期的阿美族人多是從東河部落遷徙而來，祖先是因前來此地狩獵，而留駐於此開墾。

漫步在小山村，心中感覺很祥和、輕鬆。今夜，我的思緒又很快地往那地方流去。我想起在一九五一年獲得諾貝爾文學獎的瑞典詩人拉格維斯特，他在〈群星下〉詩中吟哦：「我要佇立於此，／靜靜地。／我要彎下前額。／神聖的地方／沒有一句人言不是真的。」詩人運用形象思維，卻顯出心中珍貴的感覺，真摯而生動，令人感佩。

當我看到窗外一輪明月從院子裡風鈴木的樹梢處升起，僅一隻蟋蟀的「唧唧吱」聲悄悄傳過來。

風起了，我感覺到秋涼的味道，空氣也來得濕潤些。雖然世界多幻變，但不變的是，我始終將鄉村的清音長留於心底，眷戀難忘。

—2022.08.15 作

2022.9.18

青年日報

中華民國111年9月18日 星期日

副刊 15

秋夜旅思

◎林明理

吟遊人生 ◎蔡富澧

晨風中的尋思

—刊臺灣《青年日報》副刊，2022.09.18，及畫作1幅，攝影2張。

畫作：林明理

22. 走進秋天

再次來到鹿野茶葉改良場，是晨光灑落田野的時候，我的憂思情緒就一掃而空。

哼著歌兒的伯勞鳥穿過了四季風雨，依然疾飛而來……在茶園一隅迴旋。風從我跟前遛過，粉紅的花落在草綠小徑上。

我擺脫了世界紛紜雜沓，像童話裡走出來的羊，攜著一縷青綠，帶些晨間陽光，嘗試把腳步放慢。遠遠的天空藍了，一畦畦茶園連接無盡，潔白的雲朵飄呀飄，追趕著中央山脈層巒疊嶂。

一隻烏鶖哼唱著，像個風度翩翩的舞者，在這佔地約三十公頃的園區內停歇，低頭俯視著我。

是啊，這裡沒有虛偽，也無世事戚悲，只有碧綠的田野、清風及鳳梨田。這一切讓我感悟到，讓自己反璞歸真的重要，也深知，學會放下，才能瞭解生命的禪意與「坐看雲起時」的從容。

剎時，一隻白鷺振翅了，牠飛向田野，旋舞如縷煙。啊，那風中的小影像恰似心底對故鄉的思念……忽遠，又近了。在靜謐花香的路上，兩旁高大的小葉欖仁樹，每根枝幹都向著陽光，努力伸展；而田野在我面前生機盎然，綠到天的盡頭。

晨霧把山巒拂拭，淡到極致的美，而時間彷彿一瞬間過去了千年。當我目視蒼穹下的大地，遠與不遠……忽然我明白了每段歷史都藏著堅韌與動容的情節，每個情節裡都藏著無數的淚，每滴淚裡都有一個故事，每個故事裡，都有悲歡離合。

看哪，百鳥振翅而歌，穿過幽徑，引我從容看待一切。何曾擁有這般的感覺 ── 自在，縈迴，深邃！而明天，陽光將仍在花間跳舞。這鄉景的光華，恬靜，如秋天的溫柔。

—2022.08.15 作

6 浯江副刊　2022.9.19　金門日報

浯江夜話

小島月光

那些屬於你炸油條的回憶

【小說連載】冬梅

平分秋色

走進秋天

◎林明理

陳景蘭洋樓一遊

－刊臺灣《金門日報》副刊，2022.09.19，及畫作 1 幅。

攝影及畫作：林明理

23. 雙流森林尋幽

清晨的雙流森林，被白鷺鷥親吻過的溪水泛著淡藍色的銀光，群山蒼翠，偶有斯氏紫斑蝶、圓翅紫斑蝶和不知名的鳳蝶，在草叢與花間追逐……讓我時時踮望。

一陣微風吹過，趁著天色還很熹微，樹影落在溪裡，我可以開始想像這座遊樂區有多寬廣。它就位於屏東縣獅子鄉楓港溪上游支流達仁溪與內文溪所匯流之處，因而成全了一座「雙流森林遊樂區」的命名。

那瀑布間泉湧的疊影，水跳動音符的白榕步道上，過去是排灣族的生活區域，也有留其特色建築的遺址，那就是用石塊堆疊木板牆，加上像是龜甲一般用茅草蓋成木造屋頂的「龜甲屋」。聽說，在深山老林中，還藏有一個石板屋遺址。

在園區內的「雙流自然教育中心」裡，恍惚中，我搭乘了時光機，重回到昔日排灣族的石板家屋，有族人背著砍伐的木頭、腰帶獵刀，走在回家的山徑；夜裡，有貓頭鷹、大赤鼯鼠、樹蛙等動物的出沒，還有老人家、婦女燒柴、煮飯的歲月景……這些畫面交織著原民的智慧和族人相處的融洽，也將無數個家屋內外的生活空間串成息息相通、蕩氣迴腸。

站在這座海拔六百五十公尺高度的森林上，四周視野遼闊，它的範圍涵蓋丹路村和草埔村。由於五十七年前，林務局在此地種植許多光蠟樹、相思樹等樹種，走入森林步道中，不時可聽到溪水潺潺和畫眉等野鳥悅耳的鳴叫，不禁讓我的遐想匯聚成一串串歡快的語詞。而溪石上群聚悠閒的黑腹濱鶺、美麗的蝴蝶，也在光影中透著大自然靈動的氣息。

一路上，走走停停，都有涼亭、石椅可乘涼歇息。就這樣，我靜默在雙流森林的步道中，聽見溪水的回聲，一波一波縈繞在我腦海。歸途，我又看見一隻白鷺鷥翩翩飛向了遠方的小紅橋，展現出週遭的靜謐與無限延伸的空靈感。那一瞬，使我感受到秋天的腳步和它的微笑，也不禁憶起譯者連方在泰戈爾《漂鳥集》書裡的一句好詩：

這座山，不正像一朵花嗎？／伴著花瓣般的群峰，／啜飲著陽光。

就是像這畫面呢——我直想要趕快地將心中的感動寫下。今夜，月光如水。那雙流森林的陽光，那山巒和溪流……如此熟悉，又如此貼近我思念的情緒，讓我一再細細品味著獅子鄉旅思之情。

—2022.08.02 作

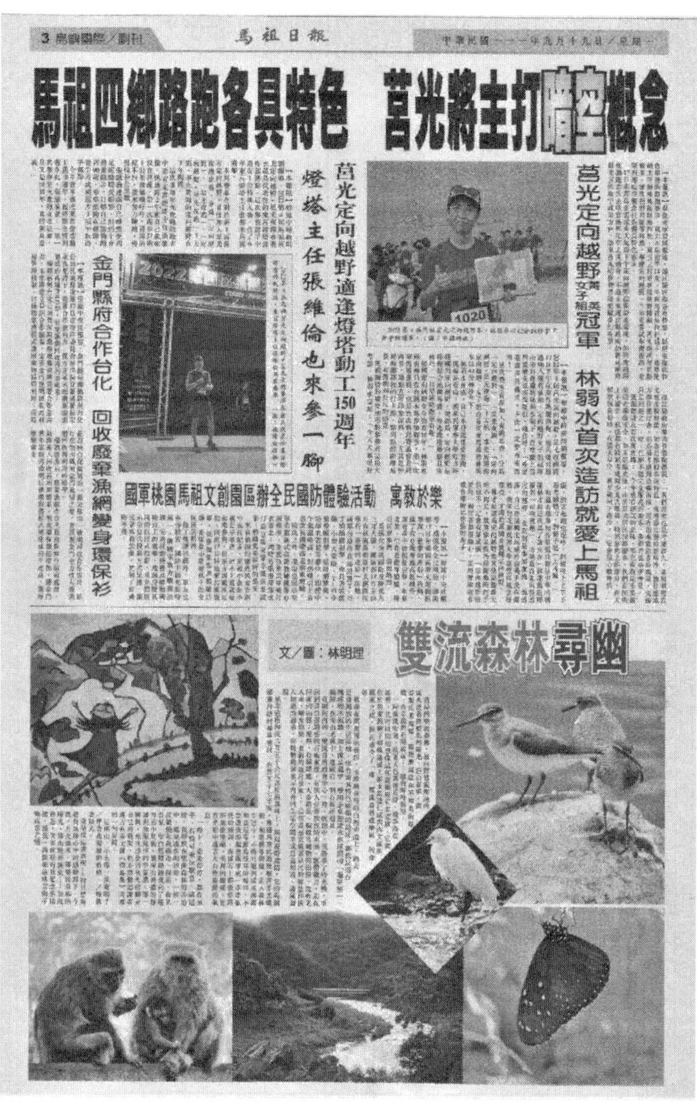

3 馬祖國際／副刊　馬祖日報　中華民國一一一年九月十九日／星期一

馬祖四鄉路跑各具特色　莒光將主打暗空概念

莒光定向越野菁英女子組冠軍　林弱水首次造訪就愛上馬祖

莒光定向越野適逢燈塔動工150週年　燈塔主任張維倫也來參一腳

金門縣府合作台化　回收廢棄漁網變身環保衫

國軍桃園馬祖文創園區辦全民國防體驗活動　寓教於樂

雙流森林尋幽

文／圖：林明理

－刊臺灣《馬祖日報》副刊，2022.09.19，及畫作 1 幅，攝影作 5 張。

攝影及畫作（山中冥想）：林明理

24. 山中冥想

揮別海端村鷺鷥群翩翩飛舞的布農族文化館，進入新武呂溪右岸的瀧下部落（Takinusta），陽光正落在入口前盛開著一簇一簇的野白合。我的記憶更加閃爍，但沒有時空錯置的幻覺，反而真正感到沒有攙和喧囂的寧靜，是多麼令人嚮往……而我的愛，潛然如松。

最喜歡獨自一人閒晃到附近的鄉間散步，看看族人認真工作的模樣，或與我擦肩而過的笑容。今天，霧氣在山谷裡徘徊聚合，我看到了一個靦腆的小孩在海端國小校園的老茄冬樹下玩耍，另兩個在滑梯前追逐、跑跳。純真的印象，與族人簡樸的個性結成一體。

驀然發現，一隻山鷹，騰起半空，似乎要飛向蒼穹似海的深谷裡去了，令我喜出望外。風兒非常清晰地告訴我：「這裡的布農族和南投線信義鄉、臺東縣延平鄉，和高雄市桃源區、那瑪夏區的布農族，是屬於同一社群的分支。」

不但如此，我還記得從文化館裡展示的傳統服飾、狩獵刀、藤編物、小米等等，透過解說的文獻及放映的螢幕，慢慢瞭解到海端鄉布農族昔日的生活，以及日據時期布農族勇士拉瑪他•星星英勇事蹟的歷史。

看著，想著，這些偏鄉的孩童，大多家境清苦，這是這次行旅心靈中，令我感到的悸動。就在此刻，一道晨曦般閃動的光，灑落在勇士雕像上……像布農族姥姥守護孩童般堅強，一如始終照料孩童的使者。

我熱切的愛上了布農族的「祈禱小米豐收歌」，從跨越初來橋，沿途的下馬、霧鹿等布農族部落；又愛上了他們長期與山林相伴相生、面對命運苦痛的從容。然後經過新武橋時，又接觸了「逢阪事件紀念碑文」，使這往昔以農為主、狩獵為輔的布農族英勇的抗日故事一路延伸下去。

那些跟隨我腳步的風，或野鳥，亦步亦趨，有時婉轉地唱著，如眼前布拉克桑溪歷歷在望，潺潺如溪流；有時琮琮，似清泉敲打山石的聲音，讓我不覺地進入冥想的美好世界。

就在那天早晨，我沿著山徑驅車重回了海端鄉。一隻早起的紅嘴黑鵯發出兩聲親切的叫聲，美麗的晨光就稀稀落落地灑在密布的樹梢上了。我想起印度詩人泰戈爾（1861－1941）在《漂鳥集》書裡說的：「群樹踮起了腳尖向上延伸，像是渴望窺探天空的大地。」詩人偉大的感觸就出現於其中。

恍惚中，森林的生物歡欣地吟唱一首老歌，花精靈開始編織布農族祖傳的故事。歌聲穿過了高山深谷，流經新武呂溪、龍泉溪、加拿溪、崁頂溪等鄉境……歌聲穿過了永恆，如幻似真。

有大冠鷲、夜鷺、松雀鷹聚集在褐樹蛙等溪魚流過的天空，而我是霧中羊，靜靜領會大自然的奧妙，並衷心祝禱，這片山水能享有水土保育的價值與原本純淨的樣貌。

—2022.05.13 作

7 更生副刊

投稿 e-mail: keng-shen3@umail.hinet.net

更生日報

2022.9.22

中華民國一一一年九月二十二日／星期四

懷念的老榕樹

◎蔡明哲

山中冥想

◎文與圖：林明理

馬拉「朱」健將與他的助跑們

◎吳守禮

宜蘭餅

◎鄧榮坤

—刊臺灣《更生日報》副刊，2022.09.22，及畫作 1 幅，攝影作 6 張。

攝影及畫作(村野的白鷺):林明理(此畫由臺灣的「國圖」「當代名人手稿典藏系統」存藏於臺北)

25. 安通部落紀行

當裊裊秋風乍起，恍惚中，我又置身於玉里鎮與富里鄉交界處的安通部落入口，看到一大片綠油油的稻浪盪漾起來。那一天清晨，白鷺齊飛，草木豐美，秋收的喜雨已經到來。

據說，早期遠從拔仔、砂荖、馬太鞍等部落遷徙而來的阿美族人，常聞到溫泉所溢散的硫磺氣味，因感覺味道難聞，故稱之為「Ancoh，安槽」，意指「臭氣」，漢人則發音成「紅座」，民國六年才改為「安通部落」。直到民國十九年，日本人在此地興建警察招待所，並設置公共浴場。

在這些悠遠的歷史背景，青山和汩汩流出的溫泉之中，這座屬於多數的阿美族，與平埔族、布農族等居民，迄今都銘記著對部落的認知與積極保存其傳統習俗的理念。在每年慶典活動開始之前，返鄉的族人開始分派工作，把這一塊純淨的田園溪畔，把一條條樸實無華的村道清潔打掃、加以布置，不但凝聚了力量，又能展現部落文化。

從車上下來的第一眼，部落入口矗立的阿美族石雕，栩栩如生。站在瞭望台旁環顧，聽風的呢喃，部落的滄桑，便如一首長詩，在綠野田疇的畫中，一詠三嘆。繞過一棵百年老榕樹，以及彩繪藍腹鷴、老鷹和百步蛇的牆，心情突然大為愉悅。

快步走到聚會所，風把過去豐年祭典族人同歡相聚的時光縮影，再度剪成片片回憶。紅鳩，白鷺鷥，還有野花和鳳蝶，牠們聽風、沐雨，輪番守護著部落裡栽種的稻米、金針、當歸、箭筍、柚子等農作物，讓家家戶戶透著寧靜與安適。

這時，我看到許多族人，回到了故鄉，帶回了夢想……

在時光深邃處，在豐年季的鼓掌聲中，我可以聞到鄉野中清新的氣息。我不得不承認，白鷺鷥是田野最美的天使，牠們聚集在碧綠的農田，而後，又灑脫地飛遠了。

走過街道上可愛的阿美族彩繪牆、教會，我試圖拍下有趣的圖騰及畫面，以便重溫部落的風土人情。這才察覺家家忙著慶典，突然覺得那也是一種幸福。

一位族人走了過來，笑瞇瞇的眼光直落到我的相機：

「噢，是妳，回來啦！好久不見了。」後來，看到我轉身時，立即說：

「啊，我認錯人了。妳從哪裡來的？」他問，然後尷尬地笑了。我不得不稍做解釋，說：

「我從臺東來，路經此地，剛才在入口看到許多年輕人在高掛豐年季的紅條。很棒啊。」他不免有些驚訝，但隨後又隱約歡喜。就這樣，我靜靜地向他揮手道別。

如今，在靜夜的山影裡，安通部落也悄悄從我心中流過，帶著一種懷念的情緒，隔著山巒和溪水，隔著那片稻田……居然有如此深邃的繁星世界。讓我再度輕輕貼近那條我獨自閒逛的夢中小徑吧！夢裡，也有我自己的童年。……

—2022.08.30 作

青年日報

2022.9.25

副刊 15

安通部落紀行

◎林明理

—刊臺灣《青年日報》副刊，2022.09.25，

及畫作 1 幅，攝影 1 張。

攝影及畫作(雞鳴東海岸)：林明理

26. 漫遊成功鎮偶思

清晨六點多，走在成功鎮忠智里活動中心的路口，天空一片澄藍，海岸山脈的「頭目山」在我的眺望中閃耀著。那山巒的壯麗，恰似巨人強而有力的肩膀……在雞鳴周邊的田野，有微涼的風從漁港的燈塔那邊傳過來。

或者，風兒是從海濱公園沙沙作響的木麻黃那邊吹來的，有棋盤腳花紛紛飄落。在更遠處的三仙台，有平靜的海波與細碎的浪花，讓我捨不得移開目光。恍惚中，我也在鳥聲彼此應和的啼聲中飛翔。

在一條老街上，我獨自一人一邊走進店家，一邊驚訝於鎮上的靜寂。一進門，老闆是一個忠厚的中年人，我問他：

「早安，可以開始營業了嗎？我想買三包旗魚鬆和柴魚酥。那是你的父母嗎？」

「是啊，我父親以前是捕魚的船長。」他的回答裡有著自在的歡喜。當我看到他的母親正在慢慢地餵食坐在輪椅上的老先生時，不由得有些感動了。沒多久，我就走到賞鯨碼頭旁的彎路上，兩三艘擱淺在岸邊的老漁船，勾動我懷舊的情愫。我的眼睛也跟著流轉在逝去的時光與不可知的未來之間。

直到太陽升起，周遭僅剩下最後一絲清涼的時候，回望成功鎮和平里最北邊的一座僻靜的八邊部落（Pa'pian，阿美語），那片被群山擁抱的綠色田野，還有八邊橋公車站亭背後浩瀚廣闊的太平洋。我發覺，沒有什麼比山海更能理解風兒的美意了，儘管今年夏季似乎更為酷熱，但只要看到有幾個農夫正殷勤地耕耘、播種著，我便激動欣喜，且感覺未來仍是充滿希望的。

因為，當夏風吹拂的時候，田裡的秧苗或種子就會開始成長、茁壯，並等待結出碩果，這就是四季給與大地孕育萬物的意涵。而路過台十一線八邊部落時，才清晨七點多，我看到有幾位阿美族阿嬤，戴著寬邊的布帽，在路邊販賣自種的無毒蔬菜。那些老人家彼此陪伴，賺些生活費，都十分和藹親切、開朗健談。

據說，在清朝光緒十八至十九年間，其祖先從加只來部落阿美族遷徙而來，戰前稱此地為「跋便」，戰後更名為「八邊」。這裡的海岸，也是俗稱台東古玉「年糕玉」的主要產地。但此刻我只看到部落的田野豁然開展，即使是空蕩蕩的街巷，也發出了歲月靜好幽微的光芒。

今夜繁星閃爍，我想像海上的夜，也是靜寂、夢幻的。我在鍵盤上回溯成功鎮所走過的每一道風景，不禁感觸人生就像一路走過四季的風景，生命本身就是一種承受。就像聖嚴法師所說：「感謝給我們機會，順境、逆境，皆是恩人。」不論我們在人生路上遇到順逆或成敗，只要時時擁有一顆明朗的心，懷有希望，心靈之樹就會滋孳生新枝，綠意盎然；而世間的困厄或艱難，應是可以克服的。

—2022.07.22 作

青年日報

2022.10.2

副刊 15

漫遊成功鎮偶思

◎林明理

成功鎮漁港燈塔

秋覺

◎陳政雄

－刊臺灣《青年日報》副刊，2022.10.02，及畫作 1 幅，攝影 1 張。

攝影：林明理

27. 沉醉秋日田野

驟雨過後，當月光又籠罩著桂花香的院子，微星在雲隙間閃爍。我想起了馬遠村，那裡有拖邐的山坡、美麗的田野和涓涓細流……到處可見小橋流水般寧靜的柚子園、香蕉等農作物。每一聚居的屋宇之間，都有一段遷徙的往事，每一處天空的顏色，都是最純淨的湛藍。

當我慢慢踏步而行，瞧見一座小橋，來到花蓮縣萬榮鄉馬遠村的東光部落，看到彩繪牆上鐫刻著許多布農族傳統生活的那一面時，特別欣喜。我立即掏出一頁紙，記下幾個極其珍貴的字。比如我初次學會布農語的「臼」，就唸作nusung。

那天早晨，太陽還是明朗朗地照耀著，遠遠地，有輛普悠瑪列車穿過綠野田疇。舉止沉靜的布農人，有的在矮牆內餵雞，有的在街道上騎著機車到田裡去忙活。一隻黑羊瞅瞅我，像是要跟我說些什麼。一切都帶著秋日的恬靜氣氛，使我心舒神暢，步履也愈走愈慢。

就這樣走了半小時後，跟著指引，轉往另一鄰近的固努安部落（Kunuan）。它是布農族在花東縱谷區最北端的部落，其祖先源自南投信義鄉郡大、巒大的兩溪交會口附近的「卡多窟蘭」社。兩百多年前，族人自中央山脈祖居地東遷，輾轉來到這翠綠山林中的萬榮鄉定居，村民大多務農。

印象最深刻的是，座落於半山腰的馬遠國小。校內的孩童常因上學之路迢迢，得爬一段小山路才能回家，令我不捨。校門口有許多布農族彩繪牆較之喧囂熙攘的都會中街道，更顯得古樸有致；族人在路上相逢寒暄的樣子，親切又自然。

每當村裡聚會所或學校裡傳來的八部合音在村裡四周縈繞時，每當在溪底或溝渠都看得到蝌蚪、紅蜻蜓，就連鳥聲、汪汪的犬吠聲，或送貨的車聲……都清晰地傳入了我耳裡的時候，我怎能忘記這一切？在這秋日田野的搖晃裡。

我知道，萬榮鄉除了馬遠村是布農族外，其他大多是太魯閣族聚落。我想起有一位布農姥姥，滿面笑容，側著身子向我探了頭。當我向她示意地揮揮手，她顯得很開心的樣子，就好像偶遇一個朋友，既意外又驚喜。

「那麼就再見囉～」我當時想，「等我到了她老人家這樣歲數的年頭兒，如果還能像她這樣健朗，那該多好！」多想讓時間停留，或繼續去看看部落內滿山遍谷的螢火蟲，有月光映照著布農族優美的合聲或祭儀歌謠……那些山村的影像，不時出現在我的腦海裡。

就像此刻，晚風輕柔，月兒似乎比我還讀得懂自己的思緒。因為，對它的思念如實地帶我回到那一個偏遠卻淳樸的小村，就好像我又聽見了紅嘴黑鵯在林梢啁啾呢喃，一列火車穿越秋收的黃昏，紅蜻蜓翩翩飛舞在溪底的向陽處……一切都寂靜美好。

—2022.09.16.作

青年日報

副刊 15

沉醉秋日田野

◎林明理

－刊臺灣《青年日報》副刊，2022.10.09，及攝影 4 張。

攝影及畫作（靜謐的山村）：林明理　（此畫由臺灣的「國圖」「當代名人手稿典藏系統」存藏於臺北）

28. 情繫都蘭村

已近秋天，天氣卻仍然艷陽高照，偶有暴雨來襲。直至今晨降溫了，在這樣微風徐徐又帶有茉莉花香傳來院子的時候，我的思緒不禁想起那一日驅車到東河鄉的情景，又一次被都蘭村感動得一再回味。

當我漫步在「水往上流」遊憩區的山坡上，最先映入眼簾的，是被都蘭山脈的風吹起的波浪，海面上恰巧有兩艘早起捕魚的小船，正不急不緩地隨風漂蕩。

此番景致，讓我有了唐朝詩人孟浩然寫下（初秋）這一段:「不覺初秋夜漸長，清風習習重淒涼。」的聯想。恍惚中，我聽見了樹叢間蟬聲不絕於耳，寧靜又響亮……可用心去聽，卻能感覺出秋天離我們愈來愈近了。

想起在遊憩區的步道旁，有幾棵構樹上的果實，已在不經意間悄然落下了。一對花斑鳩飛來，輕啄果子，並慢慢踏步而行，簡直像情侶似地，有著難以言喻的美麗。在偌大的園區內，空無一人，只有蟬聲叫得撼動四方。一隻石龍子的黑影迅速移動，在草間露出了身軀，牠瞅見了我，幾秒之後，就拚命逃跑了。我看到一群野蜂貪戀地吮吸著香蕉花上的蜜汁，還有兩隻松鼠正從合歡樹幹上溜下來，再沿著電線桿花間耀眼的陽光溜進另一邊的樹叢裡去了。

這裡原是一處因地形傾斜度造成視覺錯覺的地理奇觀，是遊歷都蘭海岸必經的小小景點，而我這次前來，不只是由於它的靜謐而來，也不只是因為寂寞而來，而是想去瞅瞅園區後方山坡上聚落的模樣。於是，我繼續往村子走去，一邊眺望大海中輕緩推波的小漁船，一邊靜心感受著山村純樸的氣息。

往日，總能看到低飛的白鷺掠過都蘭山脈的原野，如今，抬眼望去，街巷裡除了那耀眼的緬梔花、八角梅等等，比著美，在屋牆外爭相綻放。在一片空曠的田野間，除了種植釋迦等農作物外，難見村民的蹤影。

終於步入一條令人心曠神怡的小徑，當我走到巷道轉角不遠處，只見一輛汽車旁，有三個村人正在蹲坐吃早餐。我止不住好奇地趨前打招呼：

「早安。請問從這裡走去，還是都蘭部落嗎？」我問。

「是啊，你們從哪裡來的，迷路了嗎？從這裡去只剩兩三戶人家，這裡大多是阿美族，但也有其他族群。」他回答得很熱心。

「哦，知道了。我們從新站來的，謝謝了。」揮手道別後，便聽到村裡傳來的機車引擎聲。我看著晨光灑在都蘭山脈，灑在溫暖的泥土上。壁上有原民圖騰，或從屋裡傳來族人的說話聲，心中悠然湧現了一陣喜悅。

—2022.08.10 作

林明理畫作〈靜謐的山村〉

中華日報 2022.10.11

情繫都蘭村

文/圖 林明理

己近秋天，天氣卻仍然艷陽高照，偶有暴雨來襲，直至今歲降溫了，在這樣微風徐徐又帶有茉莉花香傳來院子的時候，我的思緒不禁想起那一日驅車到東河鄉的情景，又一次被都蘭村感動。

當我漫步在「水往上流」遊憩區的山坡上，最先映入眼簾的，是被都蘭山脈的風吹起的波浪，海面上恰巧有兩艘早起捕魚的小船，正不急不緩地隨風漂蕩。

此番景致，讓我有了唐朝詩人孟浩然寫下〈初秋〉這一段：「不覺初秋夜漸長，清風習習重淒涼」的聯想。恍惚中，我聽見了樹叢間蟬聲不絕於耳，寧靜又響亮……可用心去聽，卻能感覺出秋天離我們愈來愈近了。

想起在遊憩區的步道旁，有幾棵構樹上的果實，已在不經意間悄然落下了。一對花斑鳩飛來，輕啄果子，並慢慢踱步而行，簡直像情侶似地，有著難以言喻的美麗。在偌大的園區內，空無一人，只有蟬聲叫得撼動四方。一隻石龍子的黑影迅速移[illegible]瞅見了我，幾秒之後，就拚命逃跑了。我看到一群野蜂貪婪地吮吸著香蕉花上的蜜汁，還有兩隻松鼠正從台歡樹幹上溜下來，再沿著電線桿花間耀眼的陽光溜進另一邊的樹叢裡去了。

這裡原是一處因地形傾斜度造成視覺錯覺的地理奇觀，是遊歷都蘭海岸必經的小小景點，而我這次前來，不只是由於它的靜謐而來，也不只是因為寂寞而來，而是想去瞅瞅園區後方山坡上聚落的模樣。於是，我繼續往村子走去，一邊眺望大海中輕緩推波的小漁船，一邊靜心感受著山村純樸的氣息。

往日，總能看到低飛的白鷺掠過都蘭山脈的原野，如今，抬眼望去，街巷裡除了那耀眼的黃槐花、八角梅等等，比著美，在屋牆外爭相綻放。在一片空曠的田野間，除了種植釋迦等農作物外，難見村民的蹤影。

終於步入一條令人心曠神怡的小徑，當我走到巷道轉角不遠處，只見一輛汽車旁，有三個村人正在蹲坐吃早餐。我止不住好奇地趨前打招呼：「早安。請問從這裡走去，還是都蘭部落嗎？」我問。

「是啊，你們從哪裡來的，迷路了嗎？從這裡去只剩兩三戶人家，這裡大多是阿美族，但也有其他族群。」[illegible]

「哦，知道了，我們從新站來的，謝謝了。」揮手道別後，便聽到村裡傳來的機車引擎聲。我看著晨光灑在都蘭山脈，灑在溫暖的泥土上，壁上有原民圖騰，或從屋裡傳來族人的說話聲，心中悠然湧現了一陣喜悅。

花斑鳩，啄食構樹的果實

－刊臺灣《中華日報》副刊，2022.10.11，及畫作 1 幅，攝影 1 張。

29

攝影及畫作：林明理

29. 雨後的山村

原為卑南溪舊水道的堆積台地（今稱美農高台），是我常去的尋幽之處。那裡出產釋迦、咖啡館、紅龍果、茶葉等多種農作物，村民多務農，民風純樸。

在許多個雞鳴的清晨，我從高頂山隔著卑南溪眺望高聳的都蘭山和臺東平原，並攀登到更高的四格山涼亭上眺望遠方的綠島。當我看到這些，就會不由得像孩子那樣雀躍不已。

今天，小徑旁的月桃花、野薑花又開始綻放了，逸放出幽微香氣。我揹著相機和裝有紙筆的小背包，邊走邊說道：

「哇，前面有隻翠翼鳩，竟被我拍到了。」我止不住笑意，接著又說：

「還有人面蜘蛛、小紅蛺蝶……真是有趣。」一對與我們打了招呼走在前方的夫婦，回頭笑著對我說：

「要是能爬上四格山涼亭觀賞銀河，那才是壯觀啊！」他們已快步攀登而上了。可我眼下，光站在這山村眺望著我無法想像的美景，這是一種從深林木棧道上兩旁的原始林蔭下，遠望海岸山脈時的美妙感受。

由這角度望去，都蘭山頂的晨曦，宛如白色的聖光普照。

沿途所見的紅嘴黑鵯、溪底的黃牛、蜻蜓點水、鷺鷥群和雲彩的倒影，交相輝映，勾勒出多彩多姿的大自然樣貌，一切都生機勃勃。現在又平添上花木的清香。

倘若不是登上四格山的高點，是沒法看到臺東縱谷平原、利吉惡地和周遭的景色。在秋晨如此深湛澄藍的天空，曾經在我童年走過的田壟，還有所居住的村落、溪流，彷彿也在這目力所不能及的山林對面了。

說起故鄉，雖然在這片山水之外，卻也一直是隱在我內心最深處的眷戀。我所珍惜的田野、蛙鳴、稻香和無邊遼闊的藍天之間，常見的是，有水牛在田裡擔負起耕田或運輸的工作，直到黃昏緩緩暗下來。還有出遠門時，父母的叮嚀聲，最為幸福。那些如風的往事，都如箭矢飛向天空，讓我記憶猶新。

忽然，有幾滴雨點飄了下來，野鳥穿梭於樹林的枝椏間。我抬頭看見雲氣正在移動，而我感受到天空轉幻的灰藍色，感受到唐代詩人戴叔倫寫下的《題稚川山水》詩裡的一句:「行人無限秋風思，隔水青山似故鄉。」是啊，故鄉似水流年，總在夢裡，靜靜地來回，又閃閃發光。

走在歸途的寂靜中，下山的步履變得很輕、很慢，就像光陰不停地流逝，但總會在某一個時間點，回首朝向我眨眨眼，讓我不禁思念起家鄉，想著我怎樣記下這次與大自然邂逅的奇遇，還有雨中耕種的老農背影，又該怎樣才能把他框進我的回眸。

—2022.08.17 作

3 兩岸國際／副刊　馬祖日報

報復性出遊訂房資料外洩　百人遭假客服騙400萬

進入颱風活躍期　2週內恐有3颱

金門嚴重「火燒埔」黑煙竄天！惡火延燒民宅車輛

東北季風肆虐　澎湖連2天雜草火警　消防員疲於奔命

大葉學子綠島考國際潛水證照　通過率百分百

蘭嶼爆百人群毆　台東警方漏夜渡海拘提

鼓勵減塑　小7今起陸續停供免費咖啡、鮮食提網

雨後的山村

文／圖：林明理

－刊臺灣《馬祖日報》副刊，2022.10.12，及畫作 1 幅，攝影作 5 張。

攝影及畫作：林明理（此畫由臺灣的「國圖」「當代名人手稿典藏系統」存藏於臺北）

30. 七星潭的晨歌

夜這般空明、清淨，草海桐微微閉上雙眼，靜靜地等著過冬。

當黎明揭去夜幕的輕紗，我曾經試著坐在沙灘，觀看撒奇萊雅語稱為月牙灣上的星座——那是美崙鼻一側的海灣附近的居民守望者。這些居民迄今仍自稱為七星潭人。然而，這是第一次透過歲月更迭的光，我看見它朦朧而神秘的面貌，也聽見了它抒情的低吟旋律，滿懷滄桑與溫柔。

這些滄桑，透過無數悠悠的黑夜，在月光的撫慰中升騰……在回憶的沙漏間浮現出來。當那些可追溯到清朝的文獻裡標示著大小不等的溼地湖泊，或指出七星潭的位置與日本人興建沿海飛行場時的延續過程，幾乎已完成了歷史敘事的解構。

但很快的，這些過眼雲煙的往事已換為日常的景象，就像漫漫長夜過後，黎明亦將更迭而來。而昔日那群被遷到海灣一帶的居民，如今已勇邁向前，不再有望盡雲路的傷感。因為歷史如同一面明鏡，唯有經歷，才是滄桑；唯有努力，才能看見彩虹。

難以想像的是，當旅人談及七星潭或默默觀賞它的時候，昔日的小漁村如今已搖身一變，成了一座詩情畫意的海灣。那些早年散布的零星湖泊，則變為美崙工業區和花蓮機場以北之地；而綿延二十多公里的海岸也成為旅人休憩及踏浪撿石的好地方。此外，這裡也是花蓮重要的漁產區，還有石雕園區、觀日樓或賞星廣場等休憩設施及增建的海濱植物園等等。

這對於醉心於大自然並且放縱想像的我來說，是可欣慰的。我聽見了在那礫石灘有古老的歌聲為黑潮的子民輕唱……那是族人記憶中不曾忘卻的聲音。恍惚中，那歌聲也將傳到撒奇萊雅的故鄉——新城鄉北埔部落，傳到壽豐鄉水璉部落，傳到豐濱鄉磯崎部落，傳到瑞穗鄉馬立雲等地，就連神話中的海神也不禁側耳傾聽，任誰也不曾這樣沉醉過。

當七星潭多次出現在我腦海裡縈迴著那美麗清澈的眼眸，然而並非總是同一種面貌。它在黎明時尤為光彩奪目，既深具詩意，又有勇氣貫穿。那些漁舟的身影，起伏的浪花……在微微晃動的海面上，彷彿倚著風兒陷入沉思的雅典娜。

在這些聯想翩翩，古今中外的傳說與美麗的七星潭面前，無論是過去的，還是與這名字有關聯的故事——它的歌聲對我來說就是一首精緻的小詩，每一想起，讚頌之情也就浮上心頭。對於大部份的旅人來說，它是一首最令人期待的生命旋律，能唱出沁入心扉的故事。就像黎巴嫩的詩人紀伯倫在《沙與沫》格言集裡寫的：「記憶是一種相聚的方式。／忘卻是一種自由的方式。」而我在返鄉之前，對再次前來七星潭的探遊，早已充滿了真實的期待。

—2021.07.10.完稿

青年日報　2022.10.23

中華民國111年10月23日　星期日　副刊 15

七星潭的晨歌

◎林明理

▲林明理畫作
（七星潭的晨歌）

－刊臺灣《青年日報》副刊，2022.10.23，
及畫作 1 幅，攝影 1 張。

31. 風中絮語

在一個繁花世界裡
愛的殿堂上
我哪裡都不會遁逃
我是我
一如雨後的彩虹
以我所有的許願祝禱

或許你未曾留意
穿過這片原野
天空四處雲朵閃耀
但從來沒有一朵
像那樣手舞足蹈……
還唱起了純真的歌

—2022.06.02

31. Whispering in the wind

◎Lin Mingli

in a blooming world
in the hall of love
I'm not going anywhere
I am me
like a rainbow after rain
pray with all my wishes

Maybe you haven't noticed
across the field
clouds shine in the sky
but there's never one
dancing with so much joy......
while singing an innocent song

Translator：Dr. William Marr

詩創作 ● 65

向　明 作品

靜思五則

一、雲會遠走高飛麼？
永遠也不會的
雨未來，雲必先至
是最終生相扶持的老伴

二、田疇間的白鷺鷥
一生都嚴肅迭靜
不是閒閒在牛背上踱步
便是獨立在水田中尋思

三、枝繁葉茂一直靜守時間
老榕樹活得真神聖莊嚴
千百年未邁出原地半步
一點兒也不覺有何虧欠

四、小小羊兒要回家呀要回家
愛的溫馨傳唱溢滿全天下
羊羔的嫩肉卻成桌上佳肴
柔軟皮草專溫暖富貴人家

五、小螞蟻逗點大最守信守義
絕不爭前恐後永遠隊伍整齊
今天可能有幸找到飯粒餅屑
一定齊心搬回家才分享處理

林明理 作品

風中絮語

在一個繁花世界裡
愛的殿堂上
我哪裡都不會逼逃
我是我
一如雨後的彩虹
以我所有的詩願祝禱

或許你未曾留意
穿過這片原野
天空四處雲朵閃耀
但從來沒有一朵
像那樣手舞足蹈…
還唱起了純真的歌

－刊臺灣《笠詩刊》，第 351 期，
2022.10，頁 65。

林明理攝影、畫作（晚秋）、（枝上的神鳥），（此二畫由臺灣的「國圖」「當代名人手稿典藏系統」存藏於臺北）

32. 拉索埃部落尋幽

一行白鷺鷥引領我，悄然來到夢中的拉索埃部落（Raso'ay）。那些來自光復鄉馬太鞍部落的阿美族人遷徙的往事，像緩緩流出的泉水一樣蕩漾……在微風中，在拉索埃生態園區內的步道，粼粼波光在水面上閃耀著，泉聲愈大，閃耀的光芒愈加燦爛。

「拉索埃」是個充滿浪漫情懷的阿美族名字，又稱為「鎮平」，它就位於花蓮糖廠不遠處，為加禮宛事件後加禮宛族人的移居地。雖然時光如梭，但此地池底湧泉的波紋仍是一圈又一圈地向四周擴散開來。有一些往事、撒奇萊雅族和噶瑪蘭族在當年聯合抵抗清軍後，倖存的族人藏身在阿美族之中的記憶，那些回味時代的光影，伴隨著感人的阿美族神話與水同時起起伏伏。

過去，這是一處鮮為人知的小秘境。園區內有六個湧泉、四條野溪，泉水湛藍，彷若上帝的調色盤般夢幻。如今已成為知名景點，更孕育出小花石龍尾等罕見的水生植物。

雖然水聲迴盪，可以洗濯我風塵僕僕的臉龐，卻遠遠不及此地有一則千年神鳥報恩的傳說可以瞬間打開我的想像力，就好像翻閱一本古書，讓我不知不覺中在多情的水畔開始遐想。

恍惚中，稍遠處的那座「愛情湧泉」泛起漣漪。我聽得幾滴清露在林葉上翻轉，那難以名狀的藍，較之上帝的調色盤還要深青。它，露出一抹朝霞似的微笑，與沿途的湧泉反映天空的色澤交相輝映，光芒中透著不染塵埃的氣息。

涼晨中，我聽見泉聲就在前方，彷若世間一切拂逆與困厄，全都無懼地漂走。那是秋蟬的歌聲，清晰、持續地輕喚，此起彼落。

我在秋色中，像一隻鳥，有著秋月般的暈黃，虹彩般的毛髮……然後，輕輕一躍，又幻成了水鹿，諦聽這滿園寧靜的水光山色。而拉索埃的藍泉甦醒了，它雄偉又神秘，撲眼而來。山以沉默露出了蘋果似的笑容。

第一次被這則阿美族神話所觸動，是在今年秋日朦朧的拂曉中。相傳很久很久以前，有隻神鳥名叫「兜羅」，長期以來守護著縱谷的居民。有一天，兜羅被獵人所傷，卻讓拉索埃族人拯救了。之後，因為村裡爆發乾旱和瘟疫，遭際困厄。兜羅為之落下眼淚，竟瞬間匯聚成六個湧泉，讓當地族民世代得以和諧、安心地生活。

這段傳說何其浪漫、縈迴而充滿深邃！如果說，傳說是一種真實的夢，那麼，流傳千古便是一種幸福。這次，我從小城來，拉索埃部落的天空友善地凝視著我，在晨星下，在光復鄉鄉內大多為阿美族，還有一半是閩南、客家人的族群之間吹起了笙歌。這歌聲讓我忘記了時間是何物，而不必裝作若有所思……就好像拉索埃正在彈撥一首曼妙的歌謠，所有溪水的漣漪都為之歡躍，哄然叫好。

—2022.09.13 作

青年日報　副刊 15

拉索埃部落尋幽

◎林明理

林明理畫作〈枝上的神鳥〉

林明理畫作〈晚秋〉

—刊臺灣《青年日報》副刊，2022.10.30，及攝影 1 張，畫作 2 幅。

攝影及畫作：
林明理

33. 和風吹遍迦納納

記憶或靈魂裡的舞鶴村，在夜裡，天籟一般的草蟲響起在星星與大地之間。我特別想起久違的迦納納教會傳出來優美的歌聲，歌裡有白鷺在飛……喝著晨露的咸豐草，長大了。所有田野、自然生態林木，白鶺鴒、烏頭翁歡唱的快樂，貫穿茶鄉之美。

風自四面來，山霧中的靈氣龐大而倍顯安逸，深綠淺翠的茶園，林中駁雜的鳳梨、咖啡，或柚香，將讓給櫻花綻放的滿園春色。一棵高大的苦楝花，堅強而豐盈，在風中散作萬千細語，醉了春天，也在歲月的流逝裡，讓靈魂得到洗滌。

再次來到舞鶴村，適巧遇見了一位茶園的第三代傳人。他穿著一身黑色布衣，極為素淨，在從容不迫中，顯出禪的身心體悟和謙遜的品格。迦納納部落（Kalala），是他出生的地方，而品茶是他不可缺少的生活節奏，和過人的見識。

一杯水的茶裡，交織著茶葉知識的薈萃和相遇的融洽。一桌素齋，曬乾的菜豆炒香菇頭，最能勾起我童年滿滿的回憶及熟悉的味道。

樹是靜的，小綠葉蟬咬過的蜜香紅茶，是靜的，我的心也是靜的。只有風蟄居在時間之上，還有聲聲曼妙的蟲鳴鳥叫，徐徐地傳來……讓我們細心品茗白茶，托舉起夢想，不用急著轉身離去。

或許，禪就是這樣簡單。簡靜的人，才能對茶體味出蘊藏了平實中飽含著哲理的偉大。就像星雲大師語錄裡寫下的：「自處處人，就像在畫圓，以自覺、自度為圓心，以慈悲、利他為半徑，所畫出來的一個人生時空的圓。」這段文字，讓我記起在佛光山麻竹園行走時，忽見第一縷晨光落在山寺間，每一塊陶磚，每一塊瓦……都折射著一片土地普照的光芒。

我還記得巧遇一隻名叫「醬油」的小黑貓，聽同行的友人說，牠喜歡在晨間聽梵音。那是我初次感悟到「知足」的喜悅，或許，禪就是這樣的滋味，讓我的心裡，充滿歡喜，忘記了語言。

迦納納，這深藏在山裡的休閒農業區的聚落，像是遠離世俗的「桃花源」。它給了我山風、水意，和陽光，讓我感到如此恬靜和素美。讓我一路被風引領，看到部落裡的茶農以自然農法栽種、付諸實現的神奇！

於是，我明白了。山間的禪趣，不只是一幅風情畫卷，或遠離滾滾紅塵的想望。它像一首妙偈，會不經意地湧出佛法智慧泉。就好像一杯茶，無論濃、淡、甘甜或苦澀，箇中滋味自己嚐；懷什麼心情去品茶，就品嚐出什麼滋味。

而迦納納的天光雲影，茶農的辛勤，讓禽鳥在這片純淨的土地上得以快樂地繁衍、成長……它是舞鶴村的楷模，也是我心中的驕傲。

今夜，我特別想起舞鶴村的風，還有茶園妙趣橫生地衍生出來生機的美麗，在迷濛的煙雨中……也在時光之外。

—2022.06.10 作

和風吹遍迦納納

◎林明理

迦納納部落天主堂

迦南教會

白鶺鴒

茶園上棲息的老鷹

—刊臺灣《更生日報》副刊，2022.11.03，及畫作 1 幅，攝影 5 張。

林明理攝影及畫作：
（花開的田野）

34. 桃源部落懷思

那是十一月的一個清晨。在延平鄉周圍田野之內，有個難忘的布農族桃源部落。當泛紅的朝霞通透了半個天空，冬天便沉醉於眼前的洛神花田……不知它是在獨自舞蹈，還是和我一樣，在這兒漫步享受片刻時光。

一隻紅嘴黑鵯俏皮地在枝頭鳴叫，像個久違的朋友呼喚著我。棲息在高高電線桿的一群小燕子正在呢喃，而四面八方傳來的風，像蜂蜜那樣的香甜……只有萌生的洛神花，默默陪我一起走向一條不知通往村裡何處的幽深小徑。

遠處，在藍綠的青山和田野的交界線旁，出現了一條清澈的溝渠，有兩隻紅蜻蜓頻頻邀請蝴蝶一起踩著華爾茲的舞步……在水面款款而飛。沿著山谷旁的一隅，是一排整齊又充滿藝術氣息的屋宇，似乎都有著屬於自己布農族人特殊的圖騰意象或木刻的名字；另一邊是鳳梨田、小米和其他農作物的延伸與濃郁的山林氣味。

我從路的盡頭邊緣聽見，有族人笑談問候。一個布農姥姥從窗口伸出頭來探望，然後點頭示意。不知是我無意中打擾了她的寧靜，還是她已然理解不期而遇一位真正喜歡諦聽部落回音的我，懷以歡迎的笑意。

順著一條小路，我聽見國小操場上有兩個騎著小車的孩子的笑聲。剎那間，童年的記憶跟著變得清晰了。記得很小的時候，父親一早把我和弟弟喚醒了，梳洗後，就到附近的操場跑步兩圈；哥哥卻要在清晨起床讀書，不能同行。返家路上，父親總會叮嚀說：「來，聽好，想要身體好，那就得常來這裡鍛鍊身子，知道嗎？」然後，溫柔地遞給我們一人一根香蕉，當是獎勵。那時的我們，倒是乖順聽話得很。

又有一次，為了躲避迎親的鞭炮聲，我閃躲在牛車底下，沒想到等我爬出時，竟被禮車壓傷了。母親趕緊抱著我送醫院搶救，總算度過了一次災禍。

這些記憶有時一閃而過，有時像開了記憶之門一樣，來得這麼自然。就像這部落，原本從內本鹿舊部落遷徙而來，一代又一代，從青年到耆老都有著族人種植小米動人的故事，也有布農族過往一段遷徙的血淚歷史，令人緬懷。

當我一路上看到扛著小米或者前跨弓箭步的布農族勇士石雕、族人攜手合唱的彩繪牆、一間具有人文圖騰的郵局……都讓我聯想到，每當小米豐收時，在部落裡響徹雲霄的歌聲，也定是那麼和諧、美好。

如今，我望著窗外寂寂明月，驀然想起了已故的父親及弟弟。思故鄉，也思念鄉野的淳樸風情。然而，往事已矣，如晨光乍現，顯現在桃源部落，連同那片田野耀眼的洛神花……又引我靜靜的沉思。在往後每一個平靜的日子裡，能像此刻，可以靜靜地想起值得思念的人、思念的事，也算是一種幸福。

—2022.10.05 作

青年日報 2022.11.6
中華民國111年11月6日 星期日 副刊 15

桃源部落懷思

○林明理

那是十一月的一個清晨，在延平鄉桃源田野之內，有個難忘的布農族桃源部落。當淡紅的朝霞通透了半個天空，冬天便沉醉於眼前的洛神花田……不知它是在獨自舞蹈，還是和我一樣，在這兒漫步享受片刻時光。

一隻紅嘴黑鵯俏皮地在枝頭鳴叫，像個久違的朋友呼喚著我。棲息在高高電線桿的一群小燕子正在呢喃，四面八方傳來的風，像蜂蜜那樣的香甜……只有萌生的洛神花，默默陪我一起走向一條不知通往村裡何處的幽深小徑。

遠處，在藍綠的青山和田野的交界線旁，出現了一條清澈的溪渠，有隻紅蜻蜓瞬間與蝴蝶一起踩著華麗的舞步……在水面款款而飛。沿著山谷旁的一隅，是一排整齊又充滿藝術氣息的屋宇，似乎都有著屬於自己布農族人特殊的圖騰意象或木刻的名字；另一邊是鳳梨田、小米和其他農作物的延伸與遍亘的山林氣味。

我從路的盡頭遠處瞧見，有族人美麗臉龐。一個布農姥姥從窗口伸出頭來探望，然後點頭示意。不知是我無意中打擾了她的寧靜，還是她已然理解不期而遇一位真正喜歡聆聽部落回音的我，報以歡迎的笑意。

順著一條小路，我聽見國小操場上有兩個騎著小車的孩子的笑聲。剎那間，童年的記憶跟著變得清晰了。記得很小的時候，父親一早把我和弟弟喚醒了，梳洗後，就到附近的操場跑步兩圈，哥哥卻要在清晨起床讀書，不能同行。返家路上，父親總會叮嚀說：「來，聽好，想要身體好，那就得常來這裡鍛鍊身子，知道嗎？」然後，溫柔地遞給我們一人一根香蕉，當是獎勵。那時的我們，倒是乖順聽話得很。

又有一次，為了躲避迎親的鞭炮聲，我閃躲在牛車底下，沒想到等我爬出時，竟被牛車壓傷了。母親趕緊抱著我送醫治救，總算度過了一次災厄。

這些記憶有時一閃而過，有時像開了記憶之門一樣，來得迴旋自然。就像這部落，原本從內本鹿舊部落遷徙而來，一代又一代，從青年到耆老都有著族人種植小米動人的故事，也有布農族過往一段遷徙的血淚歷史，令人觸懷。

當我一路上看到扛著小米或者射箭弓箭步的布農族勇士石雕、族人攜手合唱的彩繪牆、一間間有人文靈韻的郵局……都讓我聯想到，每當小米豐收時，在部落裡響徹雲霄的歡聲，也定是那麼和諧、美好。

如今，我望著窗外寂寂明月，驀然想起了已故的父親及弟弟。思故鄉，也思念鄉野的淳樸風情。然而，往事已矣，如曇光乍現，顯現在桃源部落，連同那片田野豔紅的洛神花……又引我靜靜的沉思。在往後每一個平靜的日子裡，能像此刻，可以靜靜地想起值得思念的人、思念的事，也算是一種幸福。

林明理畫作〈花開的田野〉

延平鄉洛神花

吟遊人生 ○蔡富澧

秋遊費茲洛公園

－刊臺灣《青年日報》副刊，2022.11.06，及畫作 1 幅，攝影 1 張。

畫作（徜徉山林）：林明理

35. 光復鄉漫遊拾影

從光復溪邊吹過甜甜的風，又把我從美妙夢境中喚醒了。

此刻，在我的窗前，細雨迷濛。且讓思緒漫遊開去，回到那天早上在鄉野的村莊四處遊覽，處處透著靜謐安詳。

車經花蓮糖廠，冰品商店裡顧客盈門；在魚池畔休憩後，就抵達大農大富平地森林園區。我信步走去，水邊有一排排蒼綠的樹，樹下有許多美麗的裝置藝術。這裡沒有任何煩囂，附近也沒有高樓大廈，只有鳥聲一直歌唱，還有在楓林騎單車擦身而過的旅者……一種絕對的靜寂和心靈的愉悅一齊來到。

我正思量著接著該朝哪裡走。「請問，吉利潭是往這方向嗎？」我低聲問。那位老先生告訴我們，沿著這條溪橋一直走就是。只要來過光復鄉的旅人，大概都會覺得，這裡的人都很平易近人吧。

這座被鳥雀和花木簇擁的小森林，潭面似水鏡，雲終於落下來。我踮起腳尖，細碎的陽光是背景……有幾隻紅蜻蜓掠過，輕吻著水。風總是靜靜地吹，粼粼清波，一眼看去，總是歡欣雀躍。天空無語，卻令我沉迷。

據說，光復鄉的前名叫「馬太鞍」，家家戶戶都因種植樹豆，有樹豆的故鄉之名；而樹豆的阿美族語叫（Fataan），音似「馬太鞍」，因而得名。而馬太鞍由秋轉冬的季節裡，鄉野間色彩繽紛，總是讓我感到驚喜。

踏上歸途之前，在暮色中依然清晰可見：光復溪上的紅蜻蜓，還有更遠處的白鷺鷥也組成一排灑脫不羈的隊伍，而青翠的山巒、溪流的蜿蜒碧波，像是懷有某種感恩的神聖面貌。

下車時，好久沒有像這樣在馬太鞍橋旁的森林公園沿徑漫步了。那片落羽松，頗有北國風情之姿……從高山到平地，從雲天到溪橋，這光景，有著宏偉的靜與美！

我巡遊周遭的風光，人情，陸續在我腦海中升起許多珍貴的畫面。森林，花海，清風，環頸雉的巢，冉冉而飛的白鷺，古樸的屋宇，莊嚴的教堂也增添了純淨、融合神聖的元素……還有湖泊，友善社區的國小、部落的聚會所，隨處可見樸實而友善的鄉民。

我懷著依依不捨的心，在冬天的暮影下，回顧著一切。剎那間，屋外雲層上空浮出一彎半圓型的彩虹，這彩虹一直跟隨著我，直向那森林的遠處，清涼的空氣浸透了杜英和青楓的清香。在那裡，比湛藍的天空更顯明亮的是，草地的綠與花朵在生亮……還有炫麗的紅楓在添彩，滿園的花卉也隨風輕輕地搖曳。

就在這些回憶中美好的時光裡，大地正悄悄地披上了新衣。平地森林的寧靜，也隨著四季更迭，永遠存在著一種不朽的美。一種令人神往的歌聲，彷彿在山谷一遍遍地縈繞、歷久彌新。

而明天，太陽又出來了，陽光仍在東方閃爍著……這光復鄉的鄉景，寂靜如秋。

—2022.10.15 作

6 浯江副刊　2022.11.6　金門日報

浯江夜話

未踐之約·懷恩師

◎李台山

登山趣

光復鄉漫遊拾影

◎林明理

咖啡有餘情

－刊臺灣《金門日報》副刊，2022.11.06，及畫作 1 幅。

36. 在匆匆一瞥間

黃昏的海鳥拍動著寒意...
我們的腳步聲
恍若越過潮汐和許多山峰，
從紅牆的迴廊樹蔭，
到落日瞇著銀藍的眼瞳。

我好想停在山的高處，
像馬兒豎起耳朵 ──
聽聽朝向彼端海岸的天空，
然後一派輕鬆地...
...親近了你，這就是我。

—2022.05.27

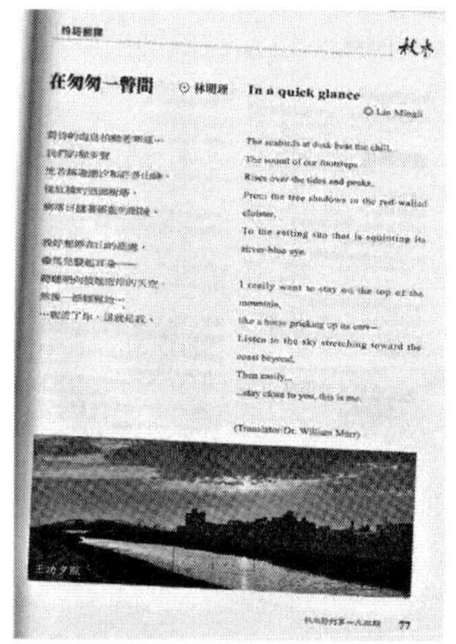

在匆匆一瞥間 ⊙ 林明理

In a quick glance

◎ Lin Mingli

The seabirds at dusk beat the chill,
The sound of our footsteps
Rises over the tides and peaks,
From the tree shadows in the red-walled cloister,
To the setting sun that is squinting its silver-blue eye.

I really want to stay on the top of the mountain,
like a horse pricking up its ears—
Listen to the sky stretching toward the coast beyond,
Then easily...
...stay close to you, this is me.

(Translator:Dr. William Marr)

—刊臺灣《秋水詩刊》，第 194 期，2023.01，頁 77，非馬 譯。

36. In a quick glance

◎Lin Mingli

The seabirds at dusk beat the chill...
The sound of our footsteps
Rises over the tides and peaks,
From the tree shadows in the red-walled cloister,
To the setting sun that is squinting its silver-blue eye.

I really want to stay on the top of the mountain,
like a horse pricking up its ears—
Listen to the sky stretching toward the coast beyond,
Then easily...
...stay close to you, this is me.

Translator：Dr. William Marr

畫作及攝影：
林明理

37. 初冬的一個早晨

我喜歡在清晨五點，朝霞越來越鮮艷的時候，遠遠地凝視東方，因為它不只是太陽即將從雲層中升起的地方，雖然沒有整片的無垠稻浪，卻似乎仍舊像童年的故鄉一樣溫暖……而高掛天邊的一彎月牙兒，卻已經消失在大地的另一邊去了。

臺東站前幾乎寂靜無聲，只有零星的雞鳴劃破曉月，草地上的牛兒嚼草，黑冠麻鷺閒逛著……恰似鄉野間恬靜自在的樣子。當一輪火紅的太陽又明又亮，衝破夜色，就好像天宇的聖殿就隱藏在樓群之上。

「哇～太美了！」我暗自興奮地說，只見海岸山脈的山峰上面，太陽驀地一躍，給我帶來一股新生力量。當我沿著熟悉的紅磚道漫步，附近的民宿及商務旅館裡多數的旅人仍在酣睡中，只有美人樹枝頭的一群烏頭翁歡快地呼喚我，空氣中散發冬日涼爽的氣味。

一盞盞街燈逐漸熄滅了。我看到早起趕著搭火車的人們疾走而過，早餐店剛剛拉起鐵門，隨之揚起的薩克斯風音樂，節奏輕快而活潑。

經過「南迴鐵路紀念公園」石碑時，我面容嚴肅，專注地看著碑文上那些因公殉職人員不朽的名字，風兒感動了，也令我久久凝眸。因為，這座立碑表達了南迴鐵路開拓過程的艱辛，以及所有罹難者的崇高。

我突然開始覺得，誰都有珍貴的記憶，但記憶未必都是甜蜜的。有時看似滄桑的記憶，反而可以詮釋一個人的人生歷程，就像參與了其他重大事件而罹難的英雄們，總會留下名字在輝煌的史蹟上的。

我也喜歡繞道到新站的臺鐵宿舍小徑，那是個清靜的所在。有些乾淨的小門前，爬著幾棵金露花，也有位愛種植仙人掌和蘭花的女主人，偶爾會巧遇，跟我打招呼。而茂密的小葉欖仁樹下依然十分涼爽，周遭百鳥鳴啼；最讓人驚喜的是，在工務段辦公室前院，那匆匆一瞥的小松鼠、花斑鳩或紅鳩，總令我有種放鬆愜意的感覺。

城外的中華大橋是觀賞卑南溪入太平洋最好的位置之一，我時常會利用連假期間，在那兒捕捉日出。海面上偶有漁船遠遠地經過，那一刻，心中沒有騷亂，也沒有慾望，只想走進這片風景裡……我依著太平洋，太平洋也輕輕唱起了歌。

歌裡唱的不只有風景，也有福爾摩沙走過的風風雨雨；時而歡愉雀躍，時而低沉冷靜，但永遠也讓人無法參透理解，只能幻想它輕聲喃喃的意味了。或者說，海，也是有情的。我似乎聽到了泰戈爾在《漂鳥集》裡的詩句：

「當我們愛著這個世界，才算真的活在這個世界。」恍惚中，大海也要去迎接那美麗的黎明而奏成一首協奏曲了。它輕輕地說，朋友，當璀璨夜空照耀大地的時候，請記住相遇的美好……也記住冬天的大海是什麼容貌。

—2022.10.08 作.

3 兩岸國際／副刊 2022.11.9 馬祖日報

內裝15年馬祖陳高

成大90年紀念酒設計獲 美國國際卓越獎 台灣金點獎

避免確診者投票 中選會：全國選務一致

台北國際旅展落幕 比去年成長七成 土德奧捷行程最夯

英國爆發「史上最嚴重」禽流感 當局：所有鳥類禁止外出

救護船故障半個月修不好 小琉球公船疲於奔命支援後送

首次百大青農殊榮 金門農業耀全國

金門藍色公路再升級 乘翔成鵬號暢玩海上遊程

初冬的一個早晨

■ 文／圖：林明理

－刊臺灣《馬祖日報》副刊，2022.11.09，及畫作 1 幅，攝影作 5 張。

攝影：林明理

38. 雨後的光燦裡

我常在午夜寫作過程中注入了自己思想感情，或許，那是想勾勒出自己心靈世界的一幅投影圖，亦或是在我的孤獨中透過回憶所湧現出一些事物，好讓生命中許多吉光片羽，構成了一首詩或抒情的聲音。

正如此刻，窗外一片迷濛，風吹響冷冷的夜。院子裡新栽的一株幼小的金棗樹，正試圖把被雨壓彎了腰的枝葉挺直。昏黃的街燈，像個寂寞的小孩……有雛鳥在茂密的小葉欖仁樹深處，發出微弱的啾啾鳴聲。

雖然窗外有非同往常的大雨，讓我一邊敲著鍵盤，一邊不時心不在焉地往外看……索性就把落地窗打開，讓夜風透進來，梳理我此起彼伏的情緒。

我想起了位於馬蘭鉤溪上游的富民村。記得那天，順著瑞穗國中美麗的阿美族彩繪牆旁邊，穿過了幾條人煙稀少的小路，就來到阿多瀾部落聚會所。一旁的雜貨店老闆探頭，正好奇望著。店前，有著古早味的公賣局菸酒、彈珠汽水等商標的彩繪牆；還有一隻小狗兒，牠搖搖尾巴，全出於本性，汪汪地短叫一兩聲，更增添一番熱鬧。

風兒來了，它徘徊在富源溪左岸的田野，然後低聲地告訴我。說的恰恰是「阿多瀾」（Atolan），它其實是一個受到當地族人愛戴的頭目的名字，卻讓清朝來此的漢人誤以為是社名，而阿美族人也把此部落之名沿用至今。

當時，陽光真好，鄰近的富民天主堂是阿美族聚落的聖堂，原興建於民國四十六年，歷經杜愛民神父、石朝秋神父等多方奔波，籌募建堂；得以重建超過一甲子歲月後，聖堂內變得光彩奪目，與矗立的青天白日相互輝映。在往後的歲月裡，也許我會回想起，當我看到那明亮的陽光灑落在教堂的十字架和神父的雕像……那一刻，內心寧靜、愉悅，也喚起淡淡的鄉愁。

因為我記起了家鄉，想起了與父親同上教會禱告的時刻；於是，竟像白鷺樣站立，然後低頭禱告。據說，默禱也可以傳達的。之後，我們驅車直往「拉加善部落」（Langas），它就在富源火車站西南方，是富源村三個原住民部落之一，村民大多種植箭筍、花生等農作物。聚會所前，有座高高的瞭望台，山腳下的偌大田野，讓我心情瞬間明朗起來。

而如今驟雨已歇，那些記憶中的景物、教堂，卻在我窗前幽微地發光、發亮。我也記得，阿多灡青年的歌舞，在今年花蓮豐年節大會舞獲得頒獎，多麼令人驚喜。

忽然，我聽到郵差的摩托車聲。當我離開書房，發現一隻小小的雌黃粉尺蛾，正怯怯地歇息在我黑色信箱下的圓型老陶甕。「唉，小可憐。飛吧，別怕，飛到我院子的花叢裡。」然後，隨即拍下牠以倒掛的方式停棲的模樣。拆開友人來信的那一瞬，心頭暖暖的，就這樣笑了起來。

－2022.10.18 作

青年日報 2022.11.13 副刊 15

雨後的光燦裡

林明理

－刊臺灣《青年日報》副刊，2022.11.13，及攝影 2 張。

林明理畫作（秋日山水），（此畫由臺灣的「國圖」「當代名人手稿典藏系統」存藏於臺北）

39. 時光深處的馬太鞍

當輕盈的鳥兒掠過馬太鞍部落（阿美語：Fata'an）廣場上的樹林、雲朵，直抵我獨自閒晃的小徑上，我端詳著這光復鄉馬錫山山腳下一隅，陽光正好暖和，無聲息地從山巒高處灑落在這廣大的平靜裡。恍惚中，風兒以熟練的眼神開始吟唱一首古老的歌謠，歌裡有阿美族舞蹈的節拍聲……彷彿天空下的馬太鞍什麼變化也未曾改變其質樸的容貌。

在這偌大的廣場裡，等待我的是秋風和它浪漫的氣息。它讓所有的人都聽到，這座被譽為阿美族發祥地的馬太鞍，是屬於秀姑巒溪阿美最古老部落之一，有著三百多年來留傳的故事。

我記得豐年祭會場上湛藍的晴空下，他們不分老幼，正在進行彩排舞蹈，他們個個身披傳統的服飾，讓我飽覽了阿美族如海洋般熱情的文化與族群和睦的歡笑。

儘管過往的時光給它增添了歲月和滄桑，可是，當他們圍成同心圓、手拉手的舞蹈，並積極推廣部落的發展以及號召年輕人回部落創業的心，都使我銘記起馬太鞍，就像珍珠般散發幽微的光芒，如此美好。

而這種閃光，非但不曾褪色，反而在水保局與鄉公所、當地居民合作下，將一座日據時期遺留下來的儲木池，整治為「吉利潭」親水公園，並獲全球卓越建設獎的金獎殊榮。這裡原是鄰近的阿美族人戲水秘境與祈雨聖地，如今，當我繞著新建的拱橋與涼亭漫步時，空氣中仍有淡淡的林木香味。更讓人欣喜的，是隨即而出的金光，落在波光粼粼的那一瞬，彷若從封存了很久的寶箱裡取出的鑽石般閃亮……還有此起彼落的蟬鳴，紅蜻蜓在潭面上飛翔。

颪兒亦步亦趨，輕輕地告訴了我，早期的馬太鞍族人以狩獵、漁獵和種植香茅、甘蔗、水稻為主。他們生活在馬太鞍溪和烏卡蓋溪形成的一塊沖積扇之地，後來，因現今的花蓮糖廠設立，有一部分族人不得不往南遷徙。

這段故事，讓我心中充滿柔情，除了讚嘆族人在歲月裡表露對土地的愛與艱辛的遷移史，也對馬太鞍族人迄今大多擺脫了世俗的奢侈與享受，各自為發出自己的一份光而努力，虔誠地給予祝福。

驅車回程前，我又來到糖廠品嚐可口的冰棒，迎面而來陣陣沁人心脾的風，讓馬太鞍的記憶又再度湧來。何曾想過，數百年前馬太鞍族人的祖先輾轉來到一個遍地是「樹豆」（阿美語：Fata'an）之地，當他們決定在此定居時，就通稱此地為「馬太鞍」。這一個已經難以忘卻的名字和此趟旅遊的體驗，隨著時光流逝，就像一個個溫馨的瞬間……在今夜微明的夜色中，在不經意的回眸

間，反而影像愈來愈清晰了。它就像一隻會唱歌的夜鶯掠過天際，讓我留下一抹恬然、欣悅的微笑。

—2022.09.07 作

中華日報

背上的友情

時光深處的馬太鞍

文/圖 林明理

無題

Enjoy的延伸

—刊臺灣《中華日報》副刊，2022.11.18，及畫作 1 幅。

林明理攝影及畫作（夜思）

40. 星空下的撒舒而雅

那是一個微風的早晨，我走在村子產業道的盡頭，天空剛剛下過迷濛細雨，周遭一片靜寂，只有腳底踩著枯葉發出沙沙聲。

無論是叫聲清晰的樹鵲、烏頭翁，還是蹲在開著豆莢花牆角的小花貓；無論是深深的山影裡開花的欒樹，還是族人繼續平穩地生活的步履。眼前是雨過天青的冬日，部落周遭的山峰彷彿在吟詠。

按照耆老說，撒舒而雅（Saswaza）是魯凱族語，意指「一個舒適、優雅，美好的地方」。近百年前，因日據時期以理番政策，促使族人遷移下山；起初住在比利良橋畔和東興發電廠對面，又遷到東興村，後來因經歷大洪水及火災肆虐，有一部分受災戶的族人才決定遷居至此。這段過往的辛酸史宛如史詩般可以被歌頌卻又如此難以描繪，只能勉強勾勒出部落鮮明的輪廓，如周遭景色那樣寧靜、柔和。

當我回首從山頂眺望臺東市區、鯉魚山、都蘭山、屋宇與田野……全都盡收眼底時，有一瞬間，我似乎聽到，耳邊響起了一首歌。歌裡說什麼？聽起來似乎和魯凱族先人的傳說也有某種聯繫，猶如竹笛與古琴的協奏。

我看到許多土地開墾了。田裡種了小米、洛神花、竹筍等農作物。山坡下的村莊一派靜謐祥和，就連風兒也久久凝視，彷若昔日被水火侵襲的那段坎坷歷史已然被刷新了一下。突然，一位村裡的青年騎車路過，便連忙揮手朝他的眼眸望去。

「請問，這裡大多是魯凱族居民嗎？」我大聲喊道。

「對，但也有撒奇萊雅族、排灣族和布農族。」只見他把摩托車牽到一旁角落裡，我從他的眼睛中看到某種親切的光采，便上前打聽他大多在種植些什麼。

「我種菜、竹筍，現在正要去市區打工！拜拜！」這肯定是真的。因為他就像大部分的族人一樣，頭頂青天，腳踏大地，只能認真地生活。而我可以想像的是，在山下一扇扇窗戶中，有孩童在燈下準備功課，有老人吃著早餐，或到戶外劈柴、勞動著。他們會在豐年祭時手牽手，圍起圓圈，在聚會所裡歌舞，在星空下齊聚歡樂。

此刻，我心中湧起一股感動。當我閉上雙眼，恍惚中，我又回到那恬靜的小部落，看到湛藍的天空下，它堅韌地站在我面前，仍是那麼溫柔，使得我明白：它就像暗夜星空下的一個發光的剪影，從利嘉溪右岸山坡到比利良攔沙壩溪澗上，持續將部落之光，變成一個幸福溫暖的撒舒而雅。

欣慰的是，它是臺東市內唯一魯凱族生活區的一處小部落，除了族群之間和睦，更讓我驚訝，感動的，是步道上生態豐富、彩蝶翩翩；而所有這些回憶，都跟眼底星空同樣漂亮。想著想著，似乎有剛採收的洛神花香味，滲入我甜甜的夢裡。

—2022.10.28 作

2022.11.20

青年日報　副刊

星空下的撒舒而雅

◎林明理

吟遊人生 ◎蔡富澧

簡素生活心幸福

青春甦醒

◎張威龍

－刊臺灣《青年日報》副刊，2022.11.20，及

畫作 1 幅，攝影 2 張。

林明理攝影及畫作（田野風情）（此畫由臺灣的「國圖」「當代名人手稿典藏系統」存藏於臺北）

41. 光復鄉疊景

今晨醒來，索性打開音響，讓耳邊飄起悠揚的樂曲，同時傾心回想著光復鄉的蒼穹，那些在靜謐淳樸的山村裡，偶見翩翩白鷺赫然乍現的驚喜。

當時，部落裡正值豐年祭，我特別注意到阿美族人不分男女老幼，都歡喜地穿著傳統美麗的服飾，歌聲如此美妙，讓人禁不住雙腳也想跟著跳起舞來。

也許有人會好奇：「太巴塱是花蓮縣最古老的部落嗎？」「是的，在部落的東側山區，有座發祥地紀念碑，還有瞭望塔，都記錄著太巴塱的古老文化。」風兒亦步亦趨，輕輕地訴說著……而我樂於仔細觀賞國小的圍牆上各種神話傳說、狩獵，或是在祭典裡的木雕圖騰和栩栩如生的雕像。

之後，我來到了鄰近的阿囉隆部落的「露德聖母堂」。如果沒有親眼目睹，真是難以想像，這座隱身巷弄的教堂，是人口不多卻幾乎都是阿美族教友的心靈庇護所。周遭蒼鬱的樹林、鳥聲，也增添些許的純淨、融合神聖的元素，讓村裡平凡的景致頓時明亮起來。

每一想起強震後鄉民內心的驚苦，便令人不捨，但對於那些不畏艱險，依然挺進災區的官兵、緊急救援者仍深表敬意。我認為，在時間的洪流之中，地震或天災，都反映出宇宙的深渺；而人類如何與大自然和諧共處，已到了必須嚴肅面對的時刻，這也是許多科學家與沉思者極為憂慮的。

當我走在太巴塱部落不遠處的砂荖部落（Sado），這裡的族人除了喬遷自太巴塱之外，還有來自海岸山脈的阿美人。

部落裡的古井、紀念碑、聚會所，以及族人在舊時代生活的痕跡或器具，都一一綻露出阿美人藝術燦光和守護傳統的榮耀。

路經馬佛部落二號橋，一群白鷺適巧飛起來了！這一天，聚會所剛好正式啟用，全村阿美人都穿著傳統服飾，盡情表演出熱情和直爽的興味。印象中，這村裡的西富國小有位榮獲師鐸獎的校護張素連，積極於帶領孩童宣導蝙蝠保育、友善社區。此景此情，如同美上加美，真教人激賞。

當我凝視這些拍攝的照片出現在電腦螢幕時，我恍惚聽到風兒對我說:「你看到時間了嗎？從這些影像中你找到了什麼？」剎那間，我看到了時間老人正在草地上，頭頂一件飾有羽毛的花冠，身上閃爍著金色光芒。我們默默無語，卻相視而笑。

忽而，我想起作家魯蛟，想起他滿目慈光，耿介不阿的美德，想起他在《時間之流》詩集裡的文句:「時間啊／是既聖且賢的／一個巨大的存在」。詩人胸懷開闊，是我所尊敬的長者。這些村落的疊景，和老友親自打電話來慰問地震的關切之情……都根植於我的記憶，也在時間中停留，教人感念。

—2022.09.21 作

青年日報　2022.11.27

副刊 15

馬佛部落田野

光復鄉疊景

◎林明理

林明理畫作《田野風情》

太巴塱彩繪牆

阿美族雕塑

－刊臺灣《青年日報》副刊，2022.11.27，及畫作 1 幅，攝影 3 張。

攝影：林明理

42. 丹路山村逍遙遊

初次去伊屯部落（Lemiyaw，排灣族語）的那天早晨，當時的我原是想先到雙流森林遊樂區的；帶著好奇的心情，稍走近群山與山麓之間，便看到路旁並排著一些低矮的屋宇，古樸的外牆似乎正在傾訴部落的故事。

難以置信，這不到百餘人的部落，他們生活得很自由。一路上，除了三位老人家正聊得高興，街上略為清寂。我覺得奇怪，這裡的人，到哪兒去了呢？我尋思，後來才知道，原來這小村隱藏著一段感人的故事。

部落裡，有個嫁到伊屯社區的護理師馬月蓮，公公是丹路村村長；她將自家倉庫，搭建成課輔班的教室，偕同部落志工與教會友人，用愛陪伴部落的小朋友長大。她秉持排灣族人不屈不撓的毅力，盼能為社區孩子蓋一個「多功能部落教室」，不讓任何一個貧困生輟學。

當瓦藍的天空、耀眼的陽光，落在百年老茄冬樹梢......恍惚中，也點亮部落的新希望，在這塊有溫情的土地上，我期盼族民都能安然無恙。我仍記得三個婦人看到我時，臉上還掛著淡淡的笑意。

我也懷念童年住過的小村落，因為，那時代的農村十分樸實，村人也像這裡一樣樸素、認真努力地過日子。出了部落，不一會，驅車來到雙流森林入口，嘩嘩溪水聲遠遠傳來。眼前，燦黃的陽光越過山頭，四下群蝶，翅膀隱隱約約地閃光……在水露間追逐。

遠處，樹影落在溪裡，山色清明，有清風在楓港溪上游支流達仁溪與內文溪所匯流之處沉吟。當我走了進去，漫步於泉湧瀑飛、音符跳動的白榕步道上，頓時令我心情平靜，安心觀賞曾經是排灣族的生活區域，深具特色的建築遺址。

將近中午時分，沿著溪澗，這座海拔六百五十公尺的森林，散發大自然的芳香，引誘人去親近探尋；它的範圍涵蓋丹路村和草埔村。清風徐徐吹著，伴隨野鳥悅耳的鳴叫聲，還有溪石上群聚的黑腹濱鷸、大白鷺，在光影中輕輕拍打水面的聲響。

過了許久，靜默中又聽見了溪水的回聲。一隻白鷺鷥翩翩飛向了前方的小紅橋，像是一個夢境。那一瞬，喚起了我心底的悸動，也不禁憶起譯者枚綠金在克里斯提娜・羅賽蒂詩選《小妖魔市》書裡的一段詩：

柳蔭下閒坐／水落湍流有聲／好點子奇想接連予我慰藉／一些真實，一些虛妄

這段的每一個字詞，都讓人感受到無比清晰的樂聲；就像這深夜，靜靜聽著雨滴落在院子石階上，淅瀝淅瀝響著。那部落的陽光，那森林和溪流都讓我的思緒止不住地朝它走去。丹路村山谷的風，讓人彷若進入月亮的夢境，無論何時，只要能望見星空，便令人快意；即使是夜雨迷濛，也能使我在回憶之中保持與大自然連結，珍惜所領受的恩典。

—2021.12.03 作

2022.12.4

青年日報

副刊 15

雙流森林遊樂區

丹路村伊屯部落

丹路山村逍遙遊

◎林明理

相思雨

—刊臺灣《青年日報》副刊，2022.12.04，及攝影 2 張

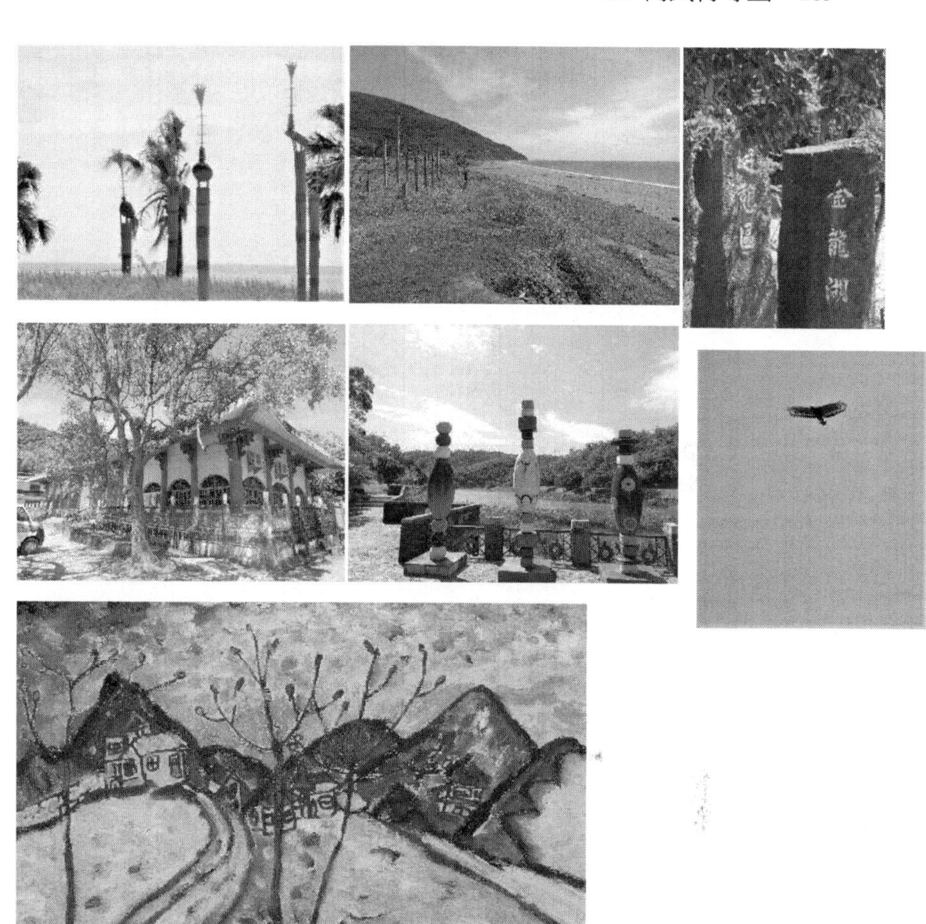

攝影及畫作：
林明理

43. 尚武村尋幽

天將亮時分，天空像一面鏡，也像一幅油畫，還有諸多花樹被陽光親吻的等待。驅車來到山海交界的一座休憩區，金龍湖，便成了我的思念。

烏頭翁在枝上雀躍地鳴叫，白鷺鷥冉冉地從湖岸掠過。一層迷迷濛濛的白霧盤踞在山坳處，月亮仍懸在蒼穹，有幾盞星子閃爍，空氣裡帶著淡淡的令人愉悅的香甜。

據說，很久很久以前，金龍湖也稱為「大武水庫」，位於大武溪和朝庸溪之間，是一處雙峰夾峙的凹地所形成的天然湖泊。雖然它離尚武村還有一小段山路，但這一帶風景，好似藏在深山幽谷中的璞玉，純淨無瑕。

這座生態豐富的湖泊，繁衍滋生出許多令我驚喜的面貌；越是審視環湖步道中的鳳蝶、火刺木、松鼠等動植物，或園區內具有排灣族特色的雕塑或石雕等湖光水色，樂趣就越來越濃。

再往前去，便是清晰的山影，在山峰下的湖水透著泛光的漣漪。沿途，一邊是廣闊的田野、濕地，有牛隻時不時低頭嚼草；另一邊只有幾戶農舍。

當我穿越蔥綠的樹林，折返尚武村山坡的轉角，湛藍的太平洋吸引了我，有早起的打魚漁民在海面上逗留，而可望見的大武山山腳卻是一條深入海灣沿岸聚落的地段。愈接近大海的這一端，高高的樓房就愈稀少，只剩下平瓦屋宇與村落之間的住家緊緊相連。

忽然，一隻鷹擎起半空，數十隻燕子上下翻飛而過……我愛牠們突如其來的朝氣，那麼動人，深化了思念。而我面朝東方，陽光特別明亮，把太平洋的浪花照得都耀眼了。

尚武村除排灣族外，還有閩、客、大陳義胞等居民。村裡有座「尚武天主堂」，讓居民心靈富足；更有一座鄉立圖書館，優雅、靜謐，是當地人共同的生活記憶，也讓我不禁駐足於大樹下。我細心聆聽，有歌聲來自尚武國小操場上，在草地和山巒中飄蕩。

當太平洋濤聲遠遠傳來，眼前的海濱公園，矗立的海鳥裝置藝術，如同童話般浪漫可愛，依在海邊，朝下俯視。那粼粼波光的潮水，總是那麼閃亮輝煌，撥動我的心弦。

我想起了童年家家戶戶都準備了年味，媽媽總是在廚房裡忙著，我們會幫忙打掃、貼春聯、福字，心裡滿滿感受的是家的幸福。而一家人坐在一起看電視的聯歡晚會，吃好菜，壓歲錢，穿新衣，拜年，還有巷子裡的炮竹聲響成了一片，家人談笑的聲音，夜晚的蟋蟀聲……這些都深深留在我的記憶裡。

當我那麼近距離地端視這裡的一切，投入這山村裡寧靜的懷抱中，不覺地又想起了家鄉，恍惚中，我感到自己在童年中最純粹的喜悅，難以言喻，但令我漾出微笑。

—2022.11.09 作

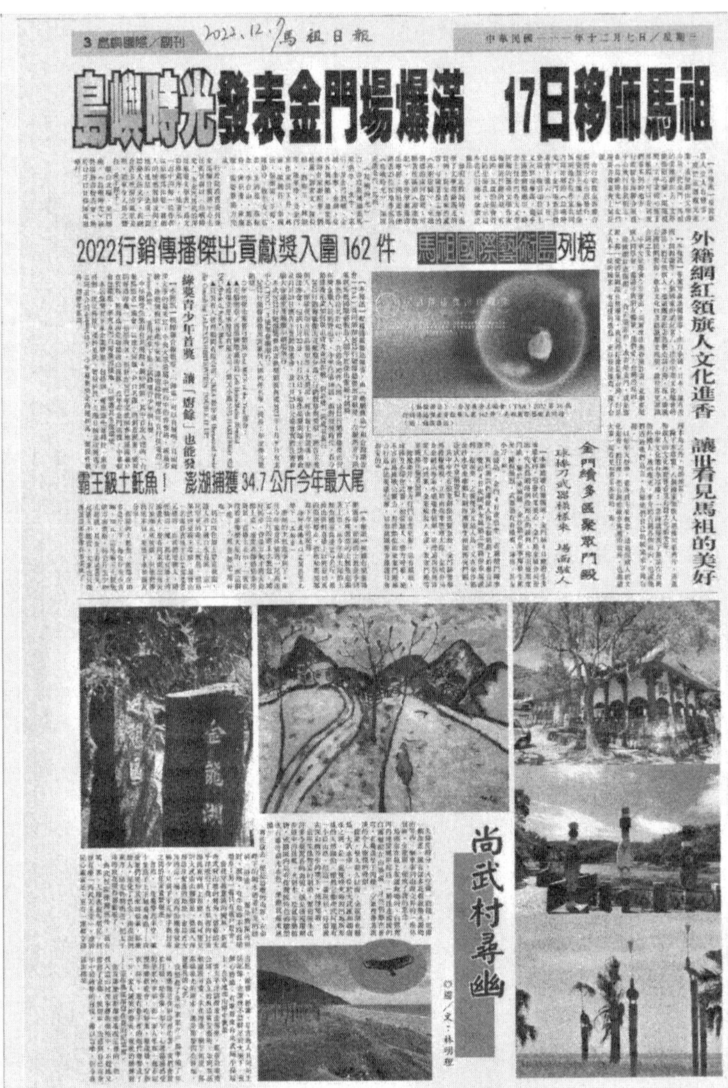
3 島嶼國際／副刊　2022.12.7 馬祖日報　中華民國一一一年十二月七日／星期三

島嶼時光發表金門場爆滿 17日移師馬祖

2022行銷傳播傑出貢獻獎入圍162件 馬祖國際藝術島列榜

外籍網紅領旅人文化進香 讓世看見馬祖的美好

綠獎青少年首獎 讓「廚餘」也能發

霸王級土魠魚！ 澎湖捕獲34.7公斤今年最大尾

金門續多區聚眾鬥毆 球棒刀武器樣樣來 場面駭人

尚武村尋幽

◎圖／文：林明理

－刊臺灣《馬祖日報》副刊，2022.12.07，及

畫作 1 幅，攝影 6 張。

攝影：林明理

44. 花蓮港旅思

一個涼風的清晨，初次沿著花蓮市海濱的小徑漫步。風不停地吹，一邊以一種歡悅的心情親吻著我，一邊講述一些港埠的古老軼事。

我從南濱公園背脊看到一片閃閃發亮的太平洋，走到北濱公園的坡地綠草；再從歷史悠久的曙光橋，步向國際商港之一的花蓮港。在那兒流連，與鳥同樂，不期然地，感到氣靜心平。

相傳，花蓮溪東注入海，因海水迂迴，濤聲激盪，後人取其諧音，名為「花蓮港」。如今我所見到的是，港邊沿途有許多裝置藝術、遊憩區……拂曉的天空一片澄藍，還可遠眺到海面有幾艘大型船隻緩緩而過。

當太陽升起的光芒灑落在紅色燈塔時，當美崙溪西側的橋上，有一群野鳥來回穿梭於樹林，又飛向遠方的中央山脈山巒時，那一瞬，我想起美國詩人伊莉莎白・碧許（1911-1979）曾經這樣寫海景：

「這一幕天堂也似的海景，雪白的蒼鷺展翼戾飛如天使，／心想事成，愛飛多高就多高，多遠就多遠／投下一重又一重出塵不染的倒影。」

這一段詩，多美。而我眼底的花蓮港灣，鄰近溪流中的蜻蜓、草海桐果實上的露珠……也讓我一顆寧靜的心瞬間雀躍起來。

當我盡可能描繪出花蓮港美麗的面貌，成為內心的風景時，我原以為會聽到大船出航在海面拖曳時輕微的聲響，或海水拍岸之聲；但事實上，天亮時的花蓮港邊，卻是異乎尋常的靜謐，只有風吹過椰林、花木。除了鳥聲，偶有早起的行人路過的碎步聲、車聲，再也聽不到任何噪音。

不知不覺中，路經文化中心石雕公園時，適巧看到一座「海軍殉難四戰士紀念碑」，矗立在園區一個美麗的角落。雖然只是偶然經過，卻深印在我的心裡，就像看見從雲縫裡透射出一道曙光，他們的英勇故事也已名留青史。

今夜，繁星閃爍。我又想起花蓮港的景物，恍惚中，又看到一輪紅日升起，天空雲彩一片一片的……有海風從遠方傳來，鳥聲在我耳畔縈繞。我最難忘的，是絕大多數的花蓮人，都是在純樸中長大的，當地的著名詩人在創作中，也會憑著自己記憶中的山海之情，將一種思鄉的力量化為永恆的字語，他們的書寫往往能引起讀者強烈的共鳴。

如同楊牧詩中所說：

「你必須／和我一樣廣闊，體會更深；／戰爭未曾改變我們，所以／任何挫折都不許改變你」。

這首詩，讓我重溫到詩人對花蓮的愛的那種情思蘊藉；而我也由衷感受到時光裡的花蓮港，無論是清晨或黃昏，溪流與人家，風裹著炙熱的溫情，也含著湛藍。那些有情的歷史或耳熟能詳的傳說，總會在不期而遇的旅遊中，留下一些溫馨的記憶……然後，輕輕地，鑲嵌進我的夢。

—2022.11.13 作

6 浯江副刊 2022.12.9 金門日報 中華民國一一一年十二月九日

給三好兒童的冠名聯

◎陳爲學

花蓮港旅思

◎林明理

夜間……

－刊臺灣《金門日報》副刊，2022.12.09，及攝影 1 張。

林明理攝影及畫作：「山林鄉野」(此畫由臺灣的「國圖」「當代名人手稿典藏系統」存藏於臺北)

45. 瑞穗尋幽隨想

相傳，瑞穗鄉拉吉哈幹部落（Lacihakan）村裡，有些阿美族人在生態農場耕作，多年來，這座農場已陸續種植出稻米、甘蔗、雜糧等，展現出阿美族人對於耕種的生活智慧；而富興村還有座鳳梨公園，是全臺灣土鳳梨最大的產地，這些用心耕種的土地招引來了小環頸鴴等野鳥，也激起了我尋幽的好奇心。

我緬想時光能讓我久久停駐在這片有著純淨的空氣、潺潺的小溪和夕陽餘暉掩映的群山，野鳥、蜻蜓、白鷺鷥愜居的田野。我緬想那些悉心種植農作物的族人，得挺過多少強風豪雨，才嘗到甜美豐收的滋味。是啊，當我的揣想與兒時的記憶有所聯結時，我心目中便瞬間浮起了一些畫面。

我記起了兒時經常嗅到的稻穗成熟的香味，那些味道發自濁水溪畔的沿途小村，和從西螺大橋周遭的田野的風混雜，沿著橋畔綿延的溪水裡航行……對昔日年少的我來說，那片風景永遠是無窮遙遠和溫馨的；而那感動久久不散。

今日在瑞穗鄉野間漫步與昔日嘉南平原的區別——僅僅是緬懷的地域有所不同而已。那永遠不會失去光澤的綠野平疇，那永遠散發著泥土和空氣的芬芳，還有帶著單純恬靜的農舍、翩翩的白鷺鷥……那些時光永遠是值得懷念的，無論在什麼地方，都帶給我期待豐收的愉悅；就像母親的慈愛一樣，伴隨我前行，又在臨別的時候，隱隱留下陽光一般金色的吻痕。

離開富興村不久，車抵瑞岡大橋，不禁走進鶴岡文旦的故鄉——鶴岡村，一個阿美族屋拉力部落（Olalip）的入口。當我漫步在部落的柚香小徑，看到人們正忙著收成，一派豐收景象，委實令人開懷。這裡的住民，最早約兩百年前居住在臺東成功鎮北邊一個稱為 Pisirian 的小部落；其中，有位牧師阿讓（Namoh Arang）積極推動部落成為無菸社區，並鼓勵族民轉型有機耕種，因而受到表揚。

我非常欽佩這些勇於對鄉土付出的人，因為有他們，才能讓我看到田野間溢出一片新綠與金黃，看到閃亮的果實或野鳥。我喜歡楊牧編譯《葉慈詩選》的詩《開闊野天鵝》前段說的：「樹木正值秋之美，／林地小徑乾爽，／十月的霞光下，湖水／涵映一片沉寂天空；／渙渙的水面石頭錯落／五十九隻野天鵝。」，詩人在霞光湖岸看到天鵝們快樂地泅游的驚喜心情，不正與我此刻踏上黃昏，陶醉於片刻的幸福相仿嗎？我願以歡欣之情祝福這些族民。

現在我了解，我所見到的瑞穗鄉之美，是由農民對環境的重視與勤奮的性格而產生的，且他們大多認真的生活。即使是野鳥也像人一樣，喜歡純淨與無垢的天空；我動心於牠們的飛翔、無羈的自由，也欣喜於瑞穗鄉間閃爍著翠色光輝。

—2021.09.13 完稿

青年日報

中華民國111年12月11日　星期日

副刊

瑞穗尋幽隨想

◎林明理

—刊臺灣《青年日報》副刊，2022.12.11，及畫作 1 幅，攝影作 1 張。

攝影（白鶺鴒）及畫作（企鵝）：林明理（此畫由臺灣的「國圖」「當代名人手稿典藏系統」存藏於臺北）

46. 海生館旅思

天將亮了，窗外傳來烏頭翁清脆的鳥聲。背起行囊，驅車直抵車城鄉的「海生館」。因為太期盼了，所以毫不在意雨絲漸漸飄了下來。我發現，自己倒像隻小丑魚般悠游在海裡，用「雀躍」兩個字，恰恰適合初次到展示館與巨型人造海底隧道見面的情況。

前廳的噴水池是熱鬧的。家長們或遊客紛紛舉起手機，就像水中的大魚領著小魚兒盡情擺出俏皮的姿勢，試圖同背景雕塑的大鯨魚緊緊聯繫在一起合照。這溫馨的畫面與嚴冬的冷雨讓我眼底生喜。

試想，如果沒有這群娃娃驚呼連連，在新蓋的全球首座無水水族館的「世界水域館」利用虛擬實境，將深海的白鯨讓他們嘖嘖稱奇；如果沒有一顆童心，就不可能像這群孩童般愈看愈興高采烈。

我倒是最愛觀看一個以影音播放的方式，呈現出大翅鯨唱歌於深海的模樣。想必是這歌聲感動了我，讓我每一想起，記憶猶新，不絕於耳。

或許這些魟魚、海藻，或企鵝、小海豹，讓我穿梭在巨型的透明水族缸前，偶一轉身，恍若也變成一隻魚，置身於海底國度。我跟著慢慢地游……終於到兩端極圈，漸漸地也感受到對各海洋生態的連結與生態保育的重要性。這樣的感觸亦是稀珍的。

於我而言，特別感慨的是，過去在純淨的極地，冰川白得沒有邊際，空曠而自然，像這些鯊魚等海洋生物都是司空見慣的。而如今，我從放映室中走出，步子極慢。因地球暖化改變了氣候，也破壞了海洋生物的規律與和諧。

雖然玻璃窗內有游泳或站立的小企鵝，可愛而天真。但我更喜歡看到企鵝能在極地的故鄉，在那裡，與大自然合而為一。體驗這一切，竟都如此引我遐思。

翌日清晨返家前，車過太麻里站，剛下車，就看到一片金色的海洋，幾艘舢板隨著波浪翻滾，正奮勇駛向前方……而遠處的浪花顯得分外狂放。我看得有些感動了，因為這是最真實的一面，它赤裸裸地將漁民生活呈現出來……而陽光正好，將山巒映得明亮。

走到鄰近的一座擁有一百二十一年的大王國國小前，鳥聲啁啾，心情極為舒暢。車繼續彎進知本「東遊季」森林園區，在火焰樹下流連時，無論是樹梢上的烏鶖、草地上的白鶺鴒，或是飛過的蛺蝶，甚至是一隻小小的枯葉蝶……鏡頭下，不是第一眼就引睛奪目，卻讓我在回憶裡泛著淡淡的相思。就這樣直到近午，才捨得挪開腳步，回到家中。

臨睡前，我把一路山拍攝的景物，都逐一欣賞、歸檔。那大翅鯨的歌聲空靈悠遠，是我一種從來沒有感受過的，內心又一陣激動；而我只想留住這美好的記憶，存入自己長期的記憶之中。

—2022.02.17 作

中華日報

海生館旅思

文／圖 林明理

上圖 白鶺鴒，林明理攝
左圖 《企鵝》，林明理畫作

在刺鳥咖啡書店讀詩

詩/陳建宏 攝影/陳彥伶

透明回憶的光

－刊《中華日報》副刊，2022.12.12，及畫作 1 幅，攝影 1 張。

攝影：林明理

47. 抒寫膽曼部落

在一個偶然的機會，我在長濱鄉膽曼海灣蹓躂一圈，毫無疑問，我發現當地岩石是黝黑色的，應是數百萬年前火山噴發後的熔岩；而可望見的三仙台嶼海面卻是一片寶石般耀眼的波浪。

愈接近烏石鼻南側海岸這一端的寧埔村，人煙就愈稀少，然而這裡的阿美族族民和諧卻隨處可見。我從涼亭旁的椰林小路走入，它把我引向一座聳立的燈塔。晨曦正灑落在數間孤伶伶的小屋和五、六艘出航的小船；寬廣的天空和隱匿的星辰把太平洋和青色山脈分開，極目遠眺，便是一片雲山與海濱連在一起，一派靜寂。

正因為這裡既沒有商場，現代大樓也完全絕跡，只有漁民拖著漁船在此繫留。當膽曼部落（Ta’ man）悄悄地靠近我，我就聽到了大海的聲音——那裡天空呈現一片難以言喻的藍，那裡的海灣奏著清新卻充滿浪漫的古調，而彼處海浪鑲著波花，是我久久渴望的珍寶。

當我在綠波白浪中間，漸次臨近，看到烏石鼻峭壁受著經年冰冷浪花的沖刷，相為映襯的椰子樹、漁船、燈塔，和源源而來的澄澈海水，自成一幅無與倫比的畫面時……膽曼部落是清寂的，這是第一眼的感覺。可這清冷與寂靜，偏又讓我眼底生喜；且這一帶的海岸地形、岩柱狀節理也極為特殊。

因為簡單、純淨，再沒有更合適的字眼，讓我能安靜地站在燈塔下，讓想像充滿無限的況味。我走得旁若無人，像兒時在農村一樣偌大的田野間，只有我和不羈的風。在這座阿美族的小部落裡，像這樣的意外謀面，更像是久違的老友重逢，多一份安然與驚喜。

這裡的阿美族祖先於一八八六年間，因原耕地狹小等因素，遠從花蓮大港口北方遷徙而來，起初在膽曼橋上方的山麓定居，日據初期，族人遷下來住於海岸上，俟海岸公路興建時，才遷至膽曼部落。

近年來，此地的耆老積極傳授製筏技術，欲恢復傳統阿美族海祭的榮光，導引年輕族人通向族群和諧之路。分別的時候，凝視著無邊無際的大海，而風中的歌聲恰似我眼底的溫柔。

歸途路經依偎都蘭灣的「加母子灣」，也是阿美族人海祭的場所時，自北側珊瑚礁傳來滾動的石礫摩擦的聲音，彷若飛入桔梗花夢裡……那大海的深藍與周遭綠田蒼翠，讓我忘卻了塵世。當我往裡面走入阿美族的「達麓岸部落屋」休息時，一隻迎賓的花斑鳩，真確而俏皮地飛來，十分逗趣。

繼而來到日據時期新港郡和臺東郡的交界地「郡界」，遠眺新蘭漁港的紅燈塔，還是那大海，還是那閃爍著鏡白的波浪。當陽光穿透雲層，我把沿線的風景、膽曼的印象放入了背囊，但大自然卻不需要我以多餘的字語，說出我心嚮往大海及對聚落和諧的感動。

—2021.10.13 完稿

抒寫瞻曼部落

◎林明理

—刊臺灣《青年日報》副刊，2022.12.18，及攝影 2 張。

48. 聖誕節懷思

當耶誕樹花亮起，在難以表明的喜悅中，臺東市區的山海鐵馬道非常寧靜，幾株巴西鳶尾花優雅地開著，細碎的陽光落在雨後的花樹上，給那些深深淺淺的綠葉抹上些許金光。風是溫柔的，在空中浮動……還帶來白色木殊蘭的芬芳，像是要停駐在我心頭。

記不清在這長長的木棧道走過多少回了，卻不曾感到唐朝詩人李商隱所寫的「從來繫日乏長繩，水去雲回恨不勝」的對景傷感之情，只是覺得日子過得特別快，一轉眼，冬至已過，我又踏上熟悉的小路緩緩而行。

一隻松鼠竄來跳去，從波蘿蜜樹上溜下來，那調皮的小黑眼睛，勾起了我的愛憐；但只一瞬間，牠又溜回到樹林裡，唯有鳥聲打破沉默。偶然抬頭，一群八哥迅速地飛到舊軌道的枯葉上追逐，又飛到我看不見的地方鳴叫。一隻白色小花貓懶洋洋地睡在扶桑花叢下，這時突然睜開眼、動起來，狼尾草的小枝也動了。

瞧，一隻野蜂剛剛歇在狗尾草上面，一會兒又飛到金針花瓣上。當我走到臺東縣警察局民防管制中心門前，有幾隻彩蝶在花間飛舞。除了幾位慢跑者、騎著單車搖著鈴聲的小男孩，推著輪椅的老人也出來享受黃昏的寧靜外，幾乎聽不到別的聲音。

這條利用廢棄後的舊火車站與鐵道空間所構築成的鐵馬道，是當地居民的最愛，除了保留了八十餘年日據時期臺東舊站的素樸，也留下一段悠閒的時光空白任旅人去打撈。它是過往歲月停靠的驛站，也是我喜歡在此流連的原因。

因為故鄉的風景，永遠是最美的。在這靜謐花香的木棧道，每到夏天便群蟬齊鳴，連花兒都跟著繽紛起來。那些沿著舊軌道、枕木，以及火車裡發生過的故事及愛情所留下來的文字也一一掠過，如輕拂吹過的山風。

今天自己再一次被山海鐵馬道所觸動，是在冬日涼爽的一個黃昏。不只一次，風兒以古老而親切的語調向我問候；當它悄悄把過往美好的時光撩起，童年的記憶便逐漸清晰了。

恍惚中，這個冬日也變得華采起來。在林木光影中，我看到了故鄉門前流過的小溝渠，麻雀聲愉悅如昔……後來，我看到了牛拖著犁，靜靜地跟著扶犁農夫前進。黃昏的田野在歸鳥身後，只有天邊的一片雲，仍那麼悠然地飄浮著。

歸途，路經鄰近的阿西路愛部落（Asiroay），阿美族語意為「橘子」。相傳，此地區有一個充滿思念與愛的希望的傳說故事，它被豐年國小師生共同創作成一本感人的書《阿西路愛》；而我深信，故事裡的笛布絲和古木德的愛情故事，就像一條黃金水岸，永遠綿延流長。

今夜，月光淡淡的，時間也駐足下來，只有風靜靜地蜷伏在鐵花村的聖誕樹衣角，那光芒彷若一股暖流……在繁星與我的祈福之中。

－022.11.18 作

青年日報　副刊 15

耶誕節懷思

◎林明理

吟遊人生 ◎蔡富澧

紀念節慶說行憲

冬景 ◎高朝明

－刊臺灣《青年日報》副刊，2022.12.25。

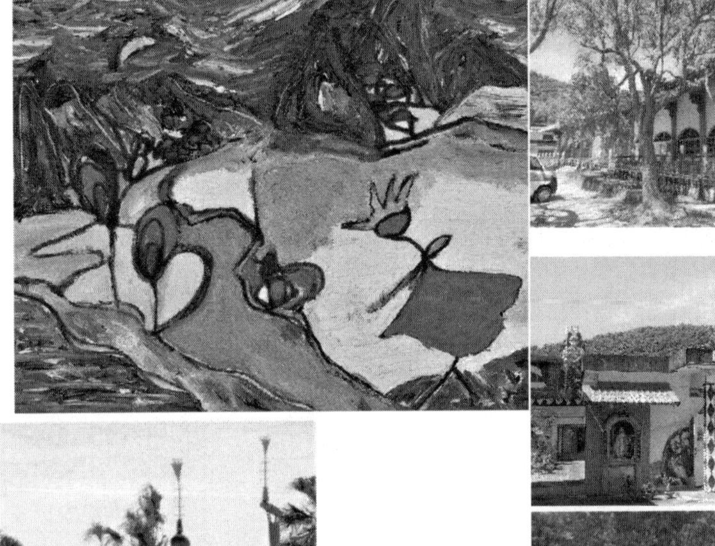

畫作及攝影：林明理

49. 雨後的尚武村

立秋。窗外，雨後甜潤的空氣引我不由自主地擱下紙筆，到院子裡悠然踱步。一小牙彎月，朦朧而清新，淡淡的野薑花香，蟈蟈兒的叫聲此起彼伏……我忽然想起了尚武村，一個與世無爭的多元族群。

那是一個夜雨初歇的早晨，我們驅車上路，沿著太平洋海岸不停地前進。當天空飄漾黎明前的雲彩，遠遠地，我瞧見一個鄰近大武鄉西南邊緣的聚落，遂而彎進了尚武村。

整潔的街道上，一座可愛的天主堂，尚武派出所、國小，更有外觀古雅的圖書館，它們被掩映在蔚藍的蒼穹和美麗的青山下。原本，我是想先到金龍湖感受秋日的情致，沒想到彎入尚武村，眼下只有「驚喜」二字，方可貼切地形容在這裡漫步是多麼地令人目不暇接。

太陽升起了，但四周還是靜寂的，只有我的腳步踏碎了街道的沉寂。我繼續前行，終於看到了一戶戶人家。村裡仍保有純樸的小漁村面貌、眷村建築、天后宮等，有排灣族人、閩、客、外省籍村民，族群和諧。

懷著一種難以掩飾的好奇，我發現，眼前展現出的山巒，山腳下伸展出一大片鳳梨田園等農作物。站在這裡，真沒想到，當年來自浙江省沿海島嶼的大陳島民，在被分配到富岡、尚武村等處，如今已度過數十個年頭，安於勤奮的生活。欣慰的是，都市的煩囂與外界的紛紜都沒有在此處留下痕跡。

而太平洋總是溫暖的，這是我頭一個熟悉的感覺，可它的神秘與靜謐，偏又讓人眼底生喜。當我移步到金龍湖環湖步道，成蔭的綠樹把斑斑駁駁的陽光倒映在湖面，在金龍山和巴矢山發出的光芒之間，我不禁想起了一首印度詩人泰戈爾的詩：

今天，大地在陽光中為我哼唱，像個紡紗的女子，用被遺忘的言語，唱著古老的歌謠。

在這座舊名為「大埤湖」的山凹上，在鳥聲、落葉聲與不時可見的鳳蝶或調皮的小松鼠相互追逐的時候，我在附近的農地上，看到幾隻水牛頻頻與我相望。偶來一隻大白鷺，就要掠過山影了，讓我心情輕鬆了不少。或許，這就是讓我一路停下來拍照，再停，再拍的原因。

歸途，從金龍湖下山眺望太平洋。我喜歡海波在秋日裡顯得那麼安靜，有點不羈，又多了一份安然。經過大武漁港和海濱公園時，我看見平靜的海上，遠處的點點航影，勇往駛行。因為太感動了，當熱烈的心緒漸漸平緩下來的時候，只見遠方的小船歡快地泛著柔軟的波浪……而我的心也輕輕地漂浮在海面上。

我不會忘記尚武村，就像大陳人不會忘記過年團聚時的「麥油煎」，那充滿著回憶的好滋味。我也不會忘記自己的故鄉，就像這一片一片的月光，溫柔地灑落人間心海上。

—2022.08.07 作

2022.12.28

7 更生副刊

更生日報

中華民國一一一年十二月二十八日／星期三

一行詩

雨後的尚武村

◎圖文・林明理

我的童詩緣

失而復得的故事

—刊臺灣《更生日報》副刊，2022.12.28，及畫作 1 幅，攝影 6 張。

50. 元旦述懷與祝福

今天是元旦，世界上大多數國家都稱一月一日為西曆新年，在每個人心中都把它看作是一個能開啟新的希望與獻上祝福的日子。

當我們看到全球領袖一如既往地為世界和平祝禱，當我們看到不分種族，在跨年晚會上倒數計秒迎接新年歡欣鼓舞的瞬間；當我們看到今天在府前的升旗典禮及軍儀隊等的精彩表演，我們看到百姓安居樂業、闔家攜手出遊的景象，全臺灣都顯得朝氣蓬勃，恍若有新生的力量，讓每個人無畏走過人生的風雨，克服命運的曲折勇敢地向前邁進。

此刻我思潮起伏，回想過去的一年裡，我們一同感受國際間戰爭的威脅，天災襲擊帶來的驚懼感傷，臺灣人民總是堅強地站起來，默默互助、發光。回想起自己在漫長的中年時期，經常周旋於教學與家庭責任之間，若非身體病痛迫使我放棄原有的生活，還真沒有機會在初老時能到鄉村定居，專注於寫作。

雖然一生讀過不少的詩詞，觀賞了許多油畫、雕塑，也聆聽各種類型的音樂，但都遠不及大自然以寬厚的胸懷看待人類脆弱的一面，不及無數的星辰、純淨的山海或蟲鳴鳥叫帶給我深刻的幻想與快樂。

我喜歡閱讀法國大詩人波特萊爾的詩，他寫的那首（音樂），首段裡吟詠：

「音樂時常飄我去，如在大海中！／　向我蒼白的星／在濃霧蔭下或在浩漫的太空，／　我揚帆往前進」

我想以這段詩句在元旦這天砥礪自己。我深信內心所嚮往的恬靜鄉野，不是遙遠的美，也不是那麼不可觸及。當歲月消逝，又周而復始，大自然仍是我生命裡最關注與鍾愛的。它讓我在親近時獲得真善美的能量，那才是最珍貴的。

新的一年已經啟程，每個人都須堅持美好的憧憬，努力邁向目標，就在元旦，我告訴自己：「矢志不渝吧！」因為，追求夢想的本身就深具意義，在風雨兼程的奮鬥過程裡，歷練就是一種收穫。

此刻我在月夜下重溫喜愛的詩行，那福爾摩沙吹來的風越過東岸，已度過十個春秋，回憶也乘著風來了。我在書架上找到作家魯蛟寄來的作品，他曾在《舞蹈》詩集裡寫著：「所有的海浪都是一種動物／喜歡跳躍／喜歡追逐／喜歡長跑」，他的詩往往沒有艱澀深奧的詞彙，卻寫出語言質感非常突出的詩句，也凸顯對寫作永不衰竭的熱情。

從亙古到永遠，從人類走過歲月流逝的傷感與歡笑，我迎向春暖，也相信未來會更好……恰似福爾摩沙在時間的長河中，它的勇毅猶如我的精神至寶。

—2022.9.29 作

青年日報

副刊 15

春日元正

元旦述懷與祝福

春暖

—刊臺灣《青年日報》副刊，2023.01.01.

51

攝影及畫作：
林明理

51. 冬夜遐思

冬至來臨的一個早晨，陽光乍隱乍現。我們剛出綠色隧道，車子便循著臺東市沖積平原的扇頂邊緣前進。涼風習習，穿越一片又一片的田畝、果園及屋宇，然後車子以緩慢的速度，駛向射馬干農場的山坡。

當我站在一處開滿野雞冠花和桃花心樹的山村前，開始眺望遠方的綠島，那個角度，可說是擁有視野上最優美的景色。因為，山巒就在我的背後，而正前方浩瀚的太平洋與背山面海的建和社區遙遙相望。

展現在我眼前的除了這片令人驚嘆的風景，山路蜿蜒曲折，路上僅有少數人家。忽然間，一位婦人騎著機車停了下來親切地問道：「咦，妳是迷路了嗎」。我好奇地看著她。

「我是被這裡的景物跟樹林的芳香給迷住了。」我笑了起來。原來她的父親是承租山坡保育地並種植了這片桃花心木的人，而她是回歸故里，繼續從事農務工作。

十二月，耶誕節的冬天，將它的靜謐和冷峻滲入到些許浪漫的花紅綠意裡，彷佛冬陽傾洩在湖邊，幻成點點滴滴的星辰，從天上灑落到這茂密的山林裡。

據說，這裡是曾獲得全臺灣十大環境保護模範社區的聚落，居民以卑南族為主，也有榮民、閩南人等。多年來，原名為「射馬干」部落的建和社區，近年來，藉由雕刻家陳文生指導族群創作，在古老的街道轉角或路口，皆有板雕、木雕展示，因而此社區也有「木雕藝術村」的名號；而新建的「射馬干基督教會」，最高頂峰的白色十字架在藍天白雲下，同樣莊嚴美麗。

下山時穿越了農場，再度望見一大片洛神花田，左側種植許多釋迦樹，圍欄上爬滿了絲瓜花和蝶豆花的藤蔓……剎那間，童年的記憶變得清晰了。我的母親經常在清晨小屋後的瓜棚上採集絲瓜露水，在門前小溝渠旁種植一些珍珠花菜、空心菜、紅鳳菜，也餵養鴨、鵝，而我當年只知道幫忙些簡單的掃地或洗菜。

沒有比鄉村拂曉中的雞鳴，鳥叫，更逼近遙遠的家鄉的回憶了，尤其是在越接近年節前，潛在的思念和記憶裡冬至夜晚時，與家人吃客家鹹湯圓的味道，都在心裡喚起陣陣的相思。

不知不覺中，我想起日前因眼壓過高，疑似青光眼徵兆而心神不寧。直到求診於曾醫師時，郁雯她直接了當地說：「妳不必為未來可能會動眼睛手術而擔心害怕，從現在起，妳必須學會放下心中的疑慮。至於西醫的處方眼藥水，妳都要定時使用，當然，中醫的我，也會盡全力幫妳施針治療，這都是為了改善妳的健康。」

返家時，我大大鬆了口氣。忽然深刻體會到，這個冬日不論是處於病痛或喜悅當中，我都必須心懷感恩，感謝所有幫助我的人，也希望痛苦盡快消失，就不再被困於受苦中了。

—2022.12.07 作

馬祖日報

小三通專案 1/7 復航　金馬開放航班訂位

澎湖土魠魚季節到

年打2劑疫苗

發現19世紀海上日常

有望成亞洲唯一！傳統豬瘟元旦起拔針、113年申請非疫區

冬夜遐思

—刊臺灣《馬祖日報》副刊，2023.01.02，

及攝影 5 張，畫作 1 幅。

52. 長長的思念

我願是幽谷，
晨露裡的洛神花，
在一條小徑上，
聽紅嘴黑鵯頻頻輕喚……
只要有藍蜻蜓、蝴蝶
快樂地踩著舞步，
白鷺翩飛
在我的臂彎之中。

我願是原野，
在通往兒時的小路，
聽一群小燕子
低聲呢喃……
只要從田埂的邊緣，

聽早起的老農
在我的心上
彼此笑談、問候。

我願是長風，
越過熟悉的溪流，
在返鄉的空中
盡情地奔馳……
只要我思念的人
帶著淺淺的笑容，
我便可以觸及夢裡的
父親　暖暖的手。

--2022.10.27 作

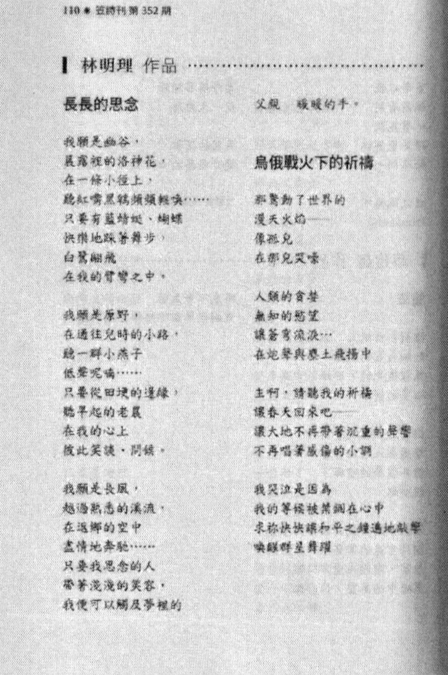

林明理 作品

長長的思念

我願是幽谷，
晨霧裡的洛神花，
在一條小徑上，
聽紅嘴黑鵯頻頻輕喚……
只要有藍蜻蜓、蝴蝶
快樂地踩著舞步，
白鷺翩飛
在我的臂彎之中。

我願是原野，
在通往兒時的小路，
聽一群小燕子
低聲呢喃……
只要從田埂的邊緣，
聽早起的老農
在我的心上
彼此笑談、問候。

我願是長風，
越過熟悉的溪流，
在返鄉的空中
盡情地奔馳……
只要我思念的人
帶著淺淺的笑容，
我便可以觸及夢裡的
父親　暖暖的手。

烏俄戰火下的祈禱

那驚動了世界的
漫天火焰——
像孤兒
在那兒哭嚎

人類的貪婪
無知的慾望
讓蒼穹流淚…
在炮聲與塵土飛揚中

主啊，請聽我的祈禱
讓春天回來吧——
讓大地不再帶著沉重的聲響
不再唱著感傷的小調

我哭泣是因為
我的箏樣被禁錮在心中
求祢快快讓和平之鐘遍地敲響
喚醒群星舞躍

－刊臺灣《笠詩刊》，第 352 期，2022.12，頁 110。

53. 烏俄戰火下的祈禱

那驚動了世界的
漫天火焰——
像孤兒
在那兒哭嚎

人類的貪婪
無知的慾望
讓蒼穹流淚……
在炮聲與塵土飛揚中

主啊，請聽我的祈禱
讓春天回來吧——
讓大地不再帶著沉重的聲響
不再唱著感傷的小調

我哭泣是因為
我的等候被禁錮在心中
求祢快快讓和平之鐘遍地敲響
喚醒群星舞躍

—2022.10.27 作

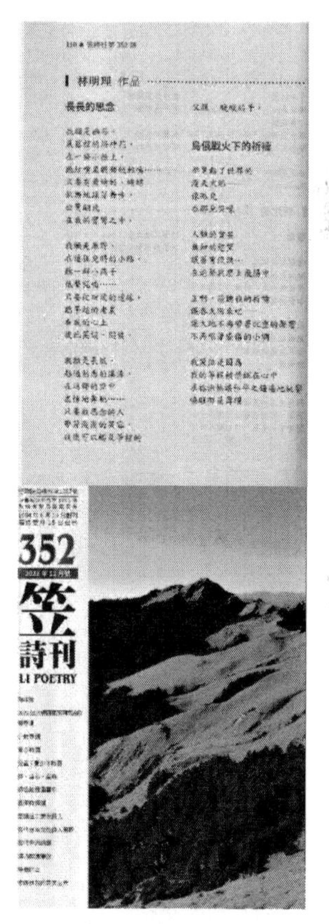

—刊臺灣《笠詩刊》，352 期，2022.12，頁 110。

攝影：林明理

54. 時光深處的巴拉雅拜

這是一個冬陽露臉溫暖清新的早晨，一群突如其來的紅鳩停歇在落羽松枝頭，讓百年以上歷史的巴拉雅拜部落村口愈發詩意。我站在一處空曠的田野，看著一隻彩蝶歡快地飛入杜鵑花叢，又見部落裡一片旗海飄揚，引起我的心歡欣雀躍。

時光悠悠過去了，這部落仍位於鹿野村火車站約一公里遠的沖積扇平原，居民大多為阿美族。據說，清朝時期，此地的阿美族是由北遷的恆春阿美所形成的聚落，有耆老指出，原來的祖先是遷到馬蘭，於一百五十多年前和部分卑南阿美遷移此地定居；因以狩獵為生，常與馬蘭阿美族、初鹿村北絲鬮社卑南人相遇，交換東西。故和平部落的舊名是「擺仔擺」，係阿美族語（Parayapay），意指「雙手交換東西的動作」，並以巴拉雅拜為部落之名。

走到部落的盡頭右轉，我發現，前面一片水田，吹來淡淡的稻香，喚起一陣悸動。這裡有座位於鹿野溪及卑南溪的匯流口高台處的「中興崗哨」，它建於民國四十六年間，當時身負守護鹿野站到山里站之間「鹿野溪橋」，是一座軍用崗哨。但從民國七十一年，隨著鐵道橋梁改線，已將崗哨裁撤，經整修後，今年以全新建築重現。

在一輛火車急馳過溪橋之後，中興崗哨又再次安靜了下來。在靜寂的田野裡，除了遠方的樹林依然挺立在群山之中，只有風兒不急不緩地講述著過往的故事。而周遭的果樹在陽光映照下，點點蒼翠與金色稻穗亮成一片，還有那一望無涯的藍天，一同將部落的安詳幫襯出來。其間更有楓紅生色，溪旁的美人樹早已繁花盛開，讓我心中的憂慮一掃而盡。

當我站在崗哨前的老榕樹下四下張望時，總會不由遐想，那些曾經在這裡盡職的守衛者，已不再為人所知，只有時間不停地轉啊轉，人間又過了數十個春秋。但昔日稻穗成熟，與野鳥恣意而飛的模樣依舊，涓涓溪流依舊，閒置的崗哨依舊，新建的崗哨卻十分簡潔出色。

對於喜愛漫步鄉野的我而言，此刻，腦海中卻不斷想起兒時美麗的鄉景，於是本能地沿著小路的方向前進。當我看到許多族人趕往活動中心投票所，我朝一位老族人說，「請問部落裡老頭目的家在哪裡？」

青年日報

2023.1.8

時光深處的巴拉雅拜

◎林明理

「妳跟我來，」他親切地對我說:「那棟黃色屋頂的就是。」我道謝後，放慢了腳步，回想起在崗哨屋前，看到此地有位耆老賴蘭妹的圖片，她是臺東阿美族傳統喪禮歌謠文化的唯一保存者；也看到豐年祭時，族人手牽手，圍成大圓圈跳舞的舊照。多麼耐人尋味的部落！

歸途，陽光燦爛，起伏的山巒高低錯落。我們一家人愜意出遊踏青，心情就像初次看到時光深處的巴拉雅拜，眼睛裡閃著希望的光！

—2022.11.29 作

—刊臺灣《青年日報》副刊，2023.01.08，及攝影 1 張。

畫作（月夜思）及攝影：林明理

55. 歲暮遐思

在我的記憶裡，背倚中央山脈的大武鄉，村民多為排灣族，位於火車站後方的和平部落在日治時期因為設有農業研習所及軍營，被稱為大本營。

從山坡上鳥瞰，太平洋的潮水散發著融融的暖意；但是讓暖意湧入我心底的不是頭頂的那片金色陽光，而是來自和平部落活動中心裡三位孩童同我邂逅的溫情。

我不得不承認，他們是純真的天使。從靦腆地面對鏡頭到好奇地跟著練習拍照，甚至開心地擺出各種俏皮的姿勢，還唱起了歌。這一切讓我百感交集，連高高在上的天空也感覺到了這個部落的熱情。

等到火車呼嘯通過大武站，風又徐徐漫過來。我便揮了揮手，轉身向來路上。那百鳥千樹的交響復起，石牆中鐫刻著百步蛇圖紋和勇士形象的地標，在回眸的一瞬，心跟著激動起來。風裹著木香，也含著湛藍。

多想是一隻鷹，掀掉心的羈絆，山風中的香味便裊裊傳來……那國小校園裡的風帶著高山對大海的問候，帶著我的沉思默想，亦步亦趨地跟著。我多想把大武山的瞳孔深處那蒼穹和濱海公園，以及所有的美與感動，珍藏心中。

在這歲暮之前，我想起那三位孩童將自己熟悉的歌傳唱起來的模樣。想起那太平洋藍色的風和部落的回聲，還有蟄伏在天邊的雲朵。我掬起山下金龍湖的清氣，走過環湖步道，一隻白鷺鷥無聲地輕掠過水面，掠過朵朵睡蓮，波光盪漾的山之音，織成一片最美的風景。而我感到幸福的是那影樹交錯裡的浮雲在天上，也在湖中。

此刻，我將大武部落的故事藏入一朵記憶的雲朵。那兒真美！明朗，鬱鬱蔥蔥。我佇立在群星下，靜靜地想起故鄉田野的柔音，月亮仍懸掛在天上一整夜叮噹響著，彷若耶誕夜唱聖歌報佳音的聲音……讓思鄉的人都不感長夜漫漫，如此美好。

我端詳著遙遠家鄉的溫暖巷道，也看見過去一年來歲月流逝中帶著歡樂與由中年步入初老的喟嘆。而如今，我聆聽稀微的草蟲鳴響聲，一股思鄉的強烈渴盼，就這樣，隨著月光和山海之音注滿我的心靈。

我想起瑞典詩人魏瓦留（Lars Wivallius，1605-1669）有段詩句裡寫著：

請賜一個好年頭，讓陽光
照耀以後的四季！
讓今日的月亮可比昨日，
既不盈滿也不虧蝕！

這真是一句好詩，恰恰符合我的願求。或許，老天有時會對我開個玩笑，讓我有時內心驚苦交加；但事過境遷後，心中又恢復平靜，恍如重生。

若要細究一番，我認為，放不下心中桎梏的反應大多歸因於自己的恐懼。倘若想要破除最後一念無明，就要鼓起勇氣去面對，徹底交出自我恐懼，就必然能將煩惱拋擲漏盡了。

這是我在病痛中學習的經驗，也在此月明時刻，對所有關照我的友人內心充滿感激。

—2022.12.09 作

歲暮遐思

文/圖 林明理

—刊臺灣《中華日報》副刊，2023.01.09，

及畫作 1 幅，攝影 1 張。

畫作（臺北之夜）：林明理（此畫由臺灣的「國圖」「當代名人手稿典藏系統」存藏於臺北）

56. 難忘的年節往事

三十多年前隆冬，年節帶給我最深的印象，是與我婆婆同住那些年。北投的天空與土地、中央市場與公園、廟宇與高樓林立、熱呼呼的火鍋與寒雨、年夜飯與燒香拜拜的味道，都是我的思念。

記得每年春節，最好吃的就屬婆婆親手做的「佛跳牆」，鮮美無比，還有形形色色的佳肴，每嚐一口都是滿足。大年初一，一大清早，鞭炮聲響徹雲霄，據說它是象徵驅趕年獸；而婆婆早已梳洗整齊，備好早餐，要大家衣冠潔淨，然後跟著她到廟宇燒香祈福。

我多麼留戀隨著婆婆每年去關渡宮拜拜的情景，因為它不只是我們家的習俗，也讓我更深地記住了婆婆莊嚴地祈求媽祖的容貌，恍惚中，神明也能聽到她內心虔誠的禱告，便心領神會了。

記得有一年在大年初二回娘家吃午飯時，走進散發著煎蘿蔔糕香味的廚房，心情興奮。家母也是廚藝高手，如今她年邁了，卻讓我不時想起媽媽的拿手菜，總是感到滿心幸福。

初三雖然可以「睡甲飽」，但婆婆還是特別早起，首先祭拜祖先與公公，她總是溫良謙和，每餐都備妥佳肴，等著子女開心享用。

到了初四下午，更是重頭戲。婆婆得打開客廳小門，備好三牲四果、金紙、發糕和三杯茶水、糖果等，擺得滿滿一桌，準備要「接神」。她說：「眾神都在這一天從天庭返回人間，所以得恭敬地迎接祂們到來。」我遵從叮囑，也學著她拿香的樣子，傳承習俗和節慶的祭禮，而婆婆過年膜拜的形象直到我初老，在心目中也更加緬懷了。

初五，是許多公司行號的開工日，我的公公生前有家磁磚公司，所以，婆婆會在這一天拜拜，並準備一桌豐盛的菜餚，宴請大伯和叔叔等長輩。吃罷午飯，送行親戚後，我總是看著婆婆的背影心疼地說：「媽，歇會吧，已經忙好幾天，廚房的東西夠吃了。」她總是微微一笑，說：「沒事，妳也去休息看電視吧！」

到了初六早上，大馬路上的酒樓飯店也開始營業，大放鞭炮。我們一家人正準備收拾行李，搭上火車返回高雄。婆婆一邊打包給我們拜拜後吃平安的鮑魚、干貝罐頭和白米等，一邊等我們吃飽喝足後，就走到房門對我們說：「有空，一定要回來喔！」

最近幾年，傳統年節的氛圍感覺愈來愈淡薄。就像此刻，寒流來襲，冷風悄悄地溜到我的身後。起初，我只是遠遠地看著月亮，像一隻翹首盼著主人的鵝，看著看著就不由自主靠向前，走至人行道上踱步。

我也許無法全都記得每年過春節的畫面，但從初一到初六的情節，幾乎每一憶及便能複述，尤其是與婆婆生前的過年回憶，更是一輩子也忘不了。

—2022.12.15 作

2023.1.15

青年日報

副刊 15

難忘的年節往事

文/林明理

林明理畫作

向陽花木早逢春

－刊臺灣《青年日報》副刊，2023.01.15，
及畫作 1 幅。

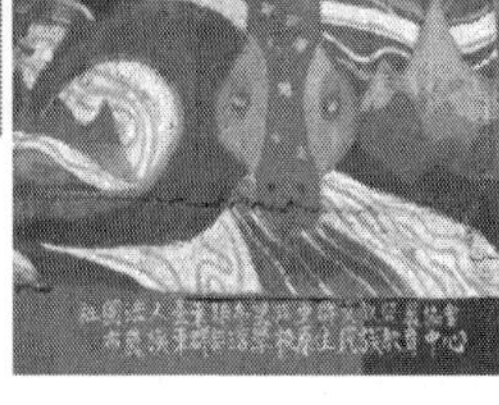

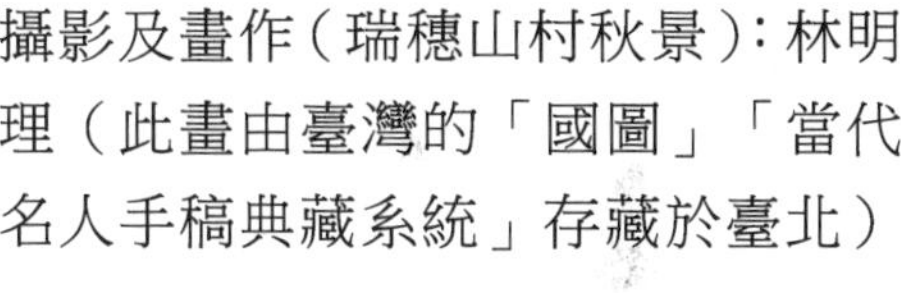

攝影及畫作（瑞穗山村秋景）：林明理（此畫由臺灣的「國圖」「當代名人手稿典藏系統」存藏於臺北）

57. 奇美部落之秋

如果你有機會路過「秀姑巒溪阿美」群最古老的部落之一的奇美部落（Kiwit），看看奇美文物館保存的照片和族人生活的記錄，諦聽風中訴說過往悲歡離合的歷史或歌謠，回顧一下阿美族老人家傳承下來的編織與染布工藝，就會強烈地感受到歲月更迭所留下的，竟是一連串令人無限緬懷的文化印記。

不過，在這個依傍瑞穗鄉秀姑巒溪左岸、大磯山西邊台地上的奇美部落，不僅有佔多數的阿美族人，還有布農族人。他們世代保留了傳統祭典，為了生存，勤於耕種，過節儉日子。他們族群和諧，既有特殊的漁獵方式，也努力於維護梯田與水圳。

在一般人眼中，奇美部落的族人有著堅強的生命力，就像傳說的阿美族祖先，他們從聖山經過多次遷徙與跋山涉水，終於來到這一處長滿蕨類植物「海金沙」之地，遂而將此地命名為「Kiwit」，時世亦把它造就成了奇美部落的強韌精神。

當我佇立在蜿蜒的山路上，看到了一輛又一輛載滿新鮮文旦的小貨車駛向斜坡下的時候，我感受到農民的辛勞，也欣喜於那份從容和勤奮。由東部海岸風景區的涼亭極目遠眺，山谷中的秀姑巒溪和瑞穗大橋歷歷在目，銀白色水波宛如千萬顆碎鑽，在溪間穿過，閃閃爍爍。

秋風起了。沿途山壁上淘氣的松鼠、蟬聲、鳥鳴，令人不感寂寥。倘若不置身於墨綠的山林之中，倘若不走進奇美國小，瞧見那些可愛的孩童、鳳蝶於花叢間追逐、嘻笑。倘若不靠近那座鐫刻著阿美族圖騰的美麗彩繪牆和文物館，我就不會遇見了幾位正在工作的阿美族婦人。

「請問，妳們正在製作什麼呢？」我好奇地問。

「這是檳榔葉鞘。」有一位抬頭笑著，對我大聲說。

「喔～真了不得，這可是妳們的工藝品與生活智慧呀！」我豎起大姆指，帶著讚許的口氣向她們揮手致意。

原來，「檳榔鞘」可以作為餐具，而「海金沙」可用來作為綑綁的繩子或編織花環。看到族人一個個認真工作的背影，忽然感受到他們所珍惜的當下那個瞬間，也讓我似乎忘掉了外界的一切紛擾與喧囂。

在我下山前，繞到另一邊的奇美布農族部落，教堂的天空是那麼湛藍明淨，一塵不染，街道靜寂。我看到勇士狩獵、扛山豬，還有族人穿著傳統服飾的彩繪圖騰，交織著布農人守護山林的習性與懂得與人分享的融洽。

我不會忘記眼所及的部落，因為，這些美好的回憶，都會減緩每次驅車旅程的辛勞。就像此刻，在遠方，部落給予的回聲，一直向前伸展……直到在這小城裡的不眠之夜，在我心靈激起了一個搏動之音。它，仍在那萬水千山的彼岸舞動，跳躍，然後凝聚成一首難以忘懷的小詩……藏在時光深處。

— 2022.09.02 作刊臺灣《更生日報》副刊，2023.01.17，及畫作 1 幅，攝影 8 張。

58. 迎春的旅思

每年春節後，無論出外遠遊，或是就近踏青的家族老少，都難以忘懷迎接正月歡慶的時刻。當我們驅車融入悠然自在的山林，沿途海岸休憩區的攤販格外熱鬧，而穿著光鮮亮麗的旅客，有人消費，有人合影，山海也彷彿配合節慶的氛圍，靜靜地眺望在歌吟之中，然後相視而笑。

車彎進了熟悉的大鳥部落，原本寂靜的街道，連結著耀眼奪目的彩繪牆，連太平洋也閃閃生輝。那些原本在外縣市謀職的年輕族人，期待穿著盛裝參與慶典的笑聲，令村裡的老人家臉上增添許多喜樂和動人的笑容。

這回歸來，巧遇一位穿著整潔的女傳教士，她友善地一笑，正從大鳥集會所旁新建的教會裡走出來。雖然只是匆匆一瞥，卻頗能讓我瞭然，透過她的眼眸帶有身為族人對大武鄉深刻的感情。

我對她說：「辛苦妳了，剛走過去向我打招呼的兩位美國傳教士，他們的國語也說得很流利啊。」她用驚喜的表情，再以誠摯的口吻說：「是啊，歡迎你們來。」而風徐徐吹來，彷若天使般的歌唱。

過了不久，越過大武國中旁的一條蜿蜒陡峭的山徑，我初次看到擁有最大的臺灣油杉產地的新化村，以及身為臺東縣境內海拔最高的新化部落，仍住著一些守護排灣族文化的族人，而村民對推廣藥材等農作物也頗感自豪。

雖然我站在山上的半山腰俯瞰太平洋的這一天，真覺得短暫。但我仍覺得只有在偏遠的山村裡，才能全然被原住民重視文化傳承的精神所感動。我想起了童年時的春節，除了家人，只有兩位小學導師的家，是我跟同學唯一可以去拜年、喝茶、聊天、吃點心的好去處。

師母總會擺上一些蘿蔔糕、瓜果，我仍記得老師的房子，庭院和被老師誇獎點頭認可的喜悅。我也想起每年大年初二，老姑媽會來。我很喜歡穿件紅棉襖大衣，腳下是一雙有點磨舊的、卻刷得光亮的黑皮鞋，一頭清湯掛麵的短髮，像極青澀的黃毛Ｙ頭。

父親總是一身帥氣的舊西裝，而八十多歲的祖母，仍穿著一身素色衣、黑色寬褲，裹住小腳的黑頭鞋，明亮的眼睛裡，能自己熟練地束髮端坐，等著將門敞開，看到我的姑媽帶著家人前來拜年祝賀。

屋裡十分暖和，冬天給祖母取暖的小火爐子，我也會適時幫忙添上炭火。當我閉上眼睛，同我的童年一起馳騁，一起懷想大家圍攏在桌子上吃團圓飯的樣子，想念父母給過壓歲錢，就笑瞇了眼，抱著枕頭笑的時候……那些點點滴滴的回憶，有時也變成一種享受。

今夜，濛濛細雨落在我的追憶裡……歲月飛逝，而我懷以感恩。在這正月的夜裡，童年的春節，一切都溫馨、平和，只有回憶愈來愈擴大。屋前的茶樹紅花錦簇，是春天要來了。

—2022.11.09 作

2023.1.31

青年日報　副刊

迎春的旅思

文‧林明理

—刊臺灣《青年日報》副刊，2023.01.31。

59. 北京湖畔遐思

光的藏匿處
那片樹林前方的
薄冰層上
我所看到的是
陌生又熟悉——
美麗的雁鴨
翔集於此
在濕地的晨光中
似乎應和著什麼

沿著湖畔
風　盡情馳騁
在那兒前進著
而我卻感到如此溫暖
彷若　一顆心
徜徉在北國
與雪花一起掠過的
還有我所寄予
厚重的盼望……

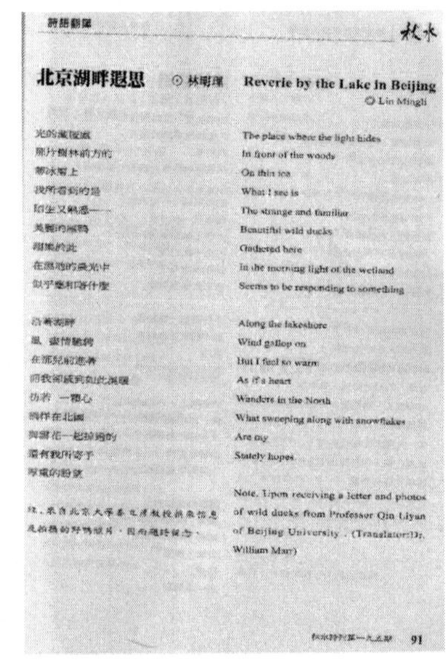

詩語翻譯　秋水

北京湖畔遐思　⊙林明理

Reverie by the Lake in Beijing
◎ Lin Mingli

The place where the light hides
In front of the woods
On thin ice
What I see is
The strange and familiar
Beautiful wild ducks
Gathered here
In the morning light of the wetland
Seems to be responding to something

Along the lakeshore
Wind gallop on
But I feel so warm
As if a heart
Wanders in the North
What sweeping along with snowflakes
Are my
Stately hopes

Note. Upon receiving a letter and photos of wild ducks from Professor Qin Liyan of Beijing University . (Translator:Dr. William Marr)

91

－刊臺灣《秋水詩刊》，
第 195 期，2023.04，頁 91，
非馬（馬為義博士）譯。

註.來自北京大學秦立彥教授捎來信息及拍
攝的野鴨照片，因而題詩留念。

59. Reverie by the Lake in Beijing

◎Lin Mingli

The place where the light hides
In front of the woods
On thin ice
What I see is
The strange and familiar —
Beautiful wild ducks
Gathered here
In the morning light of the wetland
Seems to be responding to something

Along the lakeshore
Wind gallop on
But I feel so warm
As if a heart
Wanders in the North
What sweeping along with snowflakes
Are my
Stately hopes

Note. Upon receiving a letter and photos of wild ducks from Professor Qin Liyan of Beijing University .（Translator：Dr. William Marr）

60. 初春思鄉情

今晨，中央山脈染上了廣闊天空的桔梗色，散發著新春的喜悅。一隻黑冠麻鷺輕輕呼喚我，草地的黑牛回首瞅瞅，又繼續嚼草。甜甜的空氣中，乍一看，有隻金龜子踮起腳尖，正想辦法探索三角梅花蜜的滋味，只有院子裡粉紅風鈴花恣意地翻飛……在撒落一地的暖陽裡。

吃完早餐，一家人決定就近到郊外踏青。路經知本火車站、卡大地布園區，最後來到知本天主堂。這是一棟帶有卑南文化特色融入西洋宗教的歷史建築，我特別記得周圍有費道宏神父紀念碑、卑南族神話故事裡的石板圍牆，還有一對熱心帶路的卑南族祖孫，而沿途的溪流、田野的白鷺都使我歡愉。

霎時，我想起了故鄉的水土。我的故鄉是鄰近濁水溪的一個小村落，雖然沒有傲人的莊園或農場，卻為我織就了無數童年的美好回憶。我記得門前的白楊樹，在一條小溝渠旁蓬勃地長高。母親飼養的雞、鴨、大白鵝，都喜歡在它周遭追逐、跑跳。如今，它已隨著歲月長成一棵穿透天空中閃耀白雲的大樹。

故鄉的四季更迭、秋收的金色稻海、校園的莿桐花開，還有師長與父母的教誨與叮嚀……一切的一切，都是我悠遠的記憶中，懸掛在心中最深的思念。

不知從哪一年起，每當星光璀璨的春夜，思緒就翻越山川，浮上心頭的是故鄉的明月。也想憑藉著思念回到逢年過節，所有家人聚在一起圍爐，心中充滿感恩的時光。那時的我們，等到新年一早，就跟迎賓似地穿上了整潔的衣裳，喜孜孜地等候親友到訪。

父親生前是村裡的老代書，也很有學問，每逢年節總是笑容可掬，穿著西裝靜候來客。母親有好些年菜的做法是師承客家籍養母學來的，而我腦海中最難忘的，是母親做的紅龜粿，蘿蔔糕綿滑可口的滋味。

印象中，早起的母親得先將米洗淨泡水，再用石磨製成米漿，把蘿蔔去皮刨絲，入鍋悶煮軟爛，又經過幾道步驟，直到變成米糰，最後填入圓型蒸籠中，待涼脫模，就可感覺到一種原樸的味道溢滿廚房……而那味道，就是歡喜迎接年節的前奏。

誠如印度詩人泰戈爾在《漂鳥集》裡寫著：「上帝期待人在智慧中重拾童年。」這詩句也啟發了我，每個人與家人團聚之際，更需珍惜走過的每一個春節時光。在我的許多個夢裡，故鄉的水土還遺留著我童年赤足走過田埂的腳印，那些此起彼落的蛙聲、溫暖的月光……永遠都充滿柔情與安慰。當然，吃年糕，貼春聯、放爆竹、還有全家人挨著桌子吃火鍋的畫面，都教我重拾童年的歡樂。

在我心中，春節就是個最獨特的時光。因為，能與親友團聚或相互祝賀，就像窗外灑下柔和的月光，都教我永記心懷。

—2022.10.01 作

2023.2.12

青年日報

副刊 15

初春思鄉情

一片水色半天青

夕陽等夜星

—刊臺灣《青年日報》副刊，2023.02.12。

林明理畫作：
（田野風情）

61. 漫步黃昏鄉野中

記憶是一條奔流不息的長河，當我看到咫尺之間低飛的白鷺鷥群，那從河而來翻飛的記憶，恰似風鈴花開。童年時光裡的那片廣袤田野也隨著四季遞嬗，悄悄來臨……時而躍出綠波，時而輕拂水面。

我依稀看見了金黃的鄉路，有美麗的稻海、赤足走過田埂的老農，還有等待著我攜手採擷油菜花的白蝶。而如今，我佇立在瑞穗鄉富源村附近一帶的拔仔庄聚落，我又看到水圳旁有個農民駕著耕耘機，全家齊力工作中。當看到了一群白鷺從田野翩翩飛起，瞬時，稻浪開始有了節奏，隨風搖曳起伏……我看到了農村的樸實無華，心是如此幸福。

那飛逝的季節裡，我曾聽見了許多傳說中的傳說，也聽見族民的歌聲洋溢著溫暖與希望。這一天，挾著暮色的雲朵在富興社區的山林間逗留，而原古的歌聲像流水，徐徐緩緩，不經意地在我身後迴響。遠方的山巒，在閃爍的天地之間，有條靜靜晃動的溪影從旁流過，既清澈且藍。

漫步在清朝即為花東縱谷交通扼要的「拔仔庄」，我看到有棟「常民文化館」，它原為鐵路局的倉庫，如今已成為展示早期農村生活文物的地方。有隻鳳蝶停歇在富源車站旁的葉脈上，我的心便隨風起舞了。

當我在社區內的「農村樸素繪畫走廊」，看到展示村裡的農民畫作，每一幅都充滿逸趣，又像一首首抒情的詩，讓我內心溢滿感動。我向巨大的蒼穹仰視，溪水依舊不斷地流，訴說著當地客家人和鄰近的拉基禾幹部落的阿美族人開墾的故事。

據說，拔仔庄的阿美族人最早是由貓公部落遷徙而來，當時把此地唸為（Pailasen），音似閩南語「芭樂庄」，後來文獻寫成「拔仔庄」；也有社區裡的客家族群認為，村裡的西方大山貌似國樂器的「鈸」，故稱村名為「拔仔」。

百年來，這座古樸的村裡，族民和諧。車站前的老街、展覽的拔仔庄號的黑色火車餐車、綿延不盡的純淨田野，都讓人禁不住回想起這裡早期的客家人迎娶時抬轎、敲鑼的熱鬧場面，也有與阿美人喜慶豐收，跳舞的幸福。

此刻，數十隻野鳥飛起來了，飛進那密林中。恍惚故鄉裡的小河也在鏡頭中逐步靠近了，而我自己卻目不暇給地在時空中慢移。我想起諾貝爾文學獎的瑞典詩人海頓斯坦（1859-1940）有首詩作,〈在路的盡頭〉，他在詩裡寫著:「當暮靄的涼爽降臨，這時／你將期盼著智慧和山峰／在那兒，你的視野擁抱世界。」

我期待，村民的歌聲繼續吟唱，深情如母親河。我盼望再去看看那怡人之鄉，看看那水清山秀。我願聽風雨呢喃，歌咏著他們的祖先開墾與遷徙的故事，聲調時疾時徐，向我傳來……在這黃昏的和諧之中。

—2022.09.28 作

2023.2.18

7 更生副刊

更生日報

孤獨與和解

感激大家照顧我的孩子

漫步黃昏鄉野中

記

—刊臺灣《更生日報》副刊，及畫作 1 幅，

攝影 7 張，2023.02.18.

攝影：林明理

62. 奇美部落旅痕

是莫名的風，又讓我一路過橋，沿著秀姑巒溪左岸蜿蜒的山徑，回到奇美國小的操場上……鳳蝶猶藏身樹林，萬花又紅遍枝頭，而我聽得見族人輕輕哼唱故鄉的小調。

那天，雲清無瑕，只有微風嫁接到天空飄散的雲彩，融合於溪流上的飛鳥……瞬間，便拉長了瑞穗鄉山巒的淺藍色倒影。遙看泛舟點點，我無法捕捉到每位旅人的孤獨與歡笑，但可以看到一輛載滿水果的小貨車沿著曲折的斜坡下山，創造了豐收的美感畫面！

當我步向一座鐫刻著阿美族圖騰的奇美文物館，柔和的光恰巧斜照進館後的樹林，有幾位婦女正在編織中，禁不住趨前一問：「新年好，請問妳在編製什麼呢？」就連與她相視一笑，都變得那麼自然清澈。

「這是檳榔葉鞘！」她倉促的回首，滿心歡喜地介紹後，又低頭認真地工作。而我強烈地感受她一邊編織，一邊訴說著用它作為餐具或編織花環時，內心滿懷柔情，有一種與身俱來自在、守護傳統文化的精神，給我留下深刻的印象。

鄰近不遠處，還有一座奇美布農部落，風中訴說著昔日勇士們上山狩獵的習性與不老的鄉愁……而豎立著紅十字架的白色教堂上，天空有了更莊嚴或讓時間變得緩慢的模樣。

萬物靜默，卻有一隻不知名的鳥兒高聲鳴叫。就在一位老布農人與我擦身而過留下善意的微笑中，讓我感覺到，多少歲月過去了，他們仍能像敬畏神靈一樣，敬畏上帝，保護生態。這不僅寫在老族人蒼老的臉龐，也讓這部落披上了一層靜謐的光芒。

我在光陰匆匆消逝中，找回了渴望生活的清淨；夕陽驀地沉落了，清風仍繼續呢喃新年的吉兆。翌日返家前，途經鹿野鄉馬背調整池水利公園。整個園區被水利署臺東管理處鹿野工作站整理得井然有序，處處彌散著樹林的清香。

這是全臺灣噴灌區最寬廣的人造蓄水農塘，我喜歡看這片大樹林在親水池帶安靜生長，看水面被白鷺鷥親吻，泛起漣漪，就像今晨，空氣是清冷的。一彎月亮伴著微暈的朝霞，美麗如瓷，它喚起了童年的記憶。

我想起家鄉對所有異鄉人來說，就像凝視著明月，從不覺得時光枯燥漫長。而我夢中古老的奇美部落，還有古道上無垠的清風，愜意輕微地，在那兒奔馳……就連雨聲也很輕柔。

—2022.12.23 作

2023.2.19

青年日報　副刊

奇美部落旅痕

◎林明理

世間難得手足情

—刊臺灣《青年日報》副刊，2023.02.19，及攝影 1 張。

林明理畫作：（金色的田野）

63. 重遊新園部落

院子裡那棵風鈴木又開花了，花朵變得粉紅。從屋前伸起的成排老樹上還未脫盡的葉子，被冷風吹得失去了原有的綠色，只有鳥聲伴著黃牛的一兩聲哞叫依舊趣味盎然。

望著窗外新春的陽光，心裡暖暖的。忽而想起了那天黃昏，我又回到新園部落的盡頭。有一個老族人，在門前的凳子邊蹲著，在那兒整理些什麼；雖然一臉蒼桑、疲態畢露，卻仍轉身笑著看我。

這之前，我也曾經見到部落的族人集體向養雞場業者宣戰。他們成立青年會勇士團，一起跳起戰舞，歌舞出自己家園被破壞的痛；而如今，這些往事都隨之流逝了。

我從一條條整潔的街道，走到活動中心的彩繪牆時，仍是一片靜寂，但點點鳥影，由遠方深淺不一的山巒懸在田野上。或者說，當那裊裊輕煙似的雲霧升起，周圍又環繞著稻穀成熟的香味時，我便隨著風又逛了一圈了。

仔細一看，那美麗的彩繪牆，記錄著早期排灣族婦人攜著兒女上山採收芋頭和香蕉等農作物的笑容，畫面漫泛開來，旁邊還有一隻白狗一蹦一跳地跟著小主人前進著。

當我看到排灣族勇士配帶著獵刀、長茅的畫像，或正在山上傳授射箭的一對父子認真的表情，都顯得栩栩如生，彷彿時光倒退了百年…….我看到了昔日在深山上家家戶戶的族人享受家的溫暖與幸福的場景。

這時，令人心動的歸鳥聲飄上部落來，轉瞬間黃昏的暮色已躍上山邊，在部落傳統的領域和一戶戶屋宇之間。徐行的風繼續穿越在這座又稱「卡拉魯然」（Kalaluran）部落，歌吟似的，輕輕地傾訴著部落的故事，還有那發出瑩潔的光，它就來自山裡的野百合。

我聽到了其祖先源自金峰鄉深山裡的太麻里溪流域上游，八十三年前左右，因日據時期的理蕃政策，族人被遷徙至新園里，以開墾利嘉溪北岸的河川地，為日本人種植小米、花生等糧食。

直到民國四十二年，原本的部落因為瘟疫之故，方才全數遷徙下山定居。當時的長老同意讓遷徙下來的排灣族人住在這裡，才形成數十年來社區裡總是一片族群和諧的氣象。

也許是風的緣故，它指點給我看那一大片即將收割的稻田，邊上的高地也種了些小米和農作物。在我回顧的眼眸中，迄今仍歷歷在目，隱隱的，部落裡還透射出靜謐的啟示光芒。

—2023.01.05 作

青年日報 2023.2.26

吟遊人生

定格的光

重遊新園部落

迎春

—刊臺灣《青年日報》副 2023.02.26，及畫作（金色的田野）1幅。

攝影：林明理

64. 悼土耳其強震

金色古堡
　在霜冷的大地上
轟然傾倒，

風　為變色的山河
消逝的萬物
　瘖啞……

哀鬱的天空
和神父們
　保持靜默。

我遠遠地聽到
一個土耳其男人說：
「我女兒的小手
　——還在瓦礫裡」

夜寂寂
死亡的腳步
無聲無息

主啊，請祢垂憐
受難者在角隅
　慄鳥在廢墟

地鳴震撼百里，
天使的歌聲
　讓月亮裹足不前

—2023.02.22 作

註.2023 年 2 月 6 日清晨，發生在土耳其南部接壤敘利亞邊境的七點八級強震，死傷人數逾五萬、建築物倒塌十分嚴重；因而以詩祈禱。

6 浯江副刊 2023.2.26 金門日報

浯江夜話

從詩經走出來——苦苣菜

黑鳥突擊隊的逆襲

日子是一道風景

情緒

悼土耳其強震

－刊臺灣《金門日報》副刊，及攝影作 1 張。

攝影及畫作：林明理

65. 春節感懷

那年耶誕節，負笈科羅拉多大學留學一年的小女莫莉，闊別數月之後突然傳來幾張照片。她說:「幸好這裡的雪景很美，校園裡也有濃郁的佳節味道。」數年後，她已是位國中英文教師，而我仍會偶爾懷念起那隻她在校園一隅親手堆疊的小企鵝雪人，一如她良善溫柔……彷彿也聞到了陽光鋪蓋在雪地上純淨而又有些冰冷的氣味。

眼看著桌前的日曆即將春節到了，每年值此之際，回憶便良久迴響……就像這樣坐忘在雨中，窗外仍隱隱約約傳來烏頭翁的聲音時，我便隨興繪畫，把它傳給遠方的友人，再貼上一副笑臉的表情，也是樁樂事。

今晨，撐起一把小傘，一邊傾聽院中桂花飄落聲，一邊翹首尋找那鄰近在對街一棵老樟樹上築巢的黑鸛麻鷺，一邊想跟這對新鄰居打招呼。終於發現雨停了，舉起相機攔截到牠們已雙雙飛到草地裡呆立的那一瞬，不覺暗自好笑。

我轉身，也沒再打擾這對愛鳥。我記得莫莉上國小一年級時，常綁著兩根細條的小辮子，圓圓的小臉上，倒也眉目清秀。一晃眼，二十多年過去了，她仍離鄉背井在異地教學，卻沒忘用手機傳來她在學校裡平安的訊息。

依稀記得，以前住在左營舊家的某年耶誕節，我收到了她們倆姐妹送給我親手製的立體賀卡，用心地剪貼隻白色小綿羊在紅色的大手套裡，還貼滿了許多充滿愛心及溫馨的字語：「媽媽，又過了一年，也發生許多有趣的事。祝媽媽天天快樂！」

我還記得，前幾年某一天，我收到一通電話。「媽媽，今天我邀請了臺灣導盲犬協會講師到學校來講習。」莫莉說。

我看到她從手機傳來的照片不禁笑了。

隨後，她小心翼翼的，用手機拍下了師生與導盲犬互動的身影。有趣的是，莫莉說明導盲犬時顯得特別興奮認真。原來導盲犬訓練完成後，順利的話，得工作到十歲才退休。接著她又解釋道：

「當主人用英文下指令，Stand up，lay，Stay，Sit 等，牠們都會遵從。或說 Find the door，牠們就會找公車門。如果說，Find a seat.牠就會找到座位，然後把頭放在椅子上，讓主人知道座位在哪裡。」這讓我驚訝無比，原來導盲犬還聽得懂許多英文指令。

而一經莫莉轉述，彷彿中，一個溫馨的畫面就這樣展開了。我看到教室裡學生們眼睛跳動的光芒，他們輕輕地撫摸著牠們，真實得讓我也能得到瞬間的感受。

是啊，人世間最快樂的事，就是親子間誠摯的交流與關懷。因為心中有愛，即使只是聞到飯香，或說些家常話，都會相視而笑。

我相信，每逢春節總會帶來許多驚喜與難忘的事，而那些片段的記憶，就會莫名地鑽進我的心裡……有時，從空曠的山中而來，有時，從迷濛的雨夜，讓人忍不住一再想起那些甜蜜的往事。

—2023.01.16 作

馬祖日報 2023.3.2

動檢局提醒 攜豬肉入境罰20萬起跳

全國國小代理教師比率「超標」 離島最嚴重

金馬澎保麗龍廢料變身電腦產品

公私協力海廢變黃金 再利用率成長4成6

澎湖百年蟒龍神桌遭掉包3年 警方鎖定文物修復業者

春節感懷

—刊臺灣《馬祖日報》副刊，2023.03.02，

及畫作 1 幅，攝影 4 張。

66. 重複的雨天

曾經
我遇上一個無羈人，
他就像一隻長長的風箏
直想飛越沙漠和大洋，
孤單地朝向夢想，
而我
隔著層層白雲，
不再探問風兒、彩虹和駭浪，
不再想起輕吻的瞬間，
就像這無聲息地
重複的雨天。

那雨聲淅瀝：——
風凝固在宿舍前。
晚上十點鐘。
接著路燈黯淡了，
我只看見桌上留下
一朵啞默的玫瑰，
在黑暗中

66. The endless rainy days

Lin Mingli

once
I met an uninhibited man,
like a long kite
He wants to fly across deserts and oceans,
Lonely towards the dreamland,
but I
Through layers of white clouds,
no longer care about wind, rainbow, or stormy waves,
nor thinking of the moment of the light kiss,
like these silent
Endless rainy days.

The patter of the rain:——
The wind frozened in front of the dormitory.
ten o'clock at light.
Then the street lights dimmed,
I only see
A mute rose left on the table,
in the dark

　悄悄地閃現，
就好像當我回頭瞥見，
一把藍綠小傘，遮掩了
懸在半空中的淚。

—2022.12.12 作

104 ● 笠詩刊 第353期

▍林明理 作品

重複的雨天

曾經
我遇上一個無羈人，
他就像一隻長長的風箏
直想飛越沙漠和大洋，
孤單地朝向夢想，
而我
隔著層層白雲，
不再探問風兒、彩虹和駭浪，
不再想起輕吻的瞬間，
就像這無聲息地
重複的雨天。

那雨聲淅瀝：——
風凝固在宿舍前。
晚上十點鐘。
接著路燈黯淡了，
我只看見桌上留下
一朵啞默的玫瑰，
在黑暗中
　悄悄地閃現，
就好像當我回頭瞥見，
一把藍綠小傘，遮掩了
懸在半空中的淚。

The endless rainy days

Lin Mingli
Translator：非馬

once
I met an uninhibited man,
like a long kite
He wants to fly across deserts and
oceans,
Lonely towards the dreamland,
but I
Through layers of white clouds,
no longer care about wind, rainbow, or
stormy waves,
nor thinking of the moment of the light
kiss,
like these silent
Endless rainy days.

The patter of the rain:—
The wind frozened in front of the
dormitory.
ten o'clock at light.
Then the street lights dimmed,
I only see
A mute rose left on the table,
in the dark
quietly flashing,
As if when I glanced back,
A small blue and green umbrella,
covering
Tears hanging in the air.

—刊臺灣《笠詩刊》，第353期，
2023.02，頁104。

quietly flashing,
As if when I glanced back,
A small blue and green umbrella, covering
Tears hanging in the air.

Translator：　Dr. William Marr

67. 聆聽濕地跫音

車經光復鄉公所農業觀光課廣場前一條鋪著柏油的小街，一下車我就快步地走進印著馬太鞍濕地的休憩園區，便聽到一群黑水雞以熟悉而逐漸擴大的聲音充盈整個水面。牠們有的動也不動的，像一株輪傘莎草，躲入長滿水生植物的沼澤；有的神情淡定，立在浮木開始梳理羽毛；有的在不安的同時，急促地重複著「krurk」，迅速潛入水底……而入口的湧泉散佈著日光的樹影和無聲的雲朵。

沿途有長得高高的筆筒樹，有遠遠立在欄杆上的蒼鷺，也有白鷺如一朵浮雲孤飛……幾乎所有的鳥類、溪蟹、魚類等多樣化自然生態都顯得生機勃勃。

我吸著水柳、布袋蓮、臺灣萍蓬草，原始林和紅合歡、煙火樹、楓樹等花木混雜的氣息，兩邊的天然沼澤，枯萎的荷葉、枝幹上的蜂窩，或看板上標示著夜鷺、大冠鷲的出沒季節，以及青蛙蛻變的圖片，都讓我目不暇給。

正因為馬太鞍是阿美族的傳統生活區域，這座濕地已交織著當地阿美族人童年的感情；因而園區內搭建的茅屋、建築或原民美食，也蘊含著濃厚的感情色彩。可以想像的是，每當夏季，睡蓮和荷花的葉子在花海中飄揚。登上瞭望臺，除了可俯看濕地全景，或許恰巧可看到大冠鷲滑翔著....想到這裡，我就笑了。

休憩後，車再往瑞穗鄉傍鄰富源溪附近，有一座位於富民村與富源村交界的牧魯棧部落（Morocan），整條街上十分靜寂，僅有一家雜貨店，屋裡的老人家正微笑著招呼我。

「您好，請問那是活動中心嗎？」我探出車窗問道。他點點頭：「是，在那兒。」我返後從活動中心走進去，牆上一幅幅阿美族穿著傳統服飾、歡樂跳舞的彩繪畫，栩栩如生。

順著原路向前走，就看到鄰近富源村山腳的富源部落。據耆老的說法，是當地居民多以地瓜為主食，稱此地為「Kaengkonga」，意指「吃甘薯的人」，故而以此為部落之名。

我雖然未來得及感知這些部落的許多故事，但這裡一片靜謐單純的感覺總伴隨我往後的記憶。那裡住著許多阿美族人，有座矗立著紅十字架的教會在迎春時分，暖風吹著滿園的蔬果，陽光照在溪流上粼粼閃閃，樹林裡有彩蝶翩翩飛舞。

多年沒見過這麼大的濕地了，恍惚中，所有新生、蔥綠的水生植物都在風中輕微顫動，而我赤腳跟著牛車從剛犁過的田埂上邊走邊跳，從童年回想跑出來的油菜花、蝴蝶、農夫和麻雀……直到如今的我，一邊聽那綿延的跫音，一邊站在月光下回想，幾乎是當年情景再現，的確是件令人愉悅的事，也就慢慢地憶起故鄉與童年的氣味。

—2023.02.02 作

2023.3.5日

青年日報　副刊 15

聆聽濕地跫音

◎林明理

安靜的城市

春訊

－刊臺灣《青年日報》副刊，2023.03.5 日。

攝影及畫作（冬晨懷思）：林明理

68. 冬季裡的思念

昨天，在南迴鐵路紀念公園於高大的美人樹的樹梢上，一群烏頭翁親切的喚著……不只一次，我在樹影輕輕飄下的晨曦，聽鳥聲於一次次沉醉之中。直到太陽從東方升起，我方驚覺，驟雨過後，天空還是一片澄藍，而晦暗下來的世界，已然重新點亮。

那些被鐫刻在紀念碑上罹難的工程人員名字，並列在沒有一點雜色的草地上，如此肅穆清淨。而各處的風，徐徐地穿過行道旁的狼尾草、欒樹上燦爛的紅花時，一盞盞的路燈也悄悄地熄滅了。

我聽見了家燕在空中竊竊低喃，像一首歌，牽引著我……又像是回到盤桓顧盼的家鄉，帶著溫慈的笑顏。多少次，我坐在歷史之岸尋找舊夢，那些走過的風雨，恍若昨日，遠山也長滿相思。

恍惚中，風兒好似在說：「過去的一年，已無需過度緬懷，只要有一兩個發光發亮的記憶，便該感受惜福！」正如此刻，我習慣於獨步中，輕踏落葉，開始懂得讓兒時的記憶，慢慢在此佇足。有時依稀想起，父親嘴角上的一抹微笑，母親洗衣煮飯的背影與叮嚀……那些流光的記憶，一張張攢在心底的親友輪廓，都在初冬時分，令人思慕。

我經常在工務段宿舍門前的路上稍稍回頭，那瓜棚上的花蕊、員工栽種的仙人掌、木槿、金露花，還有晨光裡的咸豐草、紅千層和蜜蜂……一切的一切，連同鳥聲，都那樣朝氣蓬勃。

天光亮了，有飛機小小的影子掠過。我想起太平洋柔柔的海波，卑南溪緩緩地流過溪橋……想起遨翔的大冠鷲、樹上鳳頭蒼鷹的幼鳥，還有茶園上棲息的老鷹；也想起今天又在我家遇見的一隻藍磯鶇雌鳥、門牆的舊陶甕下方飛來一隻躲過風雨的雌黃粉尺蛾。這些看似微不足道的絮語或傻樂之情，卻是我生活中的恬淡之音，也是回顧日子中的一種幸福。

朋友，這時的您在想些什麼？是否也在夜窗前跟我一樣諦聽螽斯啼鳴？是否也想念起兒時每逢佳節，勤奮的母親輕輕地搧風，撥動著柴火，蘿蔔糕在爐灶香味四溢的味道？

真正的快樂，縱然回憶，也感生命甘美；甚至大自然或佳餚，也飽含詩意。在紛紜世事中，如果自己能夠感受他人的關懷或苦痛，那麼，即使生活在簡單的淳樸中，只要讓心中充滿了希望，也就能讓自己更活力充沛的。

我想起隔街有位年逾九十四的老鄰居，有一天，他在散步時，突然腳痛，我立即趨近關切一番。

「啊，我還好，但麻煩妳快幫我叫部計程車，我得上醫院打個針。」後來從他的笑談中獵蒐一些令人興味的趣聞，原來他是從臺東站工作崗位退休，身體還很健朗。或許，他的樂觀，就是上帝給他最好的恩賜。

而此刻，月兒彎垂，風又呼嘯著……有歌聲在星夜中倍感清妙。

—2022.11.04 作

更生日報

2023.3.9.日

冬季裡的思念

相濡以沫 情誼互動的三部電影

—刊臺灣《更生日報》副刊，2023.03.09，

及畫作 1 幅，攝影 5 張。

69. 走讀瑪家鄉部落

車子行經蜿蜒的路上，我不禁開始回憶想像，闊別二十多年的瑪家鄉（排灣語：Makazayazaya）將是怎樣的模樣。我緬想歲月的流逝會不會改變排灣族部落？那裡有險峻的大武山北側山頂和清澈的溪流，在夕陽餘暉中的「瑪家農場」，屋宇和花木後面的野百合小徑。

我想起很久以前那些石板屋歷經風災荒涼的景物，也逐漸記起受災的族人歷經重建，陸續遷入「禮納里」永久屋舊時的歷史軌跡。我記起曾經在舊部落可以嗅到瀑布的沁涼，那些味道發自茂密的森林，和從天光滲進帶有大湖的芬多精混為一氣。

當年的我總是走得最慢，不讓細碎的聲音在石板彎路上碰撞，唯恐打破了周遭的寧靜。就好像那裡不曾歷經什麼風濤，部落的一切雖然有點原始，卻是令人無窮思念的。

如今，當我來到涼山部落（Wakaba），看到這個原名是「馬卡扎亞扎亞」及「排灣」兩個村社的族人聚居而形成的古老部落，看到了瀑布及牛角灣溪，依然是寧靜、極美的。這一感覺特別奇妙，就好似身處在五色鳥、松鼠和油桐花開的夢幻世界……自然而然的，給了我滿滿的感動。

當車驅近北葉國小，一下車我的腳步便輕快地跑了起來，就好像從校門的觀景平台，眺望到屏東田野的風光如畫，是理所當然的。我正開心地注視校牆上高掛著一幅紅布條，明寫著教學獲得「二〇二〇年全國標竿首獎」，而校牆彩繪的「刺福球」等排灣族傳統文化，以及操場上小朋友打球的笑容，令我捨不得離開。

順著一條山路，經過瑪家鄉北葉藝術村，正巧碰到村裡迎娶的歡慶隊伍，十分溫馨；而「鷹祐北葉」的排灣族雕像，以深情的目光注視著。當我抵達終點的「原住民族文化園區」，登上了彩虹橋。我看到起伏的山巒，溪流的影子分外觸目，在陽光下閃閃爍爍。

我一邊吃著小米甜甜圈，一邊注意到，在這園區工作的族人，完全沒有種族不同的隔閡，只給人一派和諧的景象。就好像瑪家鄉曾經遭逢風災的印痕難以磨滅，但那片山林卻永遠在族人心底散發著杉林和蕨類的芬芳。

這園區只是背景，族人的生活才是真正一幅恬靜的圖畫。對我來說，它帶著我許多回憶與感懷。在我凝視彩虹橋的那一瞬，夢裡的瑪家鄉便傳來一首風中之歌……那是一種催人入睡的聲音，在靜靜的夜裡，我又回到那個陽光照耀的山谷，而我在山間探索，悄悄地，走過茅屋、石板屋，還有開滿野百合的小路。

在那兒，眾鳥飛入空谷，溪魚游樂自如，而我，就是有點分辨不清時空中與我親近的瑪家鄉部落的那個人。

—2023.02.06 作

青年日報 2023.3.12 日

副刊 15

欲買桂花同載酒

走讀瑪家鄉部落

心動

—刊臺灣《青年日報》副刊，2023.03.12.

攝影：林明理

70. 偶遇山嶺榴部落

冬盡的某一天，當一抹古樸而美麗的晨光照耀著山巒，讓我不期然地踏入了鹿野鄉山嶺榴部落（Salinliw）。恍惚中，我看到活動中心前有耆老在風中領唱，族人跟著歡欣跳舞……風兒在一條長長的小路上踱步。

遠山沉寂，時而凝望，時而歡躍，而靜睡的黃荊已然重新拂動……它的掌狀複葉比柳絲還要瀟灑，比深藍夜空的星辰還要潔淨，枝上的鳥兒也唱出我心中的歌。

山嶺榴彷彿是一個可以歌詠、充滿溫馨的地方。趁著殘星還在天邊，我也開始想像著極遠處，點點的舟影也順著溪流起伏搖擺，牽出我的思念。我看到永隆聖若瑟天主堂上方的十字架，一戶戶緊緊相依的屋宇與生機盎然的農田。

我凝視遠方，遠方似前又後……懸宕成小小的村落，而遠山猶浸在光芒中。我如同螞蟻般徐徐向前，那阿美族手牽手的歡樂圖騰，正引發我懷古遐思。

風兒說，這裡有一群阿美族年輕人為了尋根，歷時三年，著手訪談耆老及田野調查，繼而讓我了解，七十多年前當地原是一大片黃荊，阿美族語為「山嶺榴」，部落因而以此得名。

早期的族人多用來驅蟲、洗頭，或洗滌食物；近年，有的族人將黃荊自製成手工皂、鹼粽等產品。這植物的葉搓揉後，有股淡淡的香味，枝葉曬乾可泡茶，莖皮還可造紙。

這裡的先人，是從鹿野鄉永昌部落恆春系的一些阿美族人，為了就近照顧水田及農產品運送方便而移居此地；此外，還有來自馬蘭部落、都蘭部落、瑞穗鄉的奇美部落等阿美族，也陸續遷移到此落地生根。這些撰寫部落由來的族人悉心將部落誌印製發行，成為花東阿美族第一個發表部落誌的典範。

我掬起一把空中的清氣，讓風兒貼近我，並由衷的祝頌。可以聯想的是，每逢年節或慶典，他們一定會充滿快樂，凝聚部落的團結與和諧。

今晨醒來，當點點街燈熄滅時，城光延伸著，院子裡飄浮自山嶺榴的光芒，閃閃躍動。我忽然想以時光之筆，寫下一個難忘的跫音。它來自鄉野，喚起了白霧飛揚，留下村外一片明霞，讓我深刻地記住偶遇的美好。

—2022.12.26 作

2023.3.18

青年日報

副刊 15

吟遊人生

飄上夜空的天燈

偶遇山嶺榴部落

◎林明理

—刊臺灣《青年日報》副刊，2023.03.19，及攝影 1 張。

林明理畫作：（愛）

71 永懷吳開晉老師

我敬愛的開晉老師長眠於他熱愛的故里了，享壽八十六。

生前，他把手臂伸向光明，像太陽的光芒，願為真理而戰，用他溫和而堅毅的眼神，作育英才，樂於寫作。

他淳厚溫儒，常善用時間研究美學，除創造許多精闢的評論外，也能以詩描繪了一個清新自然、優美深邃的藝術世界；詩歌尤以旅遊感事抒懷題材居多，思想澄澈，抒情色彩，也能從歷史軌跡進行宏觀考察。

他也是一位感情豐沛的詩人。詩是自然界裡最美最偉大的景致，而開晉老師的詩，有另一種禪風，暗喻著美麗的事物不是永恆的；或者說，更懂得珍惜平和中的寧靜，才是幸福的。

我記得，他以一首名詩（土地的記憶），獲得一九九六年以色列米瑞姆·林德勃歌詩歌和平獎。他努力地將自己的感悟用簡單與莊嚴的方式描繪出對史實理解的高度。

僅管晚年的他身體遭遇了磨難，而對文學與詩歌研究之所以能保持不衰的興趣，應是與其獨特的想像力與藝術思維有關吧。

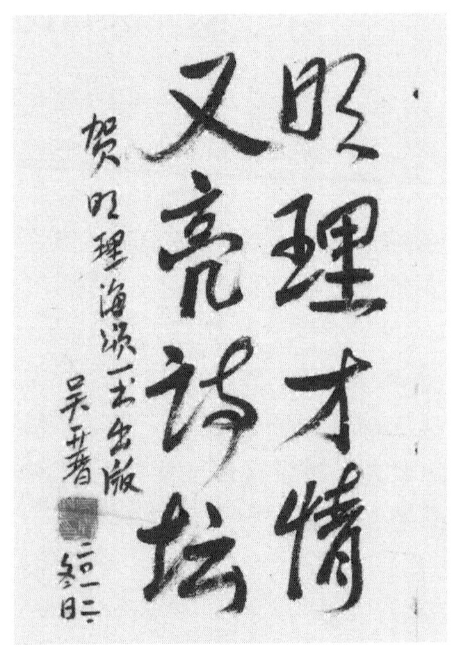

對於我而言，他是個慈祥又純真的老師，也是朋友。他曾在二〇一七年四月底的電郵中寫道：「謝謝明理問候。我到杭州開了徐志摩紀念會。回來在上海和蘇州看看老學生。最高興的是學生陪我到無錫看了靈山大佛。妳如回來，可去看看。照片很好。祝賀妳。

開晉於濟南」

於今，我的老師走了，他飛向雲朵，挺胸步入了永恆的天國……而他的音容，他的笑語，卻時刻在我的心中。

註：吳開晉教授（1934-2019），山東人，山東大學教授兼詩評家，國務院特殊津貼專家，一生作育英才，深獲學術界推崇。

中華日報 2023.3.22 中華副刊 A8

小故事

梧桐樹下

永懷吳開晉老師

明理才情 又亮詩壇

我在租書店的小日子之「恆溫微笑」

一刊臺灣《中華日報》副刊，2023.03.20，及林明理畫作 1 幅、吳開晉教授寫給林明理的墨寶〈此書法作品存藏於臺灣的「國圖」「當代名人手稿典藏系統」，臺北〉。

林明理畫作：（月光樹），此畫存藏於臺灣的「國圖」「當代名人手稿典藏系統」，臺北。

72. 春暖遊思

清晨一覺醒來，春在枝頭，諦聽風中醉語。我不覺地走在一棵大樹下，聽鳥聲啁啾。遠方山脈霧靄繚繞著潔白的雲朵，天空顯得更寬廣了。

忽而想起，初次來到一座原住民文物館。我驚喜發現，石板屋前有排灣族耆老的手紋圖騰、藝術雕塑及彩繪畫，像是一片溫暖的光芒向我傾瀉而來……而部落的安靜，有如在故事裡。

漫步到活動中心，隨意挑了一處可以看到小孩玩耍的地方，眺望周遭靜寂的景色。然後，我走過一棟棟永久屋，走過教會和球場 66. 重複的雨天幾乎沒有任何喧響。

有老人的屋裡，光線暗淡而安靜，只有在「部落之心」廣場上，看見群樹萌芽新綠的手臂，伸向蒼穹。還有一個吹鼻笛藝師塑像，在深深淺淺的時光裡，靜坐著。似乎他無視時間的存在，仍把眼前重新設計過的風景，當成昔日的森林或山溪，曲聲盡是思念。

當笛聲穿進我心靈，故事也伸展開來。那是在二〇〇九年，莫拉克颱風造成全臺灣最多排灣族的「來義鄉」部落重創後，族人才陸續遷到原是新埤鄉萬隆村的「南岸農場」，取名為「新來義部落」。

新的基地雖然沒有原居的山林鳥獸的啼叫聲、木柴的砍劈聲、溪水聲，但沒有土地被洪流破壞的淒涼。縣府積極把建設注入，引進二峰圳伏流水，挹注本地水源，也提供教育、社福等設施，力圖讓族人對自身文化更親近。

當我看到有個小孩抱著他的爺爺，說著母語：「vuvu！」是那樣純真，甚至用眼睛都能看得出來，幸福得連櫻花都綻放笑靨。

我冀望讓部落的孩子從老人家記憶裡的大自然借來一些堅定的力量，讓他們在成長中，懂得傳統文化的由來，懂得分享喜悅、彼此關心。就像那壁畫中插翅飛翔的排灣族勇士，而我也能從中感受到部落裡真實的自然。

車經來義大橋，隨即拐彎直入「二峰圳集水廊道」，就看到日本水利技師「鳥居信平」的塑像，看到百年前當地排灣族族人頭頂籃子、裝上石頭，集體合力建造這座艱鉅的水利工程的歷史記事，也看到鄰近的來義國小，操場上有幾個小朋友跑跳的模樣，讓我凝視久久。

恍惚中，我也能超越時間，看到排灣族人與生俱來的勇毅，那種團結合作的精神。那段歷史也將永遠同植物一般，不會衰老。就像這春天，也徜徉在孩童的歡笑中……午後寧靜，而遠山溫暖。

忽而轉身，看到風走近我身邊，我們看著二峰圳溪水依舊清澈，流經昔日族人走過的美麗足跡，轉入了部落。我想起瑞典詩人托馬斯・特朗斯特羅默在〈俳句〉詩裡有一段話：「太陽將西下。／我們影子是巨人。／萬物皆成影。」我的心就跟著莫名感動了。

—2023.02.11 作

青年日報 2023.3.26 副刊 15

春暖遊思

文·圖／林明理

林明理畫作〈月光樹〉

吟遊人生

年年歲歲花相似

—刊臺灣《青年日報》副刊，2023.03.26，

及畫作：（月光樹）一幅。

林明理畫作:(溪畔風光),此畫存藏於臺灣的「國圖」「當代名人手稿典藏系統」,臺北。

73. 光陰裡的七腳川

曾經，我從一條清澈的溪畔走過。遠遠就可以望見並排兩側的欒樹花開，紅、黃交錯的花蕊在風中搖曳。在四季的流轉中，溪水依舊聚集為動人的身影、潺潺鳴響 66. 重複的雨天流經花蓮市南濱公園，再注入大洋，彷彿在感嘆歲月太匆匆，有些歷史的片段被記起，有些早已淡忘。

水在歌詠。純淨的陽光把微顫的樹影投射到雲天和青草上。

水在鳥雀藏身的地方發出親切地呼喚:「出來吧，我的好朋友！」隨後，七里香、阿勃勒和油桐花，都在喚聲中探頭、萌芽茁壯。沿岸田野不停地忽閃而過，一切顯得那麼幽美、調和。

當我佇立在七腳川事件紀念碑前，恍惚間，聽到了遠方傳來一陣陣歌聲，像鷹那樣在天空翱翔。然而，它不是憂傷，也沒有絕望 — 它只是輕輕掠過溪流，像一縷清風似的，在木瓜溪中上游流域的山區反覆回響。

那裡有一名為 Kodofan 的高地，是近四百年前的七腳川部落（Cikasoan）原居的地方，又稱「美雅麥」（Miyamay）。即使溪水流過奇萊平原上各部落的大山，也會蜿蜒地繼續前行，無論晨昏總想到達。

陽光映出部落舊址的每一戶屋宇，門前依舊有飽含芬多精的林木，被淙淙聲圍繞的小溪，有蟲鳴鳥獸、故鄉的花朵在水畔綻放。那裡曾是一個靜謐的古部落，居住著千餘名阿美族勇士，也曾是各部落之中勢力強盛的一族。

在溪水的展望中，遠處彷若咫尺……就這樣，一會兒輕喚著故鄉，一會兒它又在日光步道花木扶疏之間，發出歡快的招呼。

如今，四季更迭，桐花謝了又開，但七腳川溪仍然不懈地奔流著。當我從吉安火車站前的「荳蘭廣場」，驅車來到原本七腳川部落阿美族人重建後的 Cikasoan，街道整潔，沒有人喧嘩。路經美雅麥教會的紅十字架、豐年廣場，世界突然變得好安靜……而我看到彩繪牆細細勾勒出部落的傳說。

當我看到部落被迫遷徙的辛酸回憶，時間的沙漏就此慢慢演繹出原本歷史畫面的模樣。於是，我看到先民的一些事蹟、彩繪頭目的大羽冠、族人的服飾等，也有耆老及族人正竭力維護傳統文化。

如果仔細傾聽，就會聽見在歷史的回眸，百年前的吉安鄉阿美族歷經七腳川戰役，「七腳川社」遂成了日本吉野鄉民的移民地；這也是吉安鄉舊名為「吉野」的由來。

我繞了一個大圈子，又重新站回到紀念碑前，終於明白：對當地族人來說，他們族民相依、和諧。雖然眼前沒有其他的道路，只能緊靠在時間的肩膀上，但所有的道路都像七腳川溪一樣，只要抖擻精神向前進，一定會把他們的故事，帶到大洋，傳向四方，重拾部落的榮耀。……

值此一刻，我眼底的七腳川溪，它已展現它耀眼的光華，滿眼盡是愉悅，沒有淚花。

—2023.2.23 作

青年日報　2023. 4. 2日

副刊 15

光陰裡的七腳川

◎林明理

吟遊人生　◎蔡富澧

因風飛過薔薇

林明理畫作《溪畔風光》

－刊臺灣《青年日報》副刊，2023.04.02，

及畫作（溪畔風光）一幅。

畫作及攝影：
林明理

74. 知本濕地遐思

春日的一個黃昏，我來到一處濕地，當地人稱為「夢幻湖」。坐在湖畔的一棵樹下，我聽到了無比歡愉的鳥聲。

一隻小雲雀飛起來了！掠過沙灘，飛向湖的對岸，帶動群鳥歌唱……歌聲如此輕柔、和諧，讓天空漾出一抹微笑。

記得曾晴賢教授指出，這片濕地因無人干擾而復活，並逐漸擴張還原。我甚至想像，可能春神都曾造訪過。正因為，知本濕地歷經滄桑，如今復育有成，反而映射出它原有的生態面貌，讓人無限遐思。

恍惚中，我看到湖的兩側，一邊是從知本溪北側沿著射馬干溪溪水緩緩地注入了湖泊，這是夢幻湖的主要水源。另一邊是開滿馬鞍藤花朵的沙灘，連接著無比湛藍的太平洋海岸。

我應該感謝上帝。讓我看到了黃金色的湖底倒映的山影，還有從水邊長出咸豐草、野花，在光輝的水面上。遠方，有一群鳳頭潛鴨繞著水草邊戲水，在水畔的檳榔樹和薄暮中的灰藍色山巒前，有黑水雞叫著，恍若歡快地與好朋友打招呼。

這裡曾是罕見的東方白鸛出現蹤跡的濕地、許多度冬的候鳥來訪的渡口，而這些遠來的嬌客，都是大自然的珍寶，只要是無污染的濕地，牠們便願意來棲息繁殖。

每當清晨或黃昏，鄰近的大海漲起漲落時，在湖畔裡生出的魚、蝦，讓白鷺、蒼鷺等許多野鳥也都出來了。於是我從觀察牠們潛水或覓食裡，不由得生出了喜悅。

或許，這濕地真是從諸神手裡送給當地族民的一種恩賜。雖然它曾經歷過被破壞之痛，如今已然活出生機。又或許，是因為國際鳥盟把它設為「重要野鳥類棲息地」之後，政府與當地鄉民齊心齊力，又恢復了它的朝氣。

我深深地體會到了它原為知本溪的舊河道形成的河口潟湖，對當地族民的重要性。當我面向它，在那安靜而清澈、點綴著花朵的水面之上，背景是綿延的山巒，純淨的雲霞……只有金色的光，照在閃亮的湖面。當我把目光移到大海……光的所到之處，都充滿了靜穆的氛圍。

獨自走在沙灘的一隅，看見湖畔滿生的大小樹木，而大海很恬靜，似乎也在此刻做著甜美而且無間的夢。歸途，那隻小雲雀又飛回來枝頭了。我回首看了一會兒，看這座充滿生機的夢幻湖，這才欣喜地明白了詩人余光中（召鳥）詩裡所說的：

樹說鳥屬於渾渾的大地
浪說鳥屬於汪汪的大海
天什麼也沒說
　除了雲
　除了風
和一些日起日落的旗語

原來大自然的一切都有它安排的用意，只要懂得珍惜大自然的恩賜，就能找回內心的平靜。

歸途，因為自己心中是那樣的幸福，所以只想面對大海高聲呼喚：「啊，美麗的知本濕地，心中的夢幻湖！」除此之外，我說不出任何話來。

－2023.03.02 作

馬祖日報 2023.4.4

北竿塘后沙灘藍眼淚大爆發　夢幻之旅開鑼

全民普發6000　台銀、郵局等24金融機構首批入帳

國際海上花火節4/20登場　首現煙火連拱澎湖

知本濕地遐思

－刊臺灣《馬祖日報》副刊，2023.04.04，

及林明理畫作 1 幅，攝影 6 張。

攝影：林明理

75. 古樓部落遊蹤

當來義鄉排灣族祖先發祥地古樓部落（Kuljaljau）的記憶湧來，那些踏尋過的美好時光，仍是那樣強烈、那麼真實地湧入腦海……讓我禁不住回想起當下種種妙不可言的景象。

比起其他排灣族部落，古樓村似乎規模較大，也更具藝術風情。因為在入口的中興社區，就看到許多具有傳統文化的銅像和彩繪牆。雖然部落裡少了現代化的屋宇，但周遭有著更多的老樹，更多溫暖人心的字語，更多族人或學校努力守護自己文化的故事，也有更多迭宕相連的驚喜。

最先進入我視野的，是栩栩如生的銅像。當我走近時，看到雕塑中的族人正在舉行刺球儀式，個個顯出專注的神態。據說，全臺灣僅古樓村和土坂村保有竹竿祭（又稱五年祭）的祭典。在每一次五年祭祭禮前，由巫師占卜後，再以小米梗燃燒的煙，接引祖神降臨與族人相會。

這裡的排灣族祖先源自大武山系高山地區的古樓拉烏族社群，日據時期，曾是臺灣最大的原住民部落。光復後，在政府輔助下，分次遷徙至中興社區，以及林邊溪出山口右岸山麓的河邊平坦低地，重新建立了部落。

我還看到一道長長的河岸堤防，坡面有許多幅排灣族的故事牆，這道堤防也緊緊地守護著部落的居民。在清冷的風中，我佇立在堤防下凝視良久。對於一個喜歡到部落尋幽的旅人來說，我由衷地向這些藝術工作者及勤奮的族民致意。

在古樓國小校園的靜謐中，我仔細地瞧了瞧。這座百年的老校有棟極具特色的建築，上方有許多排灣族圖騰綴於牆面。現任的校長也是排灣族人，身懷教育為終生使命。

校內的學童有的在學習拉琴、英語，有的用母語辨識植物、蔬果，有的在操場踢足球。十八年前，這裡的學童還曾遠征夏威夷參加足球賽，為校爭光。當我看到放學時，學生會跟老師互道再見，露出天真的笑容，我也開心地笑了。

之後，我經過了教堂、傳統石板屋、鄉公所、活動中心及文化健康站，看到警察局門口以母語寫著「瑪沙露」，意指「感謝」，覺得相當親民。歸途我沉思，古樓村有各種山景和農作物紛呈眼前，也有多種行政機關和便民服務。當我閱讀著部落的由來，目光所及，從堤防坡面，瞭望到更遠處空曠的農地上……那裡有族民齊心栽種的山芋、甘薯、南瓜、洛神等蔬果，也有老人家帶孫子散步的溫馨畫面。

於是我想起了黎巴嫩詩人紀伯倫〈Kahlil Gibran〉比擬：「言語是無時限的。當你述說或者撰寫時，應該懂得它們的永恆。」這一段詩句，一直在我心裡重複，像是我要描述的古樓村，族民和諧安詳的生活樣貌。

我也想祝福每個孩童健康平安，勇於追夢。

－2023.03.07 作

2023.04.09 日

青年日報 副刊 15

古樓部落遊蹤

◎林明理

－刊臺灣《青年日報》副刊，2023.04.09，及攝影 1 張。

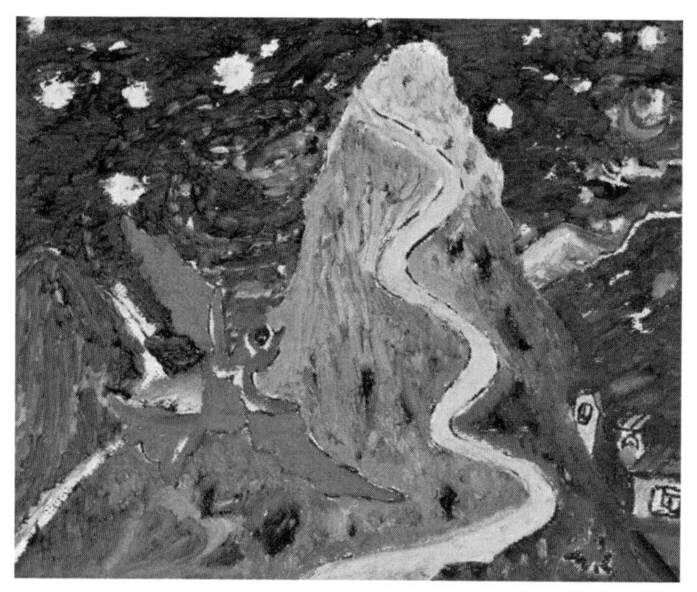

畫作（讓想像奔馳）：林明理

76. 在風中，愛妳

曾經，在深藍的夜空中，他們升起
　以最低安全高度，——
掠過海峽，飛入鐵幕，
像隻展翅上騰的神鷹，
　無畏風雨。
人們已為他們命名。而我彷彿聽到

　昔日那些勇殉的靈魂猶仍
被歌者稱頌，一遍又一遍……
　恰似這雨聲，到了窗前
忽而又杳無蹤影……
　恰似所有愛情的淒美與旋律。

啊，雨啊雨，
如此迷離，如此清新，——
時而喃喃自語，
時而像是孩子氣地，旋轉再旋轉：
「噢，親愛的，
別為我哭泣，那顆天邊最亮的星子
——有我為妳朗讀的訊息。
　那些眷村故事
　和所有的顛沛流離，
不久將被歷史重新考掘，而我心如昨，
愛妳，在風中，愛妳單純的美麗。」

註.那年，友人葛醫師談起祖父葛光遼在最後一次執行偵照機任務，英勇殉職的故事，遂而寫此詩，期許將這一則光陰的故事獻給所有黑蝙蝠中隊的罹難者家屬。

—2023.2.24 作

—刊臺灣《中華日報》副刊，2023.04.14，及畫作 1 幅。

攝影：林明理

77. 稻葉部落旅思

從台九線彎進產業道，車在徐徐前行，卑南鄉嘉豐村的稻葉部落（Kina fa lang），彷彿被潔淨而光亮的田野所圍繞……四周佈滿淡淡的清香，沿途有許多美麗的彩繪牆，像是描繪著昔日的生活，以及阿美族的幽默文化。

更遠處，是美人山粼粼倒影，在初耕廣闊的水田間輕輕盪漾。車窗外，是雲柔風清的晴天，有農夫在田埂間走動、巡水。當我發現一群紅嘴黑鵯，因為陽光而歌唱，又盤旋於枝頭，心中是興奮的。不久，一座近一百六十年的稻葉教會，已在莊嚴的小徑中。

初次踏入這座古老的阿美族部落，其實純屬偶然，而立腳處恰巧是一戶人家，屋前的樹幹上掛著幾個字「巴島系岸」，和一個長型鐵鑄的鐘。只見有幾位族人對坐著交談。我猶豫了一下，卻也禁不住好奇地往他們翹首探望。

忽而走出了一位約莫六十多歲的婦人，散發滿臉微笑。她回答了我的問題：「巴島系，意思是聚在一起小酌一下。岸的意思是指地方。來，請進來。」因為她的熱情，我逐一認識了頭目、長老夫婦、及部落與社區發展協會的兩位主席。漸漸地，從他們嘴裡說出的故事，讓這小小社區竟充滿了濃烈的人情味。

我只記得，嘉豐車站以前的站名叫做「稻葉」，它位於初鹿台地北坡與鹿野溪谷之間，後來因東拓完工後裁撤。頭目很和善地對我說：「妳在彩繪牆看到的蒸汽火車，就是我小時候常看到的，它就在我家前面經過，在這裡迴轉。部落裡的族人現在不到百人，但只要七月到來，孩子們全都回來了，就有兩百多人。我們還是會穿著傳統服飾，熱鬧地舉辦豐年祭。」

握手道別時，我對長老夫婦說：「謝謝你們留在部落裡為族人奉獻、服務。」而兩位主席，一個身材高大、眼神真誠，另一位女主席常帶動族人將街道打掃得一塵不染，幹勁十足。我瞥見他們眼中閃出教人感受得到的坦率，也可以讓我準確地瞭解，他們能激起族人之間的團結和諧，這是最難能可貴的。

當黃昏的雲彩夾雜著林道中的鳥聲，他們的談笑聲越過樹梢，有種難以言喻的歡愉……我聽見自己的心，低聲地感謝他們。

我不會忘記這片純淨的田野，以及當我們坐在一起聊起小時候，曾經半夜爬起來，挨在黑白電視機前觀看紅葉少棒打贏世界冠軍的那一瞬，家家戶戶放鞭炮，大人、小孩都激動落淚的情景。

今夜，我坐在書房沉思。我想起比利時文學大師莫里斯•卡雷姆寫的「踏上你的路」，詩裡的一小段:「你好像把昔日的鐘／藏在你的山谷，鐘輕輕敲響，／喚我從童年深處向你走去。」是的，我期許稻葉部落會繼續帶著喜悅與熱誠，孩童也會在幸福中不斷長大。

—2023.03.14 作

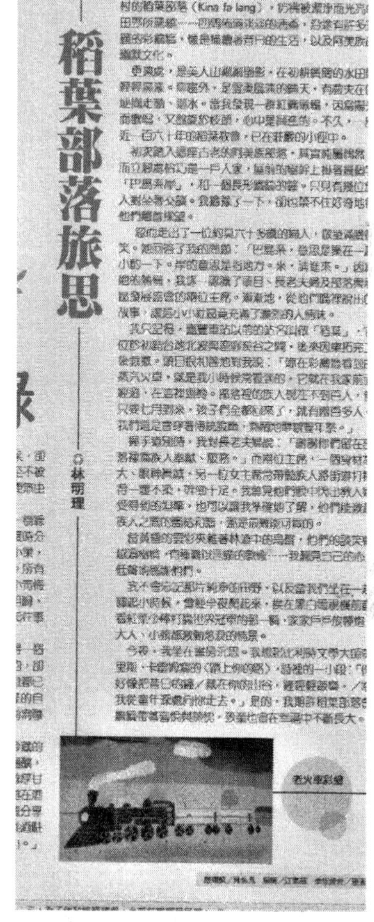

副刊

稻葉部落旅思

◎林明理

－刊臺灣《青年日報》副刊，2023.04.16，及攝影 1 張。

（二）詩評暨文學評論

Poetry review and Literary review

78.《星星的孩子》賞評

一、前 言

今年二月，詩人陳銘堯（1947-）寄來一本剛出版的詩集，詩意充沛，封面是攝影師莊明景（1942-）的作品，形式講究。這是詩人表現獨特而深刻的自我所賦予詩的美學盛宴，也是表達自己對於現代詩如何從一個更大視域來思考，從而找到自我澄淨的靈魂的一種新的體驗，因而產生比以前更大的詩性能量。

二、詩作賞析

與多年前相比較，此詩集的精神內涵，從語匯到以自喻為星星的孩子，其釋放與整合心靈的表達方式均賦予詩以新的生機。特別值得注意的，是詩人用極近抒情的口吻寫出了感人的詩。年近七十五歲的詩人仍有此成就是值得讚許的。

不妨來閱讀這首〈伴侶〉詩中有段極近感性的文字：

誰將懷有和你一樣的心思
這樣默默地走著
或喧嘩地快樂地跟你一起跳著舞

此詩富有詩人平日喜愛沉思於詩天地的生活氣息，不過，他僅僅將詩美隱藏在創作或觀照自我的靈魂裡，自是事出有因，這也是下面這首〈可能〉詩裡最後一段的涵義所在：「喔！頹廢的人／盲目的人／追尋那一束星光的人／不需要有一點點的懷疑／懷疑靈魂的存在」詩人認為，能表現自己的真實面，更偏向於心靈昇華，像一束星光般燦然，才是詩美的靈魂所在，才具有引起讀者共鳴的樂趣；反之，如為了譁眾取寵，從矯情造作，到華而不實的表現內容，就會失去許多詩的韻味。這中間的差別，就在於詩人是否保存著一顆赤子之心，而純真的心靈，這或許正是一個真正的詩人懂得將自己內在的情感轉化為藝術品的重要標誌。

接著，就以詩人在〈暗夜見月明〉這首詩裡的末段為例來說明，找回純真的靈魂是美的，恰似衝破黑暗的一輪明月，永遠讓人能感覺到它有力的形象，千年永不變，這就是詩美所在：

一個詩人在某個夜晚
在明晃晃的月光下
看見迷惘的人類
找到了自己的靈魂
他是星星的孩子
並且留下他的詩
成為一束星光

詩裡使用的是一種帶有遐想的天真氣息的口語，呈現出了詩人對自我靈魂的探尋，充滿了浪漫的質感。如下所展開〈星空漫步〉末段裡寫著：

我與群星一起在太空漫步／成年的煩憂／拋諸腦後／所有的是非善惡／在空中消散——

銘堯是個感性又思想敏捷的詩人，如用一句話來概括：「獨愛詩藝，而不喜於親近現實的虛偽生活。」也許就是因為他的一生謙以自持，或如其自喻為淡泊飄零的一名過客。在一些省思的個人境遇的詩作之中，我最喜愛他的這首短詩〈飄零〉（註）：

星芒狀楓葉飄落
在時光中飄落
在多思的季節飄落

夢也飄落
痛苦也飄落
落了一地

從晚年寫作風格來看，詩人可說是一名浪漫的詩人，或如其〈愛情的洗禮〉詩裡的第二段說：「庸俗的愛情固然不能昇華一個人的靈魂／但是一輩子沒有愛過的人／那才是真正悲哀的人！」這意味著他在青春年少輕狂時，絕對曾主動投入——永不衰竭的一段戀情，而且有著內在強度的感思，令人閱讀後，也彷彿覺得那遙遠的青春的一切尚在昨日。別有意味的是，下面這一首〈新的一天〉第二段裡有句：

喔！星星的孩子／你的靈魂當如那蝴蝶輕盈／且無懼寒冬的來臨／也不擔心夏季的風暴

事實上，在銘堯的寫作超過數十年生涯之中，他的詩歌沒有很晦澀古奧的詞匯，往往會被他融合於形象的詩句或潛藏於深刻的思想流逸而出的語言所感動。一如〈新的連結〉最後一段裡寫著：

宇宙狀似永恆不變／生命永遠有新的一天／那若即若離的隱形神經／你找到新的連結狀態了嗎？

詩人恰似一個披露自己的苦痛與欣喜的歌者，他的詩歌裡永遠潛藏著自己生命中所思，或經歷的滄桑，非一般肉眼所及的表象，而是其追求純淨的心靈所進行的一種語言的創制，內裡有著現實的磨礪，也有其浪漫的憂思與情懷。

三、結語

總之，《星星的孩子》這部詩集已兼具詩人內心真摯的情懷與語言質感向前邁進了一大步的成就。其可貴之處，在於對於自我靈魂的深層省思與生命本源這一命題的思考。換言之，他就像天象中一顆藍星，是極為重視詩歌精神面的旨趣和心靈活動的，並能顯示出詩歌在其內心那種萌芽生動的模樣，而這樣的詩人，雖是孤獨，顯然其生命的詩性光芒一直未曾停止。

註：陳銘堯著，《星星的孩子》，釀出版，2022 年 2 月，頁 64。

－2022.03.05 寫於臺東

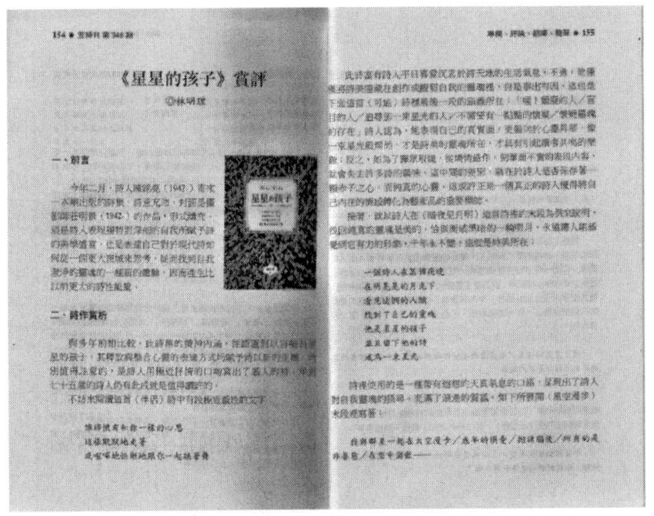

《星星的孩子》賞評

一、前言

二、詩作賞析

－刊臺灣《笠詩刊》，第 348 期，2022.04，頁 154-157。

79. 米拉•洛赫維茨卡婭抒情詩印象

一、其人其詩

米拉•洛赫維茨卡婭（1869-1905）是俄羅斯白銀時代對新詩發展做出重大貢獻的女詩人。她生於聖彼得堡的貴族家庭，父親是法學教授，母親是法國人，熱愛詩歌。米拉自幼聰慧，就讀於莫斯科亞歷山大學院，二十三歲與一名英俊的建築師結婚，原本幸福美滿；二十七歲就獲得俄羅斯科學院頒發的普希金獎。她的詩歌給人以浪漫、輕柔明麗和雅緻的審美感受，是顯而易見的。

在一次偶然機會，米拉與俄羅斯象徵主義詩歌的領袖之一康斯坦丁•巴爾蒙特（1867-1942）一見鍾情；然而這段悽美的戀情，導致其婚姻破裂。之後，米拉因罹患肺結核，抑鬱咽氣於三十六歲，身後遺留下五名年幼子女。去世的同年，她仍再度獲得了普希金文學獎的讚譽；而遷移至國外的情人巴爾蒙特，為昭顯對米拉•洛赫維茨卡婭的思念，亦將自己的女兒取名為「米拉」。

米拉的愛情詩，不僅象徵意味濃厚，給人一種多層次的美感，還不時流露出其坦率的個性，促使情象的流動可感、可聞。她像一匹酷愛自由而不羈的白馬，不顧世人的眼光，奮力往前衝，甚而讓這段戀情成為促動創作前進的動力。而本文透過谷羽教授翻譯米拉最具動態美的佳句，恰好地表現了她的奇特想像，並通過有韻律的詩來抒發其感性的一面，生動地展現在讀者面前，為俄羅斯詩史上放出奪目的光彩。

二、詩作賞讀

印度詩人、思想家泰戈爾（1861-1941）在其詩集裡曾說：「愛就是充實的生命，一如盛滿了酒的酒杯。」（註）而年輕的米拉往往是把愛情的理想上升到完美的程度，是很少在結句時突然把對愛情的想像之門關閉的。如〈假如我的幸福…〉一首，最能代表她的少女情懷：

假如我的幸福是自由的鷹，
假如它翱翔在碧藍的天空，
　　我願搭弓射箭讓箭鏃唱歌，
　　一定射中它不管是死是活！

假如我的幸福是奇異的花，
假如它盛開在陡峭的懸崖，
　　我發誓攀上絕壁無所畏懼，
　　摘來鮮花並暢飲它的香氣！

假如我的幸福是貴重指環，
假如這指環埋在河泥下面，

我必化作美人魚潛入河底，
戴上這指環讓它光彩熠熠！

假如我的幸福藏在你心中，
我讓神火燒灼它晝夜不停，
讓這顆心獻給我忠貞不渝，
只要一想到我就跳蕩不已！

正因為米拉是這樣一位多情的豪傑詩人，不但嚮往被愛情征服，最終也選擇保衛住自己的愛情並昭示了自己對愛執著的決心。當她義無反顧，意識到愛情的強大力量，二十七歲的米拉寫下了這首〈這韻律屬於你，無人可比……〉，她與巴爾蒙特之間的苦戀，就更震動整個俄羅斯文壇了：

這韻律屬於你，無人可比，
我能辨認出這流暢的話語，
你的歌曲如溪水淙淙流淌，
發出水晶一般悅耳的音響。

我一眼認出你透明的詩句，
形象豐富蘊含朦朧的甜蜜，
交織著出人意料的荒誕，
還有新奇的花邊與圖案，

細細聆聽，卻聽不太清，
難以如願叫我心情沉重。

我多麼渴望成為你的韻律,
屬於你的韻律，無人可比。

然而，理想中的愛情終究與現實相違，婚姻的危機與外界的批評，迫使米拉詩裡的的筆調由輕快、高尚開始蒙上一種淡淡的愁緒。因為米拉擁有一顆不羈的靈魂，所以二十八歲的米拉仍在多重外界的壓力下寫下了這首〈我的靈魂像清純的白蓮…〉：

我的靈魂像清純的白蓮，
困居在這幽靜的水塘，
綻放出閃爍銀輝的花瓣，
籠罩柔和神秘的月光。

你的愛情似光線朦朧，
施展著神奇悄然無聲。
我的白蓮釋放縷縷清香，
感受莫名其妙的愁情，
而一股寒氣浸透了心腸。

這首從詩人心靈中迸發憂愁意象的詩，就像她的情人巴爾蒙特曾在詩裡寫過的一段詩句：「我的理想來自痛苦，／所以我擁有世人之愛。」他與米拉之間的愛情是命中注定、不可避免的。雖然兩人都過於追求「理想」，不免失之於現實冷酷的無情，最終以悲劇收場。

在米拉三十六歲去世的前一年，重病之際，猶不能抹去她對巴爾蒙特的這段戀情記憶，遂而寫下〈我願成為你心愛的人…〉，詩人以深入自我靈魂的反思後，在前段裡寫道：

> 我願成為你心愛的人，／並非為了熾熱甜美的夢，／而是想讓永恆的命運／

長久聯結起我們的姓名。

是的，這些詩作，在在昭示了她的真誠與強烈的愛，至死不渝，真切感人。米拉一生的成就，在俄羅斯文壇曾進行了多種探索，但國際間對其抒情詩深入研究者卻仍欠缺。她以詩歌詠青春和愛情，終將在中西文化的翻譯成果下，讓詩神為米位的傑出作品而驕傲。

三、結 語

我認為，米拉•洛赫維茨卡婭在那樣一個時代中，能勇於為愛，袒露自己的心靈，這點是不易的。可貴的是，即使在病危之際，仍要做一名蓬勃向前的詩人，這或許是米拉最純真的嚮往，卻也張揚了一種崇高的寫作精神。

也許，對米拉來說，沒有比愛情，在她的理想之中更重要了。但愛情在現實環境中多幻變，往往難在歲月中常存。只有從她對詩歌寫作過程中艱辛的跋涉，才能更理解米拉的抒情詩內涵。

她短暫而耀眼的一生，確實令人矚目。但倘若抹煞了她對愛情的顧盼，活著對她來說，或許更像是一種煎熬。細讀其詩，我終於能理解生命因為有了愛而獲得更完整的重要性。雖然後世仍有文學批評的詞滙裡對米拉的婚外戀情說了重話，但在她百年後的今日看來，這些是無關緊要的。因為這段戀情，確實使她付出了生命的代價。但如果理智真能夠控制愛情的話，又怎能讓她對愛情的想像的火花燃燒起來？

又或許她勇於坦誠地面對愛情的精神已在星辰間飄蕩，而她的愛情長眠於故鄉。但多少年過去了，米拉，這名字仍留在俄國文學史上占有一席之地，並被廣泛稱為「頹廢派的先驅者」，甚至影響俄羅斯詩歌的發展超過一世紀。

是啊，任何世間萬物都不可能改變愛情的際遇。米拉像一顆永不殞落的金星，哪怕再過千年之後，世人一樣會喜歡她毫不掩飾自己對愛情的歌詠與勇於付出的執著。她的詩歌，仍是美麗、動人的，沉浸在神秘、靜謐的星空與神的愛之中。

恍惚中，我也聽見米拉獨處一隅的吟咏，字字情真意切。世間的喧嘩、虛偽的快樂，或塵世的空虛，已離得遠遠的。她也獲得一種最終的安慰。透過這些譯作，也讓我感到米拉燃燒著的青春熱情，從而揭示其多情而睿智的本質。毫無疑問，這也為俄羅斯詩歌研究提供了很好的範本。

註.羅賓德拉納德・泰戈爾著，徐翰林譯，《泰戈爾的詩》，臺北，海鴿文化，2016年增版，頁42。

－2022.02.18 寫於臺東

－刊臺灣《秋水詩刊》，第 192 期，20220.07，頁 71-73。

秋水

米拉・洛赫維茨卡婭抒情詩印象 ⊙林明理

一、 其人其詩

二、 詩作賞讀

秋水詩刊第一九二期 71

非馬著，釀出版，2022.03

80.《時空之外 — 非馬新詩自選集》評賞

一、其人其詩

詩人非馬（馬為義博士）在今年三月底由秀威出版的《時空之外 — 非馬新詩自選集第五卷》中，相對於前四卷體裁的不同面向與新詩美學維持美好的互動關係，作者選擇從 2013 年至 2021 年底這段期間的詩歌創作集結成書，為當下的臺灣詩壇注入了一股詩藝清風，也體現出非馬貫有的樂觀向上、悲憫與純真的精神氣質，從而確立詩壇巨擘的身份和社會認同。

二、詩作賞讀

細讀書中那些潛藏在文本之下的深層話語，通過真摯的情感和帶有優美詩句的展示，都突出了非馬的詩靈活自由，善於在辭藻精簡之中精雕細琢，最可貴的是意象的情感純真，內涵十分豐富。試舉例析之。

比如〈濕吻－懷念剛去世的犬孫可可〉，表現出詩人永葆赤子之心的一面：

他閉著眼
習慣地伸出右手
摸索床邊
柔順的皮毛
以及短促熱切的
呼氣

卻突然被一個
冰冷生硬的凹陷
驚醒了過來

睜開眼
他看到他的手
正呆呆地
在那無限擴張的虛空裡
無望地等待
一個沾滿口水
調皮偷襲的
吻

每個人在這個世界上多多少少都會得到一個難忘的回憶。對於非馬來說，他的寵物可可，也是心中的至寶。當我看到他越洋傳來了他和犬孫可可之間一些趣事時，我忽然明白了為什麼詩人時時刻刻把他的犬孫放在心頭。因為，牠的溫柔、牠的調皮可愛，像是什麼魔法把這世上最神奇的寶貝牽引到他的腦海中了。也因此，我更讀懂了詩人為牠的去世所寫的那些真摯的語言，也理解他緬懷可可與他相處的歡樂。

〈在佛前〉這首詩，更能直切表達其人生見解與幽默態度：

低頭合掌
正不知該如何開口

慈悲的佛早微微笑道
知了知了

通過宗教形象的塑造，詩人將他隱蔽於心的虔誠轉化為一種莊嚴、平靜的形式，卻不失其天性溫淳與幽默感，讓讀者不覺莞爾一笑。近幾年來，非馬由一己「耳鳴」之苦感受到世界對他的心靈、生命、痛苦與超越、願望與意志的自由。詩人想通過這首〈耳鳴〉，揭示自己坦然面對病痛，並將這經歷作為砥勵自己創作不懈的內化蘊涵：

日夜轟響
只為了提醒
世界和我

都還活著

而這首〈在風城〉，讓詩人與讀者鼻酸了，詩人想起了臺灣家鄉及親人，也憑著印象追記昔日一些情景，但非馬在美國定居的芝加哥（Chicago），也別名風城，這關聯之深的鄉愁，數十年如一日。詩人跳脫了有限的視角，卻讓思鄉的眷戀與沉思進行了直接呈現：

想家的孩子
猛然把乾澀的眼
張向母親噴沙的嘴

再如〈良藥〉一詩，呈現了詩人對於詩歌的熱愛，他的生活中除了專業的知識以外，不單單是文學，還包括繪畫和音樂，它們與詩歌創作或翻譯的功效是相同的，但此詩讓所有喜愛閱讀詩集的讀者產生一種身臨其境的真實感，而這種感覺來自於非馬本身的幽默感：

良藥苦口
是中醫的說法

做為詩人
我卻發現

一陣清風
一聲鳥鳴
一朵花
一片葉

一個微笑
一段好曲
特別是

一天一首好詩
會讓醫生無所事事

我記得美國桂冠詩人 Mona Van Duyn（1992-1993）曾說過：「好的詩能如教堂般華麗，也能如盆栽般簡樸。」這段話恰恰是非馬寫此詩的寓意所在。從他的一首小詩〈湖〉，可以看出詩人具有強烈的想像力，也融入神話傳說，在想像與詩畫同源的方式中找到了靈感：

女媧留下的一個小碎片
教我們辨識
天空的本色

最後推介這首〈湖難民之歌〉，主要是讓讀者去銘記在戰火下難民共同經歷過的，然後再闡釋畫面，昇華主題，也反映出詩人悲憫的胸懷：

隨著一片片
不白不黑的的灰雲
這群疲憊的腳
各自拖著一個滴血的心
從一個國家

流浪到另一個國家
尋覓一個
還沒被仇恨與炸彈
炸碎的家園

非馬之所以能成為詩者，其詩思、詩境、詩筆自有別於一般詩人之處，他的學養並非局限於文學本身，而是其詩句大多生動活潑，為自己所思所聞，潛在的又不放棄自身對詩藝的審美追求。

再一方面，他擁有深厚的科學知識，也重視獨立思考，表達意見，常能深度地探索翻譯詩歌，古今匯通，自然也就成了一位悲憫、謙遜的詩人。而在時空之外，他所留下的內在激辯省視，無論是對山林川海，還是自然萬物，最終都演化成了詩人書寫的視域與美學。

三、結 語

從上文介紹的非馬幾首新詩作品可以看出，作為科學家詩人的非馬，他的思維模式十分特別。非馬的詩曾被選用在海內外的大學教材，也曾多次聯展於詩藝活動及到大學等地演講，廣為讀者喜愛；其音韻上的過人之處，一在「靈活」，二在「自然」，不僅體現於煉字造句，也盡可能地追求細節的完美。

此書是八十五歲的非馬一生不慕榮利、甘於淡泊的情感世界；他的思想性、藝術性均源自於一顆純淨的心，也具有想像力超群的特色，更能由此了解最近八年多來非馬在現實世界裡袒露的憂國憂民的詩思，堪稱為其晚年出版的一部優秀的著作，因而給予高度讚賞。

—2022.04.01 作

*2022 年 4 月 1 日 週五 於 上午 1:21 非馬給明理電郵的信：謝謝妳花時間為我寫評。

正在忙著準備四月 11 日在網上同華盛頓一個著名的黑人詩人一起慶祝美國詩歌月。

以及 4 月 22 日在由哈佛大學中國文化工作坊及北美華文作家協會合辦的雲端論壇上做一兩個鐘頭的演講。

2009.11.26 非馬在聖誕夜同犬孫可可在他二兒子家合影（照片由非馬本人提供）

349

笠詩刊

LI POETRY

《時空之外-非馬新詩自選集》評賞

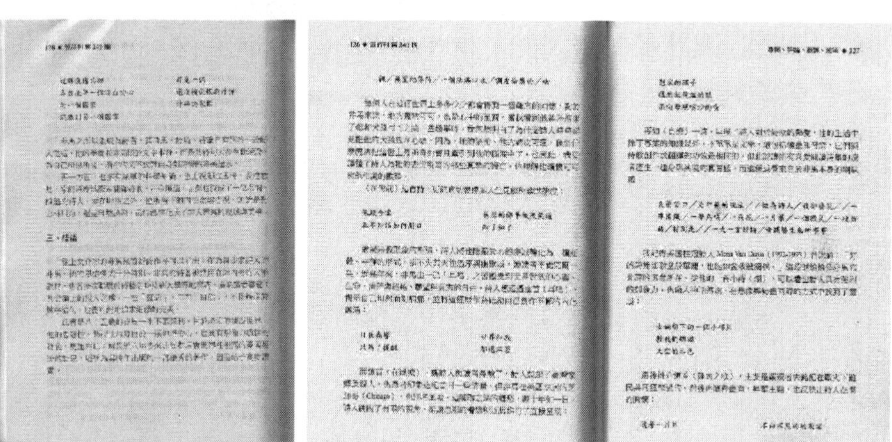

－刊臺灣《笠詩刊》，第 349 期，2022.06，

頁 125-128。

81. 夜讀《出版人瑣記》

今夜，月光迷濛，星子隱遁在後山的靜謐裡。我忽然想起一位遠方的朋友，遂而重讀了他的一本贈書。

如果說，今年八十四歲的彭正雄著作的《出版人瑣記》是極其一生最重要的作品之一，這樣的說法並不過分。因為，彭老勤奮向上的背影，是我寫作的動力，也是學習的楷模。

除了讚佩其創立屆滿一甲子的「文史哲出版社」所賦予此書具有深刻的意義外，我想從中揀一件至今讓我難以忘懷的故事，來寫寫他如何走過烽火邊緣，成為一位傑出的出版家，榮獲教育評鑑中心大學院系所評鑑委員（二〇〇六年）、臺灣出版協會副理事長、中國文藝獎章等殊榮，以及他通過回憶而獲得對本身生存與使命感的再認識。

誠如彭老自己在書中稱，他曾在金門服役時，適逢「六一七、六一九砲戰」，因參與此戰，造成聽力受損等後遺症，卻欣慰於自己能留下此一光榮印記。此段故事讀來自然親切、如臨其境，也不難看出他試圖從寫作中表現潛力。

作為出版家，彭老一直關注臺灣出版業變遷，並借此書進行表達及闡釋了平版印刷、書籍印製的專業知識與兩岸出版交流等主題，使其論述更具有象徵意義，內容豐富、文字平實貼切。

此書所界定的重要概念，其內涵就是出版的經驗；而透過他的文字裡，都清晰地浮現彭先生從年輕到晚年一生勤勉自學與勇毅的精神。因而，可以說，這本書是他作品和勤學有成有機組成的一部分；而其編輯手法的運用，走過歲月的艱辛，也為他成為出版家奠定成功的基石。

對我來說，彭先生長久以來，把出版優秀的著作當作人生第一要務，為人恭謹樸素。此書流露了作者的幽默與出版同樣的才華和智慧，我也為彭先生為人謙遜的態度與孜孜不倦的精神而深感佩服。

所以閱讀一本書，實際上是要喚起讀者心中的情，或是感動；而讀一本好書，就是能讓人增長知識，如同音樂，能給人帶來愉悅的聲音。

—2022.05.02 作

中華民國一一一年七月一日／星期五　2022.7.1　中華日報　中華副刊 A8

誰不是在流浪

文／韓妍　插畫／國泰

夜讀《出版人瑣記》

文／圖片提供 林明理

今夜，月光迷濛，星子隱遁在後山的靜謐裡，我忽然想起一位遠方的朋友，深夜重讀了他的一本贈書。

如果說，今年八十三歲的彭正雄著作的《出版人瑣記》是他其一生最重要的作品之一，這樣的說法並不過分。因為，彭老勤奮向上的背影，是我寫作的動力，也是學習的楷模。

除了讚佩其創立開滿一甲子的「文史哲出版社」所賦予此書具有深刻的意義外，我想從中挑一件至今讓我難以忘懷的故事，來寫彭老如何走過烽火邊緣，成為一位傑出的出版家，榮獲教育部評鑑中心大學院系所評鑑委員（二〇〇六年）、臺灣出版協會副理事長、中國文藝獎章等殊榮，以及他如何以勇氣面對他對本身生存與使命感的再認識。

誠如彭老自己在書中所述，他曾在金門服役時，遇逢「六一七．六一九砲戰」，因參與此戰，造成聽力受損等後遺症，深感於自己能留下此一光榮印記。此段故事讀來自然親切、細膩其境，也不難看出他試圖從寫作中表現毅力。

作為出版家，彭老一直關注臺灣出版業發展，並借此書進行深度及闡釋了平版印刷、書籍印製的專業知識與兩岸出版交流等主題，使其論述更具有象徵意義，內容豐富，文字平實貼切。

此書所界定的重要觀念，其內涵就是出版的啓蒙，並透過他的文字裡，暢然地呈現彭先生從年輕到晚年一生勤勉自學與勇毅的精神。因而，可以說，這本書是他作品創作學有成有機組成的一部分，通過編輯手法的運用，走過歲月的艱辛，也為他成為出版家奠定成功的基石。

對我來說，彭先生長久以來，把出版優秀的著作當作人生第一要務，為人也謙和，此書透露了作者的幽默與出版相關的才華和智慧，我也為彭先生為人謙遜的態度與孜孜不倦的精神由衷感佩服。

所以閱讀一本書，實際上是要喚起讀者心中的情，或是感動；閱讀一本好書，就是能讓人增長知識，如同音樂，能給人帶來愉悅的聲音。

在回家的路上

文／攝影 蘇佳欣

－刊臺灣《中華日報》副刊，2022.07.01.

82. 席慕蓉抒情詩三首的探新

一、前 言

席慕蓉（1943-）是位鍾愛於繆斯的當代傑出女詩人、畫家，畢業於臺灣師範大學藝術系和比利時布魯塞爾皇家美術學院，曾任教於東海大學；出版有《七里香》、《無怨的青春》等多部詩集。其詩歌在中西美學素養與敏銳的藝術感覺完美結合下，蘊聚著濃郁的感情色彩，從中給人一種清奇的氣韻和不可言喻的美感力量。

德國詩人里爾克（Rainer Maria Rilke，1875-1926）曾寫下這樣的話語:「或許處於悲哀當中即是處於成熟的喜悅當中——」(註 1)，其論點無異於指出了思想感情是詩歌的靈魂；因為，每個偉大的詩人都有自己的特點，這也是構成藝術風格的主因。而席慕蓉詩歌最大的特徵，是她在詩裡的悲傷與歡笑是渾成一片的，感情也比較細膩而委婉。她曾自白：「寫詩，為的是紀念一段遠去的歲月，紀念那個只曾在我心中存在過的小小世界。」她的詩往往有一種音樂氣氛，其美感力不但在於她擁有真實的思想感情的描寫，還在於語言的形象性和感染力，常以情思注入物象，為我們打開了一個詩美無窮的藝術世界。

二、詩歌賞析

且看詩人在 1980 年寫的這首經典之作〈一棵開花的樹〉，不僅運用凝煉的語言來清晰地呈現詩人所想表現對愛情追求那可遇而不可得的惆悵情懷，而且有著樂曲般的旋律，順次展現了素靜而清逸的畫面，屢屢令人縈回每一情景、每一畫面之中：

如何讓你遇見我
在我最美麗的時刻　為這
我已在佛前　求了五百年
求佛讓我們結一段塵緣

佛於是把我化做一棵樹
長在你必經的路旁
陽光下慎重地開滿了花
朵朵都是我前世的盼望

當你走近　請你細聽
那顫抖的葉是我等待的熱情
而當你終於無視地走過
在你身後落了一地的
朋友啊　那不是花瓣
是我凋零的心

詩人情感的傾向性是很真摯的，在其內心深處潛意識領域裡存在著詩人所特有的孤獨情緒下，此詩抒情的音韻以及充沛的激情，正是激起人們強烈的感情共鳴之主因。然而，詩人的筆調並非全然是淒涼和隔著時空、隱匿自我的。比如她在 1981 年寫下的這首〈山路〉，話語中有絕對的「情真、味長」和浪漫遐思的色彩：

我好像答應過
要和你　一起
走上那條美麗的山路

你說　那坡上種滿了新茶
還有細密的相思樹
我好像答應過你
在一個遙遠的春日下午

而今夜　在燈下
梳我初白的髮
忽然想起了一些沒能
實現的諾言　一些
無法解釋的悲傷

在那條山路上
少年的你　是不是
還在等我

還在急切地向來處張望

上面所舉兩例，前一首詩完全是詩人思想感情的推衍；而後一首則顯示詩人對於愛情這亙古不變的主題，有著一份想望；其所運用的象徵或暗示手法，既不晦澀，也不神秘，而是讓人能明顯地感受到詩人是有情感的，又是同描繪的時空心境相通的，其孤寂的情懷更增添了畫面的內在感動力。

詩人在其作品所抒發的細膩感人的情懷和對愛情的主觀情愫，均透露出一種發乎自然的深情與一幕幕的回憶畫面浮光掠影般劃過她的腦海之中；而詩人似乎從中獲得幾分感悟。比如在 1982 年寫下的這首〈雨中的了悟〉：

如果雨之後還要雨
如果憂傷之後仍是憂傷

請讓我從容面對這別離之後的
別離　微笑地繼續去尋找
一個不可能再出現的　你

詩裡透著智性和詩人身上擁有一顆勇敢的種子，而這勇敢的種子，正是讓此詩開出藝術之花的成因。她寫得情味超逸，但多了些智慧和對愛情的思考。儘管愛情的微妙與幻變是古今中外各種藝術所摯愛的主題，但席慕蓉將東西方的美學碰撞中另闢出一個純美、淡雅清新的藝術世界。她的浪漫、她的憂愁，她的勇敢跋涉，同詩歌的絕致的融合，真切感人，恰恰成了現代愛情詩的代言人，也對詩美的創造及新詩發展做出了有力的貢獻。

三、結 語

席慕蓉的愛情詩是以自己真摯的情思，打破時空，熔古今情景與現實、想像與回憶糅在一起而創造的獨特形式，不同於某些浪漫主義詩人的直抒胸臆或苦悶的吶喊。她的詩歌的具體內涵仍有待於學界的深入探索，而我個人認為，她是個對感情執著忠誠的詩人，在情感流露的諸多細節上處處閃爍著奪目的詩性光輝，這是對詩人擁有世界詩人光環之後顯現出始終如一把持著那種真愛無悔的浪漫情調的肯定！也多了些為詩藝而奉獻的崇高感。

那麼，席慕蓉在詩藝上的感人之處是什麼呢？其實，她在詩歌的音樂美方面是下了功夫的，詩，也是她自身純潔的性靈裡的特殊表現。此外，還在於她也是詩的繪畫師，常以純美的畫面創造出動人的意境，字句跳躍輕巧，絕不作工筆細描。她的另一首〈出塞曲〉被唱紅到海內外，詩裡展示了一幅廣闊的畫面和難得的英雄色彩。她就像是握著一個多色畫筆的詩人畫家，也可見詩人視野和胸襟的開闊，所以才形成了自己別具一格的藝術風格，值得讚賞。

註 1.《慢讀里爾克》，里爾克著，唐際明譯，臺北商周出版，2015 年 9 月，初版，頁 151。

註 2.本文詩作三首選自《當代女詩人詩讀本》，谷羽編選，天津大學出版社，2020 年 2 月，初版，頁 36-50。

—2021.10.23 完稿

—刊臺灣《秋水詩刊》，第 193 期，2022.10，頁 74-76。

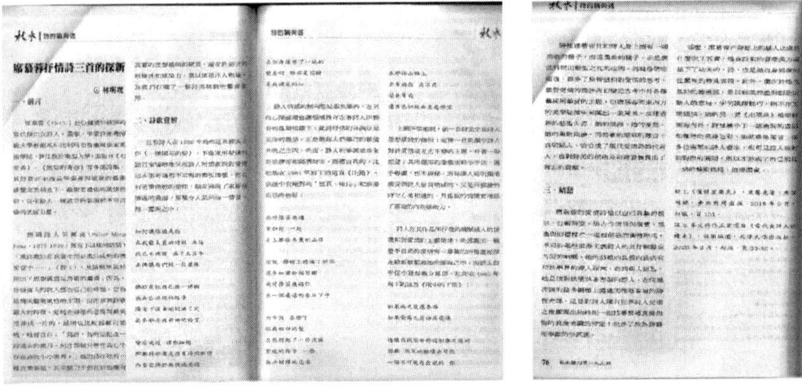

林明理畫作
（此畫由臺灣的「國圖」存藏於臺北）

83. 夜讀谷羽的詩

作為一個翻譯家，南開大學外語學院俄語系谷羽教授是傑出的。世上有許多傑出的翻譯家，但我認識的朋友中，身兼俄語翻譯家、詩人，又極為謙虛的學者就只有谷羽一人了。

其實，翻譯也是一門深奧的工作，即使是一位學者鑽研了許多著作，也不一定能把翻譯的知識窮盡。關鍵當然還是興趣最重要。但對俄語教學與研究的執著，或說在谷羽的心裡，出版一本書，有如一個新生的嬰兒，是賜給他在長年辛苦後的莫大欣喜；而真正懂得箇中滋味的人，的確是有。這是我在隆冬之夜拜讀他傳來的詩作，留給我十分深刻的印象，讓我真誠地笑了。

當二〇〇六年五月初，谷羽老師在完成《俄羅斯白銀時代文學史》的翻譯校對後，忽然有感而發，寫下這首〈架橋鋪路工〉，記述他自己的心情：

有人說：「文學翻譯，
是吃力不討好的勞動，
譯得好，光榮歸於原作，
譯不好，自己招惹罵名…」

可真正的譯家不重名聲，
他們甘願做架橋鋪路工，
陪外來作家過橋，排除障礙，
伴讀者出國遠行，一路暢通…

譯著，是修橋鋪路的基石，
辛勤勞作，但求橋寬路平，
廣交朋友，心裡高興，
任人褒貶，鎮靜從容。

這本名著是用汗水才得以換來的榮譽，也必然是在谷羽翻譯校對完成的過程中感到百感交集的。大概是他堅強又努力以赴的天性，才能讓俄羅斯詩歌與文學研究的重要性，透過翻譯，在國際領域上結成碩果。

眾所周知，藝術的本質是詩，詩美是有意境的。古今往來，任何一位著名的翻譯家往往本身也必須帶有強烈的感情色彩，而谷羽對自己的教學與翻譯的任何細節，都遵循著認真以待的原則，不但表現出學者的溫儒風格，而且表現出詩人的個性特徵。

比如，同年八月二十八日，谷羽赴北京參加國際圖書展覽會。當他在敦煌文藝出版社駐京辦事處初次見到《俄羅斯白銀時代文學史》這本書，這是他和其他二十四位友人忙碌了將近兩年才翻譯出版的成果；反復欣賞後，心中十分喜悅，遂而在北京人民文學出版社招待所寫下這首〈撫摸新書〉，記述他當時的感觸：

撫摸剛出版的新書
像撫摸
新生嬰兒的皮膚
柔軟　細嫩
帶奶香的氣息
沁人肺腑

撫摸剛出版的新書
像撫摸
新生嬰兒的皮膚

心中充滿了欣喜
頃刻間忘記了
長年的勞累辛苦

撫摸剛出版的新書
像撫摸
新生嬰兒的皮膚
未來命運如何
前途未卜
我為他默默祝福

另一首谷羽的詩，我翻來覆去地讀了幾遍，循著詩味而去，漸漸地感到，此詩已成了我對往昔生活回憶中的描寫；恍惚中，詩裡的情境也被移植到我故鄉的經歷中。我馬上聯想起國小畢業後，負笈北上崇光女中就讀，父親送我到斗六火車站搭車，並為我買了個剛出爐的豆沙大餅。當火車的汽笛拉響，父親在月台揮手的身影漸漸變成一個小黑點時，我的眼眸竟然滿含著淚水。所以，當二〇一五年六月，谷羽在天津大學參加紀念詩人徐志摩學術會議，中午吃飯期間，聽到馬知遙老師朗誦懷念母親的詩作時，一時深受感動，也聯想到自己的母親，遂而寫了一首〈雪花梨〉，我也深受感動：

從小愛吃
家鄉的雪花梨
香甜細蜜
咬一口

甜在心裡
那是媽媽買的梨

我上高中
遠在外地
媽媽給我買雪花梨
為了保鮮
把梨藏在小米缸裡
回家咬口雪花梨
甜蜜一個假期

媽媽走了
再沒有什麼人
為我買梨
為我藏梨

春節前夕，再次收到谷羽的問候，他寫道：「林老師：您好，收到回信、詩和畫，特別開心。我譯詩多，偶也寫詩，很少發表。寄幾首給林老師過目指點。順祝平安！谷羽」我猜想，谷羽老師有著超於常人的意志力，靈魂高貴且內心清澈。雖然他很少寫詩，但從這幾首詩裡，我仍讀得津津有味。我不曾夢想，能慧眼識英傑，但我深信，谷羽老師能教學、翻譯俄語詩歌，還精通音律。能有如此優秀的友人，與有榮焉。

—2022.01.24 寫於臺東

中華日報

中華副刊 A8

民國一一一年八月三十日／星期二

夜讀谷羽的詩

文／圖 林明理

—刊臺灣《中華日報》副刊，2022.08.30，及畫作 1 幅。

附上三則谷羽老師電郵留念。

*2022 年 1 月 22 日週六於下午 6:37 MAIL

林老師：您好，

收到回信、詩和畫，特別開心。

我譯詩多，偶也寫詩，很少發表。

寄幾首給林老師過目指點。

順祝平安！

谷羽 2022，1，22

*2022 年 8 月 31 日 週三 於 下午 7:58

林老師，您好！

來信、報紙上的評論，都收到了。

您是第一個寫文章評論拙作的學者，真讓我感動！謝謝！

我有一本書將在人民文學出版社出版，正在編輯過程中。

我把書稿寄給您過目流覽，或許會有您喜歡的詩歌作品。

順祝平安！

谷羽 2022，8，31

*2022 年 9 月 2 日 週五 於 上午 9:42

林明理老師，您好！

您的來信和評論，我都下載拜讀了，謝謝！的確，如您所言，我翻譯的詩不少，可是沒有幾個人知道我也寫詩。您的文章，是對我的肯定和激勵. 您是我的知音！

書稿電子文本太大，無法打開閱讀，實在遺憾。稍後，我選擇最精彩的詩篇寄給您。

我想，您應當知道 高莽 先生的名字，他翻譯的阿赫瑪托娃三本書《安魂曲》《我會愛》《回憶與隨筆》，是在臺北人間出版社問世的，呂正惠先生是這家出版社的發行人。那三本書稿是我推薦給呂先生的。

我從 1980 年春天認識 高莽 老師，他對我多有提攜、關切和幫助。他是我步入翻譯詩歌的引路人。他不僅是詩歌翻譯家，還是畫家、作家、編審和詩人。是我由衷敬重的前輩和恩師。

高莽先生 2017 年 10 月 6 日逝世，再過一個月，就是他離開我們五周年的日子。我跟高莽先生的女兒宋曉嵐合作，編選了紀念的高莽先生的文集，有望在今年由作家出版社出版。

我寫了幾首詩紀念高莽先生，寄給您過目流覽。

順祝平安！

谷羽　2022，9，2

84. Seeking sensibility in tranquility—From the perspective of "Lu Xun's Illustrated Biography"

◎Taiwan　Lin Mingli

Abstract: "The Biography of Lu Xun" is shining with the brilliance of Lu Xun's thoughts. This article attempts to find Lu Xun who is "the sensibility in calmness" from the text, and proposes some new academic insights.

Keywords: Lu Xun, poetry, thoughts and feelings

84. 尋找恬淡中的感性 — 以《魯迅圖傳》爲視角

摘要：《魯迅圖傳》熠熠閃爍著魯迅思想的光輝，本文嘗試從文本中尋找「恬淡中的感性」的魯迅，並提出一些新的學術見解。

關鍵字：魯迅　詩歌　思想感情

一、前言

一九三六年十月十九日，魯迅病逝於上海，他生前所存留的手稿等珍貴的史料，在經過一百四十年後，由上海魯迅紀念館負責編撰並結集成《魯迅圖傳》問世；不僅形式講究，也傳達著一代大文豪魯迅獨特的思想感情。除了保留魯迅一生經歷的傳奇，生動精美的插圖、史實的趣味詞源知識及經典的文學語錄穿插全書，使其編撰的文本也熠熠閃爍著魯迅思想的光輝。

二、從《魯迅圖傳》看魯迅

作為一位集結文學創作、翻譯研究及思想的大家，魯迅的作品中，歷來注重詩意充沛的文字、兼容許多新鮮活潑的思想，表現出其冷靜而有理性，卻又起於感性的悲憫的風格。因此，與同時期的世界文豪或過往的文學家相比，此書不僅記錄了魯迅生於顛沛流離的亂世中種種苦痛或生命的律動，在他以冷靜與熱情之間的真摯抒寫與憂國憂民的情懷中，其精神內涵或咀嚼、回味的強度上，更給讀者一種回腸蕩氣、思古看今的強烈感動。

若從最初魯迅決計要中斷學醫，轉學文藝的心路歷程看，當時的他有兩種面貌，一個是就此走向改造中國社會的新征途，另一個是決心利用文藝力量，把心中對文學應傳達其思想情感的理想境界實現。這兩種面貌的差別，前一個面貌，構築了魯迅的人文主義理想圖景，促使他一步步勇敢地張揚自己悲憫社會、追求精神自由，與為勞動者發聲的愛國精神。後一個面貌，則根據他的思想，把創作與翻譯世界文學，和推展中國文藝的發展當己任，終其一生，勤奮不懈，像個無畏風雨的引航者，把希望帶給每個人，讓光明驅走黑暗。

如果我們追溯魯迅文學的發展，比較他各個時期的著作，也可以從求學的側面解開為何魯迅文學能吸引國際學界研究及興趣的原因。他在最早的留日時期，就接觸到世界文學，並把日本現代文學代表作家夏目漱石（1867-1916）列為心中最愛的四個外國作家之一。或許是夏目漱石精擅書法、漢詩及英文研究，其小說也擅長對人物心理的細微描摹，讓魯迅很快地走進作家創作的心靈深處，並開啟了自己心中的一扇窗子；因而，當魯迅返回祖國後，陸續也出版多種小說等文學著作及譯書。

在留學期間這一時間點上，他的文學創作雖然尚未「崛起」，但大量閱讀英、日、俄語與課業學習仍在相當大程度上影響著魯迅的閱讀文學慣性，在其精神上與文學的世界觀，實際上是一致的。這也影響了返國後的魯迅，不管是從事教學、創刊、翻譯及創作詩歌、小說或論述，寫下大量的文學作品，都應與這個時期的他滿懷激情和救國的信心有關。

而魯迅也一直抱著積極的人生態度，以文字的力量，實現其愛國的決心；在書畫等作品中，有的流露出悲憤或批判，反對封建的傾向或撰寫傳奇色彩的人物，也有歌詠友情或愛情等，為社會主義的發展開闢了新的道路，也大多成了文學不朽之作。甚至到了晚年，還翻譯了日本藥學家劉米達夫的《藥用植物》一書（註 1），由此可見，他的知識廣泛地涉及醫學、植物學、美學、歷史與文學，他的作品，就像一棵松樹在陽光雨露下漸漸參天，長成大樹，讓世人瞻仰。

美國詩人愛默生（1803-1882）曾說，在一切偉大的詩人身上，都有一種人性的智慧，這種智慧要比他們所用的任何才能都更為優越。而魯迅在 1933 年為慘遭暗殺的好友寫下《悼楊銓》的詩中說：「豈有豪情似舊時，花開花落兩由之。何期淚灑江南雨，又為斯民哭健兒。」（註 2）（Gone was the noble spirit of the past：／So what if blossoms open but to fall？／I never thought my tears，like southern rain，Would flow for one more of our finest sons.）他寫出其中的憂患艱難之想，內心的悲慟，寫時代風雲的激蕩，與友人的溫情相遇，也寫出孤獨而勇毅的靈魂，一切都在他筆下自然地流出，以臻藝術的極致「真情」，無疑愈發令人動容。其心琴上彈出來的詩音，有別於其他詩人把激憤的豪情、赤裸裸的諷喻之情融入情景和詩語之中，透過其翻譯中的英文，I never thought my tears，like southern rain，不難感受到瀰散在空中的哀傷氣息，這些恰恰是魯迅顯露出感性的一面。

閱覽魯迅作品或書畫能明顯感覺到其中蘊含的質感與力度，能感覺到他像個勇者的形象永遠矗立在那裡，在他和許廣平之間的鰜鰈情深，何止是一種文字裡的涵括。簡略地說，魯迅除了是個強者的形象，其實是個愛家庭的人，只是他將熱烈濃郁的深情隱於平和寧靜之中。就像兩人相互扶持，他們在文學上都有著兀立不羈的共同追求，他們從相遇到相知，也是因對社會人生的思考，以及對深深根植於中國土地的關懷有了同樣的志向，才能譜出一段感人的戀曲。這樣的相互依存的經歷，直到魯迅死後，大批群眾瞻仰其遺容，靈堂的遺像下面，放著許廣平的輓詞《魯迅夫子》，不只意味著兩人愛情的堅貞，也有著許廣平內心強度的激情。

在魯迅晚年，仍堅強地面對病痛，直到生命的最後一刻，仍抱持以文學救中國的信心。最終在後世的瞻仰與閱讀中，從他憂鬱的沉思傾吐胸懷到對中國文學的巨大貢獻的體悟；他開闊的胸懷，與深愛鄉土及文學藝術，是可以讓人感受到的。

三、結 語

身為一個時代的巨人，魯迅總是在自己所在的地方完成許多不容易卻令人讚賞的作品，作為喜歡他的文學的讀者，我始終相信，他的精神猶在，令人尊崇。至於魯迅的感性一面，誠如他在 1934 年題贈一首中英詩給愛人許廣平的詩中所言：「十年攜手共艱危，以沫相濡亦可哀。聊借畫圖怡倦眼，此中甘苦兩心知。」〈After ten hard years of danger faced hand in hand，／Keeping each other alive like fish out of water，／I hope that this album will freshen your eyes：／We both know the joys and the sorrows we have seen. 〉借此，一種看似樸實無華的語言，其實詩裡已表現了一種自由意志的詩性力量。這首情詩，主觀感覺印象並不刻意追求與其小說形式技巧的花樣百出，反而更能呈現出其感性的真摯情懷，也使人感受到一種崇高的樸素之美。

最後，我想簡單談一下，魯迅既是一個偉大的作家，又是詩人、翻譯家，他筆下的書畫及文學作品像他一樣，是「說不盡」的。此書編選的目的，就是為了品茗其不可言傳的書畫神韻及留下的著述、書信之類的語言精華，甚至是其收藏的自製植物標本，也妙不可言。他的感性主要是反映在他的生活和文藝創作中，其中有許多外國的作家、詩人，也有畫家、藝術家等朋友，正因他具有鮮明的性格、豐富的想像力、和深厚的思想內蘊，才能使其作品具有更高的審美價值，並與世界文學寶庫中，相提並論。

德國詩人里爾克（Rainer Maria Rilke，1875-1926）曾寫下這樣一句名言：「讓人變得更公正，並能預知未來，是每個深刻的愛情之特質。」（註3）在魯迅最純粹的感情中，由此書也可以看出，他與許廣平兩人之間真誠的愛情與友情，其高貴之處，是他們一起攜手走過風雨的心境與精神，彼此詮釋愛情，蔚為中國文史上最深邃、推動時代巨輪下的擎手，互補共生，直到晚年，他們倆都不曾在文學的努力上稍懈，彷若濁世中一股清流，讓讀者初次感受到研究魯迅的思想感情及其論著的迫切意義。

該書的主要特點是：一、選取魯迅手稿與照片中存在的背景深入分析。二、充分考慮魯迅一生與時代背景的關係。三、重視魯迅家庭背景、求學過程及其文學思想源流的考察，都是依據時地兩方面著眼的。

筆者以為，魯迅之所以能成為偉大的思想家，是因他洞悉了時代環境脆弱的黃土地上，只有以民族命運當作考察的視角，在審美觀照（aesthetic contemplation）與審悲的甘美之中，轉而將思考力集中於描摹人生苦難的一面，並注重在細節部分的突顯，其小說才有喜劇的意味。他總是帶著溫暖的悲憫，在筆下的許多文本中往往流露出一種反諷的思維和崇高性的英雄色彩；同時，也專注於翻譯文學的創作與研究上。

但細讀其中，他心中最偉大的情感，包括愛情和友情以外，魯迅真正的快樂，就是讓中國人民勇敢地走在陽光底下，從而其創作的精神內涵，有著一種道德的崇高性。雖然，至今仍有少數論者對其文學批評的判斷有所誤解，但都如曇花一現；因為，他既是中國新文化運動的領袖之一，其作品更影響到許多現代文學創作，而其翻譯文學也在世界上引起學界的深度認同與強烈共鳴。

這是在拜讀此書後，對於魯迅一生的成就，生活恬淡、簡樸，留下的深刻印象；我始終認為，魯迅的為人處世，最引人尊敬的，「悲憫」是其精神，「恬淡中的感性」才是其本質；而魯迅的寫作精神也永久烙印在文人的心中。

註 1.上海魯迅紀念館編著：《魯迅圖傳》，上海文化出版社，2021 年版，第 99 頁。

註 2.上海魯迅紀念館編著：《魯迅圖傳》，上海文化出版社，2021 年版，第 259-260 頁。

註 3.里爾克，《慢讀里爾克》，臺北，商周出版，2015 年版，第 113 頁。

－2021.11.13 完稿

－刊中國，《上海魯迅研究》，總第 93 輯，上海魯迅紀念館編，2022.08，頁 245-249。

寻找恬淡中的感性

——以《鲁迅图传》为视角

林明理

一、前　言

1936 年 10 月 19 日，鲁迅病逝于上海，他生前所存留的手稿等珍贵的史料，在经过 140 年后，由上海鲁迅纪念馆负责编撰并结集成《鲁迅图传》问世。该书不仅形式讲究，也传达着一代大文豪鲁迅独特的思想感情。除了保留鲁迅一生经历的传奇，生动精美的插图、史实的趣味词源知识及经典的文学语录穿插全书，使其编撰的文本也熠熠闪烁着鲁迅思想的光辉。

二、从《鲁迅图传》看鲁迅

作为一位集文学创作、翻译研究及思想于一身的大家，鲁迅的作品中，历来注重诗意充沛的文字、兼容许多新鲜活泼的思想，表现出其冷静而有理性，却又起于感性的悲悯的风格。因此，与同时期的世界文豪或过往的文学家相比，此书不仅记录了鲁迅生于颠沛流离的乱世中种种苦痛或生命的律动，在他以冷静与热情之间的真挚抒写与忧国忧民的情怀中，其精神内涵或咀嚼、回味的强度上，更给读者一种回肠荡气、思古看今的强烈感动。

若从最初鲁迅决计要中断学医，转学文艺的心路历程看，当时的他有两种面貌，一个是就此走向改造中国社会的新征途；另一个

· 245 ·

85. 莫渝譯詩《瑞典與丹麥》賞析

一、前 言

臺灣詩人莫渝（1948-）曾在法國遊學一年返台後，從事教學、編輯與翻譯研究。在他諸多的著作之中，他曾透過法文翻譯，對一些丹麥、瑞典等地的詩歌倍加推崇，藉以建構讀者與詩人之間在不同的時空中交會，去開拓詩美的體驗；而其所載的文字內容是具有一定翻譯考釋與文學性的價值，這也是這本《瑞典與丹麥》贈予給我研讀時的重要啟示。

二、詩作賞讀

從古至今，歐洲史上有許多重要詩人曾被歌詠或備受尊崇。本文擬從《瑞典與丹麥》內容這層面進行描述和闡發，以期盡可能地呈現出篩選的詩作創作中的表現手法，進而尋繹出其內涵的學術意義與價值。

下文試先論述三位瑞典詩人的詩作內容。首先是二十五歲就守寡的諾頓福里西（1718-1763），是當時文壇活躍的女詩人，她的這首詩〈孤獨的喜悅〉，有其特有的敏銳，能迅速提昇詩性的自覺與瞬間捕捉到那微妙的詩美畫面：

來吧，黃昏星，帶給我
　生命中最珍貴的時刻，
一旦沉默建立王國
　那時，美麗的夢全都出現。

我徘徊在可愛的蔭影下，
　對立的世界消失了，
我輕盈的思維平靜了，
　因為沉默產生喜悅。

因為她無庸置疑的詩意所蘊藏的「真摯之聲」，這份「真」就是詩歌結語「因為沉默產生喜悅」，進而也讓讀者在想像與孤獨的喜悅中產生了奇趣，而詩人也通過愛情的悲喜與幻變的領悟獲得了一種昇華境界。

另一位林格蘭（1754-1817）是瑞典人熟悉的，因為，她在當時的《斯德哥爾郵報》以不署名、溫和的方式發表一些嘲弄貴族的詩。雖然她生前並未出版詩集，但死後，有人將其詩作結集成書。這首〈流泉〉，是超脫心靈的桎梏之後獲得的和諧，這一點是接近於唐代詩人李白的〈尋雍尊師隱居〉

最後兩句，「撥雲尋古道，倚石聽流泉。」的詩歌的：

陰暗森林的邊緣，
我瞧見山谷流泉
在樹蔭下緩緩流著
不知其名，隱約地消失了。

夏天，它溫柔而沁涼的潺潺聲，
往往吸引住過路人
前來品嘗潔淨的水，
再感激的離去。
渡過引領我們
朝向墳墓的漫遊歲月，
原我的生命是
這條隱約流泉的投影。

我留給人間富者
更大更如願的運氣。
讓我，上帝，讓我做些
善事，且健忘地生活！

但是林格蘭的詩歌可以超越苦難，主要是通過對現世的超越，與對大自然的理解和山水的欣賞中獲得的，原來從生活中的體會也可以產生偉大的詩歌，在山水的審美中建樹了自己的思想，也具備表現出詩歌中以山水釋情的重要內涵。接著下來的這位海頓斯坦（1859-1940），他生於瑞典南部的望族，曾獲諾貝爾文學獎，是西方備受矚目的詩人之一。其詩作〈在路的盡頭〉：

當暮靄的涼爽降臨，這時
你將期盼著智慧和山峰
在那兒，你的視野擁抱世界。
路的盡頭那兒，主啊！回轉吧，
休息吧，回頭瞧瞧：
從此，一切清澄，一切平和，
你的青春美景將重現
光明閃耀與新的露珠。

詩句語言由質樸無華到意境深婉，是詩中的極品；而其中生動直觀的暮靄中的山水形象與抽象兩種表現範疇在詩歌藝術中所體悟的那份恬然自得，既有超越他人的精神，又有一種孤芳自賞式的孤獨之美。尤以最終兩句，體現出詩人渴求回歸心的平和與為「自然」謳歌的審美理想，兩者構成了此詩「優美又真實深刻」的內涵。

但是對莫渝而言，不僅是著手於翻譯瑞典詩人的詩歌，同時也把丹麥詩歌翻譯收編為研究的一個重要的工作。就如同這位沙維格（1921-），係丹麥學院院士、藝術批評家，其詩作〈成熟〉，主要是體現為對周遭景物進行美感的營造與富於神態之美：

棕色

種子的安靜保持在
蘋果的教堂裡。

霧中圍繞的萬物
都懸掛著綠而亮的
果實神殿。

我們走向整個它們
且敲敲門。

神父都是棕色與安靜的。

沙維格畢竟是一流文學家，且看他此詩通過真摯情感說出的比喻何等精闢！我格外欣賞他以宗教信徒般的虔誠和熱忱，以及詩歌中來燭照藏在詩人偉大人格深處的「氣節」。另外一位也是丹麥學院院士的勃蘭特（1929-），著有詩集、小說等多種。其詩作〈你來自虛幻一步接一步〉，在創作中注重構思、畫面的細節，從而生成別具一格的詩體特徵：

你來自虛幻一步接一步
宛如夢境
你來自虛幻
緩緩地一步接一步
從黑暗中你浮顯
宛若從光明浮現的一具陰影

沒有陽光，沒有
燈盞的夜晚
就是虛幻，緩緩地一步接一步

此詩既以高度濃縮的語言形式，反映大千世界裡的詩人的思維活動和其感情活動，又充滿了與讀者心靈互動交流的樂趣，其所呈示的是，以眼睛觀看來呈現內心的意象世界。前段抽象，後段具體；此外，也表現了詩人對高潔理想的追求，與其美好的人格特徵。

三、結 語

上文分析了此書中詩歌翻譯中的審美體悟，在閱讀中，除了可以幫助我們瞭解一些優美詩作的對象，某種意義上說，也能感受到這幾位丹麥與瑞典詩人靜觀事象的氣質。其次，賞讀莫渝的譯書及他力圖對臺灣詩界注入翻譯歐洲詩作的旨趣相呼應，也有其出版的意義與閱讀的價值。

與莫渝詩友闊別多年，再度閱讀此書，仍對他精心收錄及翻譯詩歌的精神，以及獨到的眼光有了更深刻的體會。德國詩人里爾克曾寫下:「過程勝於目的。」(註 2）深夜，細細品讀;不僅給予了我勇於寫作的勇氣,欣喜之情溢於言表。

註 1.本文譯作出自莫渝譯詩的《瑞典與丹麥》，春暉出版，2015 年初版。

註 2.里爾克著，《慢讀里爾克》，商周出版，2015 年 9 月初版，頁 159。

—2021.10.26 於臺東

—刊臺灣《笠詩刊》，第 351 期，2022.10，頁 146-150。

莫渝譯詩《瑞典與丹麥》賞析

◎林明理

一、前言

臺灣詩人莫渝（1948-）曾在法國遊學一年返台後，從事教學，編輯與翻譯研究。在他諸多的著作之中，他曾透過法文翻譯，對一些丹麥、瑞典等地的詩歌倍加推崇，藉以建構讀者與詩人之間在不同的時空中交會，去開拓詩美的體驗；而其所載的文字內容具有一定翻譯考釋與文學性的價值，這也是這本《瑞典與丹麥》贈予給我研讀時的重要啟示。

二、詩作賞讀

從古至今，歐洲史上有許多重要詩人曾被歌詠或備受尊崇；本文擬從《瑞典與丹麥》內容這層面進行描述和闡發，以期[illegible]呈現出節選的詩作創作中的表現手法，進而尋繹出其內涵的[illegible]義與價值。

下文試先論述三位瑞典詩人的詩作內容。首先是二十五歲[illegible]寡的諾頓福里西（1718-1763），是當時文壇活躍的女詩人，她的[illegible]首詩〈孤獨的寡婦〉，有其特有的敏銳，能迅速提昇詩性的[illegible]瞬間捕捉到那微妙的詩美畫面：

來吧，黃昏星，帶給我
　生命中最珍貴的時刻，

一旦沉默建立王國
　那時，美麗的夢全都出現。

我徜徉在可愛的蔭影下，
　對立的世界消失了，
我輕盈的思緒平靜了，
　因為沉默產生喜悅。

因為她無庸置疑的詩意所蘊藏的「真摯之愛」，這份「真」究[illegible]是詩歌結語「因為沉默產生喜悅」，進而也讓讀者在想像與孤獨的[illegible]悅中產生了奇趣，而詩人也通過愛情的悲喜與幻變的領悟獲得了一種昇華境界。

另一位林格蘭（1754-1817）是瑞典人熟悉的，因為，她在當時[illegible]的《斯德哥爾郵報》以不署名、溫和的方式發表一些嘲弄貴族的詩，雖然她生前並未出版詩集，但死後，有人將其詩作結集成書。這首[illegible]流泉〉，是超脫心靈的桎梏之後獲得的和諧，這一點是接近於唐代詩人李白的《尋雍尊師隱居》最後兩句，「撥雲尋古道，倚石聽流泉。」的詩歌的：

陰暗森林的邊緣，
我瞧見山谷流泉
在樹蔭下緩緩流著
不知其名，隱約地消失了。

夏天，它溫柔而沁涼的潺潺聲，
往往吸引住過路人
前來品嘗潔淨的水，
再感激的離去，
渡過引領我們

148 ● 笠詩刊 第351期

相向墳墓的漫漫歲月，
昂揚的生命是
這條隱約微末的投影。

我留給人間富者
更大更加顯的運氣，
讓我，上帝，讓我做些
善事，且使忘他生涯！

但是林格蘭的詩歌可以超越苦難，主要是通過對現世的超脫，與對大自然的理解和山水的欣賞中獲得的，原來從生活中的體會也可以產生偉大的詩歌，在山水的讚美中建樹了自己的思想，也具體表現出詩歌中以山水傳情的重要內涵。接著下來的這位海頓斯坦（1859-1940），他生於瑞典南部的望族，曾獲諾貝爾文學獎，是西方備受矚目的詩人之一，其詩作〈在路的盡頭〉：

當暮靄的深黃降臨，這時
你將朝盼著智慧和山峰
在那兒，你的視野擁抱世界，
路的盡頭那兒，主啊！回歸吧，
休息吧，回頭瞧瞧；
從此，一切清澄，一切平和，
你的青春美景將重現
光明閃耀與新的露珠。

詩句語言由質樸轉到意境深幽，是詩中的極品！而其中在[illegible]直觀的暮靄中的山水形象與抽象兩種表現統轄在詩歌藝術中所體會的那份悠然自得，既有超越他人的精神，又有一種孤芳自賞求的[illegible]獨之美。尤以最後兩句，體現出詩人渴求回歸心的平和與為「自然」

專題・評論・翻譯・隨筆 ● 149

[illegible]歌的審美想像，兩者構成了此詩「優美又真實深刻」的內涵。

但是對莫渝而言，不僅是著手於翻譯瑞典詩人的詩歌，同時也把丹麥詩歌翻譯收錄為研究的一個重要的工作，就如同這位沙維格（1921-），係丹麥學院院士、藝術批評家，其詩作〈城路〉，主要[illegible]環境為對周遭景物進行美感的營造與寄於神秘之美：

棕色
梯子的安靜保持在
蘋果的教堂裡。

霧中圍繞的萬物
都懸掛著綠而亮的
果實神殿。

我們走向整個它們
且敲敲門。

神父都是棕色與安靜的。

沙維格畢竟是一流文學家，且瑞性此詩揭然真摯情境映出的比喻何等細膩！我格外欣賞他以宗教信徒般的虔誠和洞性，以及詩歌中來獨照藏在詩人偉大人格深處的「氣節」。另外一位也是丹麥學院院士的勃蘭特（1929-），著有詩集、小說等多種。其詩作〈你來自虛幻一步接一步〉，在創作中注重構思、畫面的細節，從而生成別具一格的詩體特徵：

你來自虛幻一步接一步
宛如夢境
你來自虛幻

150 ● 笠詩刊第351期

150 ● 笠詩刊第351期

[illegible]

三、結語

[illegible]

86. 夜讀卡扎科娃的詩

麗瑪·卡扎柯娃（1932-2008）出生於俄國，畢業於列寧格勒大學，曾經任教於大學和新聞電影製片廠編輯，是五十年代中期俄國的一位出色的學者詩人。正像她自己所說：「詩，是生活的一部分」。詩人以敏感的眼光和纖細的心靈去觀察周圍世界，從而創造出詩的形象美來；其詩不僅象徵意味濃厚，情象的流動猶如一個抒情的音樂電影，或者一幅形象逼肖的長卷。那詩句中緩緩展開的畫面，通過動與靜、情與景的融合，使每首詩呈現出豐富多彩、深邃幽美的意境，還特別講究音韻的美。

當耶誕節前夕，谷羽教授電郵寄來他所翻譯卡扎柯娃的詩歌和遠方的祝福，給了我一種值得回味的親切感受。深夜，反覆細讀，發現卡扎柯娃開掘詩歌的主題具有寬廣的視野。她關注現實世界，斥責虛偽、庸俗，她關注底層生活，從漁民、伐木工、狩獵人，到拓荒者，這些從事艱辛勞動的一群，讓卡扎柯娃的智性思維的表現形態別具一格。因為，她都是用心靈去寫，語言的抒情與敘事品格，在在都包含豐富的社會內涵。

如她在《文學報》裡寫過這樣一段話：「我不能有條不紊地過日子，我甘願在奔波中生活。這樣生活，一切都新奇有趣，雖然艱苦，但簡單明瞭，像我們的祖先鑽木取火，幸福的火星四處噴射，這火星的名字叫作幸福，它的形式就是詩歌。」可見詩人感情的抒發，皆以詩歌描繪其多維的俄羅斯情懷，包括熱愛生活的讚歌、為了理想、積極自我的開拓，或者為維護真理的詩句，都洋溢著浪漫樂觀的藝術風格；尤以韻律上流暢順口，為其顯著的一個藝術特色。

卡扎柯娃的愛情詩，多半是借助於其豐富的想像力與追求光明的澎湃熱情的多種形象思維而得的，寫得真摯而優美。其中，我最喜歡的一首〈島〉，不僅體現在類似運用了「蒙太奇」(montage)的手法，清麗而溫婉，有一種沉思性的抒情特色，亦展現了詩人的美學追求：

我是島，我是環形島、珊瑚島，／當黎明吐露晨曦，／男人，像一條大船，／即將起錨離我而去。／／徑直駛去，不是悄悄地離開，／閃著光彩，響著汽笛！／而我想過這種情景，／而我等待著你。

我並非在孤寂中生活。／我從最初幾年起，／恍惚是你的孩子，你的妻，／是你的光明，你的足跡。

但是，猶如傲然飛進的火星，／你將消失在遙遠的天際，／連同我的土地的溫熱，／連同麵包和煤的氣息。

啊，這種女人的不幸！／我們——是女人，因此／我們是你們的牧場，城市，／是江河小溪，是丘陵地。

船啊，我沒有什麼覺得惋惜。／你到別的陸地停泊去吧。／既喚不回返，又不能懲罰你，／所以我說——請揮手分離！

啊，這種女人的不幸／具有痛苦而崇高的含意：／航船心照不宣地起錨了，／駛向海洋，駛向未來的世紀……

離別吧，我的岸，我的船。／眼睛裡沒有一星星淚滴。／像樹皮包裹著樹幹，／我最後一次依偎著你。

是的，卡扎柯娃以愛情為底色配以背叛相映襯的敘事抒情方式，的確能給人帶來愛情幻化般，甜蜜誘人又敏感脆弱的愁思與遐想。這種敘事抒情方式，在她以後的詩作中仍延續著。

比如她寫的另一首〈秋〉的第一段：「自然界的一切都那麼嚴格。／自然界一切都激情蓬勃。／你觸摸或者不去觸摸——兩種做法都叫人驚慌失措。」由此可見，卡扎柯娃心中所傾慕的是渴望光明、幸福，並寄予深厚的情懷。

然而，愛情的本質是不可思議的、也是盲目的；是渴望的、也是憂鬱的。它是上帝給予神聖的禮物，是追尋靈魂的終極依歸；但絕不是依附，而是自愛的表現。

當詩人看著晨曦，想像著靠著岸的島嶼，汽笛、起錨的船、星淚……這些與情感相輝映的美景時，雖然趕走了她的愁緒，卻也帶來了新生的勇氣與排解被愛情懲罰的焦慮。顯然，詩人將愛情藝術昇華了。從這幾個側面，不難理解卡扎柯娃注重詩的內在節奏，而且擅長把感情和所描繪的具體物象緊緊聯繫起來。

據悉，谷羽教授諸多翻譯俄國詩歌的過程，正是他教學與研究的過程。譯卡扎科娃的時候，曾經在一九八九年秋天於莫斯科拜訪過她，之後，在二〇〇六年舉辦國際書展時，親自收到她贈送的詩集留作紀念。而我有幸拜讀卡扎柯娃的詩，在這多雨的歲末之際，由衷地感到歡慰。作為喜歡俄羅斯詩歌的作品的詩友，我誠摯地期待著看到更多的新譯詩篇，也祝福谷羽教授在新的一年裡健康如意！

－2021.12.25 寫於臺東

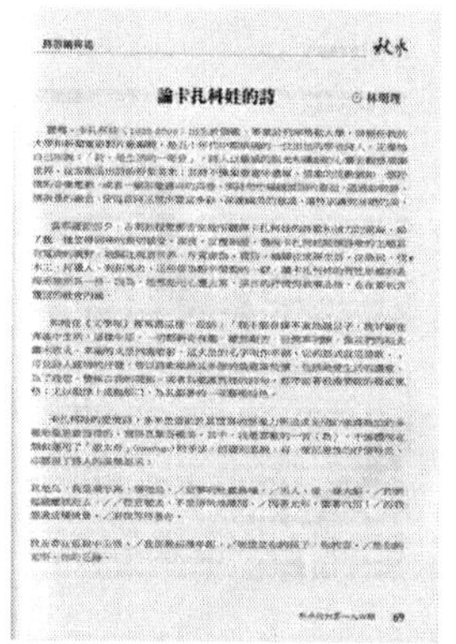
論卡扎科娃的詩 ◎林明理

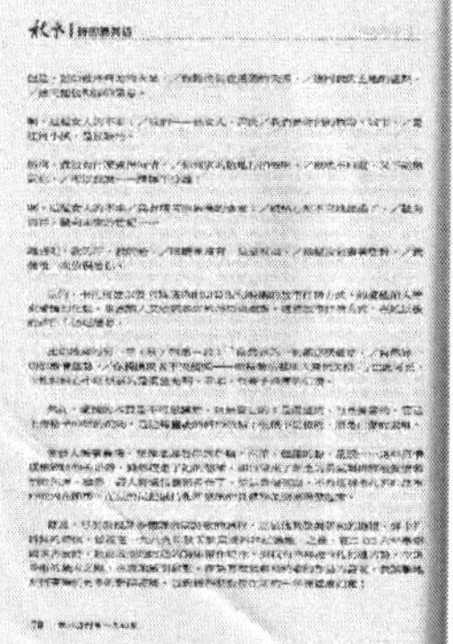

－刊臺灣《秋水詩刊》，第 194 期，2023.01，頁 69-70。

87. Kurt F. Svatek 抒情詩賞析

歲末時分，有幸閱讀奧地利學者詩人 Kurt F. Svateks（1949-）最近所出版的新詩，詩意充沛，質感獨具一格。他的詩集在歐美等國參與的大型書展中，普遍被認為是屬於最優秀的詩人之列。

出生於維也納的詩人 Svateks，其心琴上彈出來的語言，能深刻嵌入讀者心靈之中的原因之一，是其詩歌形式本身恰好能彰顯出自己心靈的圖景，也寫出了世界的複雜性與生命的流徙，使得他獲得了許多獎項；在其九十多本有關詩歌、散文、短篇小說、格言等諸多書中，只有深深植根於自己的故鄉與生活的作家，才能寫出如此多彩的巨著。

我們不妨先看看 Svateks 詩中談到情感與思想的關係時，他在這首〈Because without love〉，有著詩歌內在強度的激情：

因為沒有愛， 你是虛空的，
那麼你就是一根燃燒殆盡的蠟燭。
你背負著日子
帶著絕望的黑暗。

你背負著日子
夢想著幸福，卻枉然。
因為沒有愛，你是虛空的
獨自走上黑暗的人生道路……

一如〈DON’T COME TOO CLOSE TO THE SHORE〉，這首也出現了詩人對愛情的思維方式，不只意味著愛情的浪漫、旋律，亦是青春、活力與美的象徵。他的詩句多半不是慷慨激昂，而是採取了距離審美的觀照方式，來探究愛情存在著美感與幻變的雙重距離。如下面的幾行詩：

愛情就像
尋求擁抱
大海的波浪，

那些嬉戲逃跑的
帶著他們的小白冠
你永遠無法抓住，

那些驕傲而強大的
永遠躲避每一個有力的擁抱
儘管他們宏偉，

而那些龐大無比的
奪走你的氣息

以及幾乎所有隨身攜帶的東西。

但就在他們到達平坦的海灘時
他們很快就消失了
有如他們根本就不存在。

因此，愛情就像
尋求擁抱
大海的波浪。

事實上，在 Svateks 數十多年來的寫作之中，對於「愛情」這一主題，他從來不講許多玄妙的道理，反而借助於大自然事物的外形或周遭景色來寄托自己的觀點或感情，這樣的詩句自然能引起讀者的共鳴，歷久彌新。比如這首〈Quiet Days〉，也表現了對愛情的渴望和其深刻的思想：

當愛像一隻鳥
離開暮色中的瀕海湖
只剩下
極其光滑的水面。

漸漸地白天天變得安靜
而無盡的夜晚似乎
很清晰，
沒有任何鬱抑。

然而私底下，每個人都希望
風回來，
並帶來那隻彩鳥，
哪怕再次掀起波瀾。

作為一位知名的國際詩人，Svateks 詩中浪漫的成分雖然遠不及諷刺這個多變的世界那麼多，這大概是因為他也是個悲憫詩人的緣故，比如最後推介他的這首〈No Excuse〉，對所有飽受戰爭與饑餓之中的人民，有著深沉的同情。他用這幾句詩來描述：

我，一個人
無法結束戰爭。
我，一個人
不能養活一個饑餓的國家，

無法興建移民安置區，
無法變造出
廠房
或給大家耕種的田地。

但是我，我自己，
可以為大家做一點事
不成問題。

記得曾獲得諾貝爾文學獎的瑞典詩人（Verner Von

Heidenstam，1859-1940）在他的第一部詩集裡，記錄自己的旅遊生活，而後長達十二年的國外遊歷後，也回瑞典，全力投入文學創作。反觀奧地利詩人 Svateks，其詩歌的表現手法，也一樣能夠「情景交融」，意象深遠；此外，我認為，他也是一位曠世的智者，從其詩作，也不難看出 Svateks 在繁榮世界詩苑已作出了令人矚目的貢獻。

—寫於 2022 年 12 月 14 日

（林明理（1961-）台灣學者詩人、詩歌評論家，此文的四首英詩，是由美國詩人 Dr. William Marr 翻譯成中文。）

87. Appreciation of Lyric Poems by Kurt F. Svatek

Dr. Lin Mingli

At the end of the year, I was fortunate to read the recently published new poems of Austrian scholar poet Kurt F. Svateks (1949-), which are full of poetic flavor and unique texture. His poetry collections are generally considered among the best poets in large-scale book fairs in Europe and the United States.

The poet Svateks, who was born in Vienna, one of the reasons why the language sung from the heart can be deeply embedded in the reader's heart is that the form of his poetry can just show the picture of his own heart, and also write about the changing world and the migration of life, which has won him many awards; in his more than ninety books of poetry, prose, short stories, aphorisms, etc., only a writer who is deeply rooted in his hometown and life can write such excellent books.

We might as well first look at the relationship between emotion and thought in Svateks' poem. In this poem (Because without love), he has the passion of the inner intensity of the poem:

Because without love you are empty,
then you are a candle burnt down.
You are carrying the days
with hopeless blackness.

You are carrying the days
dreaming of happiness, but in vain.
Because without love you are empty
and go alone the dark path of life...

Just like (DON'T COME TOO CLOSE TO THE SHORE), this song also shows the poet's way of thinking about love, which not only means the romance and melody of love, but also a symbol of youth, vitality and beauty. Most of his poems are not impassioned, but adopt the way of observing distance aesthetics to explore the double distance of beauty and illusion in lovc. As in the following lines of poetry:

Love is like
seeking to embrace
the waves of the sea,

those which playful run away
with their little white crowns
which you are never able to catch,

those proud and mighty ones
which forever elude every firm embrace
despite their grandeur,

and the near titanic ones
steal your breath away
and carry almost everything away with them.

But just as they reach the flat beach
they quickly disappear

as if they never existed.

Thus, love is like
seeking to embrace
the waves of the sea.

In fact, in Svateks's writings over the past decades, he never talked about many mysterious truths about the theme of "love". Instead, he used the appearance of natural things or the surrounding scenery to express his views or feelings. , Such verses can naturally resonate with readers and last forever. For example, this song (Quiet Days) also expresses the longing for love and its profound thoughts:

When love is like a bird
which leaves the lagoon in the twilight
there is only left
an almost extremely smooth water surface.

Gradually the day become quiet
and the endless nights seem to be
without any melancholy,
but very clear.

In secret, however, everyone wishes
the wind comes back

and to bring the colorful bird,
even if it whips up the waves again.

As a well-known international poet, although the romantic elements in Svateks' poems are far less than the irony of this changeable world, this is probably because he is also a poet of compassion, such as the last one he recommends (No Excuse), yes There is deep sympathy for all the people who have suffered from war and hunger. He described it in these lines:

I, alone
can't end a war.
I, alone
can't feed a hungry nation,

can't build settlements,
can't conjure up
industrial plants
or cultivate the fields for all.

But I, myself,
can do a little bit
of all that for you
without any trouble.

I remember that the Swedish poet (Verner Von Heidenstam, 1859-1940), who won the Nobel Prize for Literature, recorded his travel life in his first collection of poems, and then returned to Sweden after twelve years of traveling abroad. Dedicated to literary creation. On the other hand, the Austrian poet Svateks, his poetic expression technique can also "blend the scene" with profound imagery; in addition, I think that he is also an unrivaled wise man. From his poems, it is not difficult to see that Svateks has made remarkable contributions to the prosperous world poetry garden.

—Written on December 14, 2022

(Author：Dr.Lin Mingli (1961-) Taiwan scholar poet, poetry critic. The four English poems in this article were translated into Chinese by American poet Dr. William Marr.)

義大利《國際詩新聞》2022.12.14、中文版詩評

EDIZIONI UNIVERSUM

INTERNATIONAL POETRY NEWS

Il sole nei tuoi occhi
Luce d'immenso
effonde (G. C.)

Uma mulher
Uma criança
A vida dança (G. C.)

Kurt F. Svatek抒情詩賞析

Poet Svatek reading verses from his book at the Wien Book Fair 2022 (Austria)

Kurt F. Svatek抒情詩賞析

台灣 林明理

晚来時分，有幸閱讀奧地利學者詩人Kurt F. Svateks（1949-）最近所出版的新詩，詩意充沛，質感獨具一格。他的詩集在歐美等國參與的大型書展中，普遍被認為是屬於最優秀的詩人之列。

出生於維也納的詩人Svateks，其心琴上彈出來的語言，能深刻嵌入讀者心靈之中的原因之一，是其詩歌形式本身恰好能影顯出自己心靈的圖景，也寫出了世界的複雜性與生命的流逝，使得他獲得了許多獎項；在其九十多本有關詩歌、散文、短篇小說、格言等諸多書中，只有深深植根於自己的故鄉與生活的作家，才能寫出如此多彩的巨著。

我們不妨先看看Svateks詩中談到情感與思想的關係時，他在這首（Because without love），有著詩歌內在強度的激情：

因為沒有愛，你是虛空的，
那麼你就是一根燃燒殆盡的蠟燭。
你背負著日子
帶著絕望的黑暗。

你背負著日子
夢想著幸福，卻枉然。
因為沒有愛，你是虛空的
獨自走上黑暗的人生道路……

一如（DON'T COME TOO CLOSE TO THE SHORE），揭櫫也出現了詩人對愛情的思維方式，不只意味著愛情的浪漫、靈律，亦是青春、活力與美的象徵，他的詩句多半不是愛慨激昂，而是採取了距離審美的觀照方式，來探究愛情存在審美感與幻變的雙重距離。如下面的幾行詩：

愛情就像
尋求擁抱
大海的波浪。

那些嬉戲流浪的
帶著他們的小白冠
你永遠無法抓住。

那些驕傲而強大的
永遠都帶每一個有力的擁抱
儘管他們宏偉，

而那些龐大無比的
奪走你的氣息
以及幾乎所有隨身攜帶的東西。

但就在他們到達平坦的海灘時
他們很快就消失了
有如他們根本就不存在。

因此，愛情就像
尋求擁抱
大海的波浪。

事實上，在Svateks數十多年來的寫作之中，對於「愛情」這一主題，他從來不講許多玄妙的道理，反而借助於大自然事物的外形或周遭景色來寄托自己的觀點或感情，這樣的詩句自然能引起讀者的共鳴，歷久彌新。比如這首（Quiet Days），也表現了對愛情的渴望和其深邃的思想：

當愛像一隻鳥
離開暮色中的潟海湖
只剩下
極其光滑的水面。

漸漸地白天天變得安靜
而無盡的夜晚似乎
很清晰，
沒有任何壓抑。

當愛像一隻鳥
離開暮色中的潟海湖
只剩下
極其光滑的水面。

漸漸地白天天變得安靜
而無盡的夜晚似乎
很清晰，
沒有任何壓抑。

Scholar Poet, Poetry Critic Lin Mingli reviewing poet Kurt F. Svatek's book of poems "The Will-o'-the Wisps of Time"

然而私底下，每個人都希望
風回來，
並帶來那些彩扇，
哪怕再次掀起波濤。

作為一位知名的國際詩人，Svateks詩中浪漫的成分雖然遠不及諷刺這個多變的世界那麼多，這大概是因為他也是個悲憫詩人的緣故，比如最後推介他的這首（No Excuse），對所有飽受戰爭與饑餓之中的人民，有著深沉的同情。他用這幾句詩來描述：

我，一個人
無法結束戰爭。
我，一個人
不能養活一個饑餓的國家，

無法興建移民安置區
無法變造出
房屋
或給大家耕種的田地。

但是我，我自己，
可以為大家做一點事
不成問題。

記得曾獲得諾貝爾文學獎的瑞典詩人（Verner Von Heidenstam，1859-1940）在他的第一部詩集裡，記錄自己的旅遊生活，而後長達十二年的國外遊歷後，也回瑞典，全力投入文學創作。反觀奧地利詩人Svateks，其詩歌的表現手法，也一樣能夠「情景交融」，意象深遠；此外，我認為，他也是一位曠世的智者，從其詩作，也不難看出Svateks在繁榮世界詩苑已作出了令人矚目的貢。

—寫於2022年12月14日

（林明理（1961-）台灣學者詩人、詩歌評論家，此文的四首英詩，是由美國詩人Dr. William Marr翻譯成中文。）

Notiziario d'informazione culturale non periodico a cura di Giovanni Campisi – Tiratura: 15.000 esemplari – Data di pubblicazione, 14 Dicembre 2022
Edizioni Universum | Via Italia 6 | 98070 Capri Leone (ME) | E-mail: edizioni.universum@hotmail.it | Sito:eduniversum.altervista.org

2022.12.14 義大利《國際詩新聞》

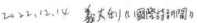

EDIZIONI UNIVERSUM

INTERNATIONAL POETRY NEWS

Il sole nei tuoi occhi
Luce d'immenso
effonde (G. C.)

Uma mujer
Uma criança
A vida dança (G. C.)

Appreciation of Lyric Poems by Kurt F. Svatek

Poet Svatek reading verses from his book at the Wien Book Fair 2022 (Austria)

Appreciation of Lyric Poems by Kurt F. Svatek

At the end of the year, I was fortunate to read the recently published new poems of Austrian scholar poet Kurt F. Svatek (1949-), which are full of poetic flavour and unique texture. His poetry collections are generally considered among the best poets in large-scale book fairs in Europe and the United States.

The poet Svatek, who was born in Vienna, one of the reasons why the language sung from the heart can be deeply embedded in the reader's heart is that the form of his poetry can just show the picture of his own heart, and also write about the changing world and the migration of life, which has won him many awards; in his more than ninety books of poetry, prose, short stories, aphorisms, etc., only a writer who is deeply rooted in his hometown and life can write such excellent books.

We might as well first look at the relationship between emotion and thought in Svatek's poem. In this poem (Because without love), he has the passion of the inner intensity of the poem:

Because without love you are empty,
then you are a candle burnt down.
You are carrying the days
with hopeless blackness.

You are carrying the days
dreaming of happiness, but in vain.
Because without love you are empty
and go alone the dark path of life…

Just like (DON'T COME TOO CLOSE TO THE SHORE), this song also shows the poet's way of thinking about love, which not only means the romance and melody of love, but also a symbol of youth, vitality and beauty. Most of his poems are not impassioned, but adopt the way of observing distance aesthetics to explore the double distance of beauty and illusion in love. As in the following lines of poetry:

Love is like
seeking to embrace
the waves of the sea,

those which playful run away
with their little white crowns
which you are never able to catch,

those proud and mighty ones
which forever elude every firm embrace
despite their grandeur,

and the near titanic ones
steal your breath away
and carry almost everything away with them.

But just as they reach the flat beach
they quickly disappear
as if they never existed.

Thus, love is like
seeking to embrace
the waves of the sea.

In fact, in Svatek's writings over the past decades, he never talked about many mysterious truths about the theme of "love". Instead, he used the appearance of natural things or the surrounding scenery to express his views or feelings. Such verses can naturally resonate with readers and last forever. For example, this song (Quiet Days) also expresses the longing for love and its profound thoughts:

When love is like a bird
which leaves the lagoon in the twilight
there is only left
an almost extremely smooth water surface.

Gradually the day become quiet
and the endless nights seem to be
without any melancholy,
but very clear.

In secret, however, everyone wishes
the wind comes back
and to bring the colourful bird,
even if it whips up the waves again.

As a well-known international poet, although the romantic elements in Svatek's poems are far less than the irony of this changeable world, this is probably because he is also a poet of compassion, such as the last one he recommends (No Excuse), yes There is deep sympathy for all the people who have suffered from war and hunger. He described it in these lines:

Scholar Poet, Poetry Critic Lin Mingli reviewing poet Kurt F. Svatek's book of poems "The Will-o'-the Wisps of Time"

I, alone
can't end a war,
I, alone
can't feed a hungry nation,

can't build settlements,
can't conjure up
industrial plants
or cultivate the fields for all.

But I, myself,
can do a little bit
of all that for you
without any trouble.

I remember that the Swedish poet (Verner Von Heidenstam, 1859-1940), who won the Nobel Prize for Literature, recorded his travel life in his first collection of poems, and then returned to Sweden after twelve years of traveling abroad. Dedicated to literary creation. On the other hand, the Austrian poet Svatek, his poetic expression technique can also "blend the scene" with profound imagery; in addition, I think that he is also an unrivalled wise man. From his poems, it is not difficult to see that Svatek has made remarkable contributions to the prosperous world poetry garden.

Written on December 14, 2022

(Author: Dr. **Lin Mingli** (1961-) Taiwan scholar poet, poetry critic.

The four English poems in this article were translated into Chinese by American poet Dr. **William Marr.**)

Notiziario d'informazione culturale non periodico a cura di Giovanni Campisi – Tiratura: 15.000 esemplari – Data di pubblicazione, 14 Dicembre 2022
Edizioni Universum | Via Italia 6 | 98070 Capri Leone (ME) | E-mail: edizioni.universum@hotmail.it | Sito:eduniversum.altervista.org

－內文中英文版，刊義大利 EDIZIONI UNIVERSUM（埃迪采恩尼大學），《國際詩新聞》（INTERNATIONAL POETRY NEWS），2022.12.14，及林明理博士簡介、照片 1 張。

畫作：
林明理

88. 夜讀蔡輝振詩集《思無邪》

蔡輝振是一位學者詩人，也是以詩為生命的苦吟者。他是香港珠海大學文學博士、雲林科技大學漢學所退休教授。雖然他在國際魯迅研究會、教學與研究上，多年來已有不少文章和專著論及，但其詩詞卻不多見。

值此歲暮夜深之際，有幸拜讀了輝振兄親自相贈的一本詩集，不僅讀到了描繪他在內蒙古大學客座期間，總結兩個月的蒙古遊記所題的精彩詩句，也從中欣賞到了穿插其中的景物與多情感性的一面。

這本《思無邪》詩集的最大特色是情感真摯和詩詞並茂，可以說達到了「詩中有畫」的情境；詩句時而雄渾、豪放，時而清麗、婉約，讓人不禁細細品味。請看〈蒙古風光〉這首古詩，寫的是詩人的感情融匯在蒙古景物的懷抱中了：

大漠荒涼瀉百里，草原碧綠望無圍。
兒女馬背曲傳意，牛羊低吟喚犢依。
鷹翅扶搖志萬里，蒼狼咆月話悲唏。
海沙聯袂襯成趣，落日江河映漾暉。

再如這首〈濡沫相依〉，寫的是詩人在年輕時，曾與一個北大女孩相戀，在他們經歷遊黃山的生死、離別，數十年後，在此詩中寫道：

同為異客訪名山，濡沫相依生死間。
今日分離何夕見，情歸何處惹愁孱。

這首詩歌頌了愛情，也描繪了詩人曾有的誓約，並為她的形象，寫下這首〈朱顏〉：

小臉柔美映燭光，絲髮半墜垂肩膀。
雙眉深鎖思哪樁？兩眸回盼令痴狂。
耳耳垂珠福成雙，厚鼻黃潤貴財長。
朱唇半翹招遐想，露齒白暈擁夢鄉。

雖然他是以口語的方式直接地表現出來，但仔細品嚼仍可發現，是他經過精心錘鍊，以達到其抒情隱逸其中的藝術風格。這是他今生最純真的愛情的寫照，尤其是詩中的女孩，超群的美麗，在她淡淡憂鬱的回眸中，就更富有詩意了。

再如輝振心中所懷念的黃山，讀來確實帶有一種具體可感的形象。詩人借助於禮讚黃山之美，是以其感情體驗為底韻，真切動人的筆墨來寫出這首〈黃山日景〉：

晨曦山巒飄渺間，午金流峰入雲端；
夕霞暉落映山澗，晚磷孤光灑滿天。

此外，作者在內蒙古大學文學客座所題的（我依然是我），寄托了不少一生的回憶，寫得很美，也有豪邁氣息：

我雖飛越不同的天空，
然天空依舊是天空；
我雖跨過不同的大地，
然大地依舊是大地；
天從不因為誰而改變，
地從不因誰而不載；
初衷依舊是，我依然是我。

此書最後一頁，〈悔恨〉詩裡的最後一段：

歲月悠悠，白雲蒼狗，往事哪堪回首；
遙想前塵，看盡天涯，多少悔恨交加。
懷念往昔，餘暉相依，濡沫生死相許；

今 登 高 樓 ， 望 盡 蒼 穹 ， 明 月 笑 我 傻 懵 。
任 光 陰 荏 苒 ！ 光 陰 荏 苒 ！

這是蔡輝振柔情的顯現，其所思念與傳達的，乃是愛情本身神聖的光輝，縱然年輕時的愛戀已隨江水飄向遠方，但此詩仍顯示出詩人本身的孤獨、志向高遠與揮灑不羈的個性，盡融於詩詞的張力與剛柔並濟之間。

昨天午後兩點，輝振偕同其妻遠從臺中風塵僕僕前來拜訪，暢談三小時後，又開著他的吉普車揚長而去。今夜，繁星璀璨，我在書桌前閱讀蔡輝振曾經是發明家、企業家，後來因經商失敗，奮發圖強，終於成為一位學者的故事，也拜讀了他譜出生命的旋律的詩詞。正如他的這首〈不可強求〉，詩的寓意是很明顯的：

生 死 有 命 ， 富 貴 在 天 ；
凡 事 盡 心 ， 得 失 隨 緣 。

看來，愛情不僅給了他創作靈感，也引向了他對人生的思考與對生命的追求。以上這些記述蔡輝振旅遊、所見所思和愛情的詩詞，不論哪一種，律詩、絕句或古詩、現代詩，都形象生動地記錄了他一生的光輝及經歷。因而，此書也標誌著他一生生活的真實寫照，也是他晚年對詩詞創作及其較深的思想內涵的一種昇華，更具禪道韻味了。

—2022.12.19 寫於臺東

6 浯江副刊 2022.12.30 金門日報 中華民國一一一年十二月三十日 星期五

鬼故事

◎陳慶瀚

夜讀蔡輝振詩集《思無邪》

◎林明理

風鈴花、茉莉與我

◎陳美玲

母親做的粿

◎張復文

世道多滄桑

◎小兵仔

－刊臺灣《金門日報》副刊，2022.12.30.及畫作 1 幅。

89. 試析喬凡尼·坎皮西抒情詩三首

喬凡尼·坎皮西（Giovanni Campisi）是 21 世紀活躍於國際的意大利詩人，應該說，他是通曉多種語言，並被世界各地推薦給諾貝爾獎委員會的著名人物。他對新詩的編輯、創作與評論始終不懈怠，是位熱愛祖國鄉土、大自然及關懷社會的悲憫詩人。

居住在西西里島北部墨西拿和巴勒莫之間的內布羅迪山脈中俯瞰第勒尼安海的一個小鎮的喬凡尼，是一位獨特的詩人。多年來，有許多評論家曾把他歸列為國際詩人之列；原因是，他與來自世界各地的知名作家一起出版了許多書籍，其中，以柔美、精短的抒情詩最為許多人所稱頌。

他的孤獨與快樂是渾成的一片，其詩充滿了浪漫主義的思想感情和強烈的鄉土情懷，總能喚起讀者感情上的共鳴。如〈冬天的晚上〉中寫道：

無聲地
雪降落
在一個寂靜

坦露的白色
村莊

從窗口
你只看到
柔和的光線
還有路燈
沿著空無一人的街道
晶亮的雪花
輕柔地在地面上
歇息。

這首詩作中隱隱有一種孤獨之感，有很大程度上體現了喬凡尼「精於煉句」的詩意，語言自然貼切，甚有詩家氣魄。

此外，還有另一首〈孤單〉，這同樣是詩人在詩的審美特徵上的折光反映，還造就了「清新淡雅」、「翻新出奇」的語言風格：

你似乎對照亮
我疲憊的
被刺骨
碰撞靈魂的
悲傷掏空的
臉上
那片陽光
感興趣。

雙手
我可憐的雙手
還在抖索著
撫摸你
被淚水犁出溝渠的
臉。
我們之間的沉默
很重
似乎即將
指出
一條未知的途徑，
然而太陽在那裡
溫暖我們的心
像有一次
當你和我
單獨
在世上
如現在。

儘管喬凡尼三十多年來編輯出版許多具有創新意識的詩集、詩學著作，閱歷增多，思考也更深遠遼闊了，但他始終是一個抒情詩人，也喜歡以抒情筆法來敘事的。如這首〈陽光〉，又蘊聚著他起伏迭宕的抒情，語言真摯而新穎：

讓我看你的眼睛
閃耀著愛

我會永遠給你
我的心。

給我看你所有的
輝煌
我會讚美你
好幾個鐘頭。

讓我看你的好心情
每天
我會給你看
白天的太陽。

給我看
你最壞的一面
我會把你
暗淡的生活
轉變成一縷陽光。

喬凡尼的抒情詩是多彩的，往往也正是由自己的孤獨感受了社會生活中普遍存在的痛苦、願望及愛的力量的存在，才生成了這些詩作的無與倫比。

他的詩歌風格的形成與他大量閱讀與翻譯詩歌不無關係，對此，歷來的詩歌評論家往往較多地注意到喬凡尼身為詩人、出版家的淵源；然而，我認為，喬凡尼的詩，妙在描寫情境上，詩意高遠，有著非常鮮明的抒情傾向性。在他溫和謙虛的外表下，其實深藏的是他始終不忘家鄉及關懷世界的儒者之心。

一直以來，他通過詩歌的創作與出版的實踐，以果敢與魄力，不斷地努力以赴；因而，在國際文壇上給予他一個極高的評價。

—2022.1.03 寫於台灣

林明理博士（1961-），出生於台灣，學者，詩歌評論家

—中英文刊義大利《國際詩新聞 INTERNATIONAL POETRY》，2022.12.31。

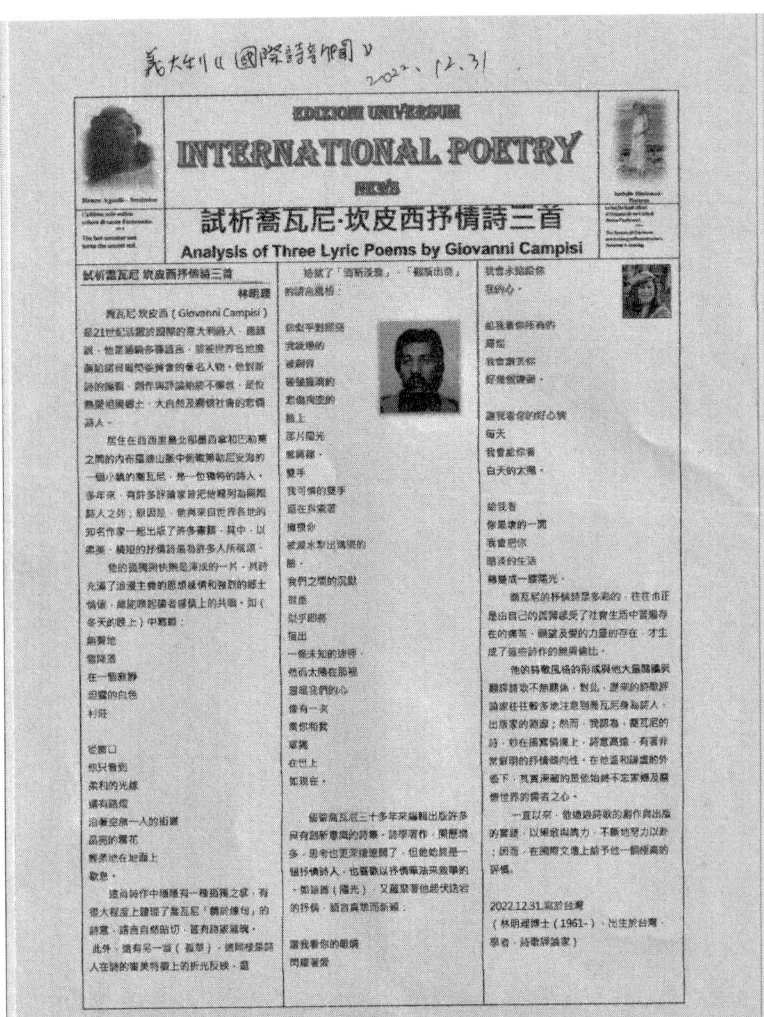

義大利《國際詩新聞》 2022.12.31

EDIZIONI UNIVERSUM

INTERNATIONAL POETRY

NEWS

試析喬瓦尼·坎皮西抒情詩三首

Analysis of Three Lyric Poems by Giovanni Campisi

試析喬瓦尼·坎皮西抒情詩三首

林明理

喬瓦尼·坎皮西（Giovanni Campisi）是21世紀活躍於國際的意大利詩人，據說，他能通曉多種語言，曾被世界各地推薦給諾貝爾獎委員會的著名人物。他對新詩的編輯、創作與評論始終不懈怠，是位熱愛祖國鄉土、大自然及關懷社會的忠誠詩人。

居住在西西里島北部墨西拿和巴勒莫之間的內布羅迪山脈中俯瞰第勒尼安海的一個小鎮的喬瓦尼，是一位獨特的詩人。多年來，有許多評論家曾把他譽列為國際詩人之列；緣因是，他與來自世界各地的知名作家一起出版了許多書籍，其中，以柔美、精短的抒情詩最為許多人所稱頌。

他的孤獨與快樂是渾成的一片，其詩充滿了浪漫主義的思想感情和強烈的鄉土情懷，總能喚起讀者感情上的共鳴。如〈冬天的晚上〉中寫道：

無聲地
雪降落
在一個寂靜
迎雪的白色
村莊

從窗口
你只看到
柔和的光線
還有路燈
沿著空無一人的街道
晶亮的雪花
輕柔地在地面上
歇息。

這首詩作中隱隱有一種孤獨之感，有很大程度上體現了喬瓦尼「精於煉句」的詩意，語言自然貼切，並有詩家風魂。

此外，還有另一首〈孤獨〉，讀同樣是詩人在詩的審美特徵上的折光反映，顯給就了「清新淡雅」、「嶄新出奇」的語言風格：

你似乎對照亮
我臉龐的
被剝奪
憂鬱靈魂的
悲傷掏空的
臉上
那片陽光
感興趣。
雙手
我可憐的雙手
正在抖索著
擁抱你
被淚水犁出溝紋的
臉。
我們之間的沉默
很重
似乎即將
指出
一條未知的途徑，
然而太陽在那裡
溫暖我們的心
像有一次
當你和我
單獨
在世上
如現在。

儘管喬瓦尼三十多年來編輯出版許多具有創新意識的詩集、詩學著作，閱歷增多，思考也更深遠豐闊了，但他始終是一個抒情詩人，也喜歡以抒情筆法來敘事的，如詩首〈陽光〉，又蘊聚著他起伏跌宕的抒情，語言真摯而新穎：

讓我看你的眼睛
閃耀著愛
我會永遠給你
我的心。

給我看你所有的
痛苦
我會讓你
好幾個鐘頭。

讓我看你的好心情
每天
我會給你看
白天的太陽。

給我看
你最壞的一面
我會把你
暗淡的生活
轉變成一縷陽光。

喬瓦尼的抒情詩是多彩的，往往也正是由自己的孤獨感受了社會生活中普遍存在的痛苦、願望及愛的力量的存在，才生成了這些詩作的無與倫比。

他的詩歌風格的形成與他大量翻譯與翻譯詩歌不無關係，對此，歷來的詩歌評論家往往較多地注意到喬瓦尼身為詩人、出版家的淵源；然而，我認為，喬瓦尼的詩，妙在描寫情境上，詩意高遠，有著非常鮮明的抒情個性。在他溫和謙虛的外表下，其實深藏的是他始終不忘家鄉及關懷世界的儒者之心。

一直以來，他通過詩歌的創作與出版的實踐，以果敢與毅力，不斷地努力以赴；因而，在國際文壇上給予他一個極高的評價。

2022.12.31寫於台灣
（林明理博士（1961-），出生於台灣，學者，詩歌評論家）

－中文版 刊義大利《國際詩新聞 INTERNATIONAL POETRY》，2022.12.31。

89. Analysis of Three Lyric Poems by Giovanni Campisi

Lin Mingli

Giovanni Campisi is an Italian poet active internationally in the 21st century. It should be said that he is proficient in multiple languages and has been recommended to the Nobel Prize Committee from all over the world. He has never slackened in editing, creating and commenting on new poems. He is a compassionate poet who loves the motherland, nature and society.

Giovanni, who lived in a small town overlooking the Tyrrhenian Sea in the Nebrodi Mountains between Messina and Palermo, in the northern part of Sicily, was a unique poet. Over the years, many critics have ranked him among the international poets; the reason is that he has published many books with well-known authors from all over the world, and among them, he is most praised by many for his soft and short lyric poems.

His loneliness and happiness are integrated, and his poems are full of romantic thoughts and feelings and strong local feelings, which can always arouse the emotional resonance of readers. As written in (Winter Evening):

Silent
Snow falls
On the village hushed
And candidly white
From windows
You just see
The soft lighting
And the street lights
Along the deserted streets
Enlighten snowflakes
That rest gently
On the ground.

There is a faint sense of loneliness in this poem, which to a large extent embodies Giovanni's poetic flavor of "good at refining sentences", the language is natural and appropriate, and it is very poetic.

In addition, there is another poem (Alone), which is also a refraction reflection of the poet's aesthetic characteristics of the poem, and also created a "fresh and elegant" and "surprisingly refurbished" language style:

You looked
interested

in my slice of sun
that illuminated
my tired face
hollowed out by grief
that pierces the bones
until touching the soul.
The hands
my poor hands
still trembling
caress your face
furrowed by
copious tears.
The silence between us
is heavy
it seems almost ready
to indicate a path
with unknown implications,
yet the sun is there
to warm our hearts
like a time
when you and me
were in the world
alone
like now.

Although Giovanni has edited and published many innovative

collections of poetry and poetics over the past 30 years, his experience has increased and his thinking has become more profound and broad, but he has always been a lyric poet, and he also likes to use lyrical brushwork to narrate. For example, this song (A RAY OF SUN) also contains his ups and downs of lyricism, with sincere and novel language:

Show me your eyes
sparkling with love
and I will always give you
my heart.

Show me all
your splendour
and I'll be admiring you
for hours.

Show me your good mood
every day
and I will show you
the sun of the day.

Show me
the worst side of you
and I'll turn
your colourless life

into a ray of sunshine.

Giovanni's lyric poems are colorful, and it is often because of his own loneliness that he feels the pain, desire and the power of love that are common in social life, which makes these poems unparalleled.

The formation of his poetic style is not unrelated to his extensive reading and translation of poems. For this, poetry critics have often paid more attention to Giovanni' s origin as a poet and publisher; however, I think that Giovanni's poems are wonderful in describing the situation, with a lofty poetic flavor and a very distinct lyrical tendency. Beneath his gentle and modest appearance, there is actually a Confucian heart that never forgets his hometown and cares about the world.

For a long time, through the practice of poetry creation and publication, he has been working hard with courage ; therefore, he has been given a very high evaluation in the international literary world.

—2022.12.31. Written in Taiwan

(Dr. Lin Mingli (1961-), born in Taiwan, scholar, poetry critic)

義大利《國際詩新聞》 2022.12.31

Analysis of Three Lyric Poems by Giovanni Campisi

Lin Mingli

Giovanni Campisi is an Italian poet active internationally in the 21st century. It should be said that he is proficient in multiple languages and has been recommended to the Nobel Prize Committee from all over the world. He has never slackened in editing, creating and commenting on new poems. He is a compassionate poet who loves the motherland, nature and society.

Giovanni, who lived in a small town overlooking the Tyrrhenian Sea in the Nebrodi Mountains between Messina and Palermo, in the northern part of Sicily, was a unique poet. Over the years, many critics have ranked him among the international poets; the reason is that he has published many books with well-known authors from all over the world, and among them, he is most praised by many for his soft and short lyric poems.

His loneliness and happiness are integrated, and his poems are full of romantic thoughts and feelings and strong local feelings, which can always arouse the emotional resonance of readers. As written in (Winter Evening):

Silent
Snow falls
On the village hushed
And candidly white
From windows
You just see
The soft lighting
And the street lights
Along the deserted streets
Enlighten snowflakes
That rest gently
On the ground.

There is a faint sense of loneliness in this poem, which to a large extent embodies Giovanni's poetic flavour of "good at refining sentences", the language is natural and appropriate, and it is very poetic.

In addition, there is another poem (Alone), which is also a refraction reflection of the poet's aesthetic characteristics of the poem, and also created a "fresh and elegant" and "surprisingly refurbished" language style:

You looked
interested
in my slice of sun
that illuminated
my tired face
hollowed out by grief
that pierces the bones
until touching the soul.
The hands
my poor hands
still trembling
caress your face
furrowed by
copious tears.
The silence between us
is heavy
it seems almost ready
to indicate a path
with unknown implications,
yet the sun is there
to warm our hearts
like a time
when you and me
were in the world
alone
like now.

Although Giovanni has edited and published many innovative collections of poetry and poetics over the past 30 years, his experience has increased and his thinking has become more profound and broad, but he has always been a lyric poet, and he also likes to use lyrical brushwork to narrate. For example, this song (A RAY OF SUN) also contains his ups and downs of lyricism, with sincere and novel language:

Show me your eyes
sparkling with love
and I will always give you
my heart.

Show me all
your splendour
and I'll be admiring you
for hours.

Show me your good mood
every day
and I will show you
the sun of the day.

Show me
the worst side of you
and I'll turn
your colourless life
into a ray of sunshine.

Giovanni's lyric poems are colourful, and it is often because of his own loneliness that he feels the pain, desire and the power of love that are common in social life, which makes these poems unparalleled.

The formation of his poetic style is not unrelated to his extensive reading and translation of poems. For this, poetry critics have often paid more attention to Giovanni's origin as a poet and publisher; however, I think that Giovanni's poems are wonderful in describing the situation, with a lofty poetic flavour and a very distinct lyrical tendency. Beneath his gentle and modest appearance, there is actually a Confucian heart that never forgets his hometown and cares about the world.

For a long time, through the practice of poetry creation and publication, he has been working hard with courage; therefore, he has been given a very high evaluation in the international literary world.

2022.12.31. Written in Taiwan
(Dr. Lin Mingli (1961-), born in Taiwan, scholar, poetry critic)

To participate in the diffusion of poetry in the world, just send a collection of ten poems and specify in which languages you want to translate it. A team of excellent translators (including poets) will translate your works with high professionalism and competence, putting at your disposal, not only their linguistic knowledge of both countries, but above all the poet's touch, to give new melodic sounds to your poetry in the language or languages into which it will be translated.

Notiziario d'informazione culturale non periodico a cura di Giovanni Campisi – Tiratura: 15.000 esemplari – Data di pubblicazione, 31 dicembre 2022
Edizioni Universum | Via Italia 6 | 98070 Capri Leone (ME) | E-mail: edizioni.universum@hotmail.it | Sito:eduniversum.altervista.org

—英文版　刊義大利《國際詩新聞 INTERNATIONALPOETRY》，2022.12.31。

*2022 年 12 月 31 日 週六 於 下午 11:08 GIOVANNI MAIL

Hi Mingli,

Thank you for the excellent review of my poems which I will publish in the next few days on my IPN (International Poetry News).

I am preparing the print preview in pdf format.

As soon as it's ready I'll mail you a copy, so you can see if your poems have been placed correctly.

A warm greeting

Giovanni

*2023 年 1 月 2 日 週一 於 下午 4:43 MAIL

Hi Mingli,

You are very good at doing translations.

Thanks for the corrections.

I'm sending you the print preview again for one last check.

A hug from sunny Sicily

Giovanni

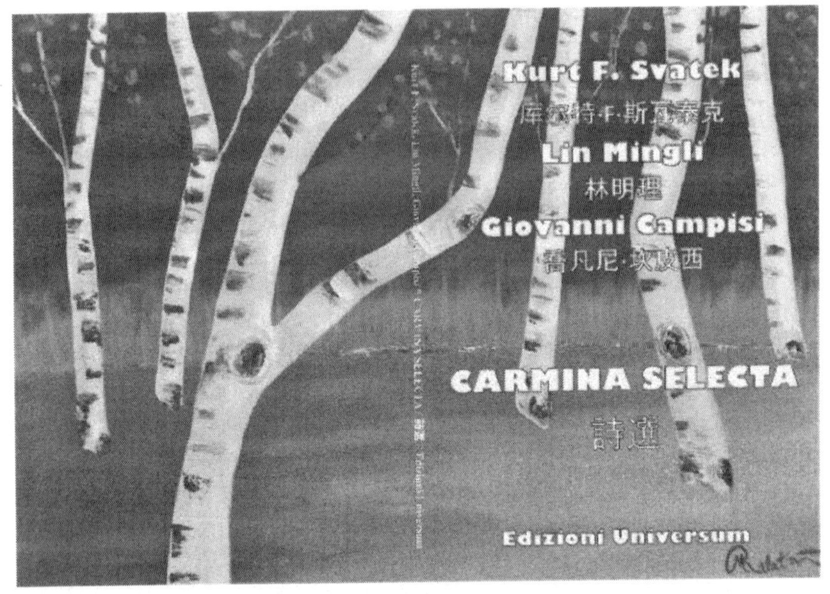

90. 紮根於鄉土的行吟

— 析喬凡尼 · 坎皮西的詩

《庫爾特 · F · 斯瓦泰克，林明理，喬凡尼•坎皮西　詩選》，是一部特殊的中英譯詩集。說它特殊，是因為當今國際詩壇上罕見有人這樣編製過。

它涵蓋三位詩人的精選詩作，他們各自揮筆留下對自己家鄉深愛而關懷的吟唱，再昇華為詩歌藝術形象的體驗；而這也是喬凡尼•坎皮西用心編製而成的著作。

書裡封面的圖片是由希臘畫家所畫，在視覺藝術方面的造詣頗高，加以國際知名詩家庫爾特•F•斯瓦泰克對本詩集的監修，也代表了此書總體的詩藝追求和語言風格。

細讀其中，可以得出對義大利詩人喬凡尼這樣一個認識，即他的詩作中大多蘊含著一種細膩感覺，難能可貴的是，他用心靈體察故鄉裡發生的各種事物及景象，似有神來之筆且多彩的藝術形象。如這首〈俳句〉，是他深厚的鄉情必然，寫來自然情真意切，很優美的：

陽光普照
在蔥蔥鬱鬱的山丘上 ──
鳥兒在桃樹上歌唱

在茂密的松林中
在山頂上
一隻烏鴉呱呱叫

古塔內
長滿常春藤
燕子飛圈圈

被雪覆蓋的
毛拉佐湖上
風箏輕飄

藍天
被一隻金鷹穿過
在太陽下山之前

許多桃樹花
被蜜蜂授粉
每天 —— 都是春天

鳥兒整天嘰嘰喳喳
用不同的聲音
充滿空中

一片雛菊花海
盛開
在鄰家的草地上

一陣陣白色的花瓣
緩緩飄落
自高大的櫻桃樹

有一天太陽
將永遠降落

但我們會活下來
和無數的生命。

眾所周知，俳句是一種有特定格式的詩，而喬凡尼的這首詩是對鄉土的妙悟後聯想出新奇景象的感受。他雖然喜愛到國外旅行，但大半生的時光一直和故鄉生活在一起。他熱愛故鄉，懷有理想與抱負，在出版許多書籍之餘，也投入許多心血於詩歌的創作與研究中，且大多採用情景交融的手法。這首詩，也為他創造俳句藝術和生活情趣提供了最佳的手法表現。

再如這本詩集裡的一詩〈救可救的〉，顯示出喬凡尼詩歌不只是借景物抒情，還體現自己的悲憫胸懷：

火焰高燃
在點亮的天空。
烈日燒灼
早被沸騰的灰燼
所覆蓋的焦土
而風對著強烈的火焰
越吹越猛。
你能聽到劈啪聲和火焰的氣味
進入你的鼻腔。
那些只靠快跑能力的動物群沒有庇護所，
當必須逃避掠食者的時候，
而他們，掠食者，

反過來也成為火的獵物
沒有任何東西
或任何人能逃過，連卑微的土塊
在不斷的腳下分崩離析
那些試圖逃命的人
即使轉身
聽到那些刺耳的斷氣的尖叫聲
也只會讓你損失那也許能救你命的
千分之幾秒，
即使救不了命，你也不能確定
你會被救贖。

總的風格，閱讀喬凡尼的詩，在於它有一種返璞歸真的哲思在內，也充滿了對詩美的堅持，令人激賞。他的詩寫得清純，恰似深山中的野百合般，樸素恬淡，但內裡卻溶聚著對祖國鄉土強烈的感情。他讓此詩集不但有了生命，還有了自己以詩關切大自然的個性。對一個知名的義大利詩人、翻譯家及出版家來說，詩作能達到這般境地及自我要求，實為難能可貴，亦對讀者有更深的啟示。

–寫於 2023.01.06.此書的定版日。

林明理（1961-），生於台灣，曾任教於大學，詩歌評論家

一、義大利《國際詩新聞》2023.01.06日　（中文版）

喬凡尼·坎皮西

紮根於鄉土的行吟

析喬凡尼·坎皮西的詩

林明理

《庫爾特·F·斯瓦森克、林明理、喬凡尼·坎皮西 詩選》，是一部特殊的中英譯詩集。說它特殊，是因為當今國際詩壇上罕見有人這樣編製過。

它涵蓋三位詩人的精選詩作，他們各自揮筆留下對自己家鄉深愛而關懷的吟唱，再昇華為詩歌藝術形象的體驗；而這也是喬凡尼·坎皮西用心編製而成的著作。

書裡封面的圖片是由希臘畫家所畫，在視覺藝術方面的造詣頗高，加以國際知名詩家庫爾特·F·斯瓦森克對本詩集的監修，也代表了此書總體的詩藝追求和語言風格。

細讀其中，可以得出對義大利詩人喬凡尼這樣一個認識，即他的詩作中大多蘊含著一種細膩感覺，難能可貴的是，他用心靈體察故鄉裡發生的各種事物及景象，似有神奇之筆且多彩的藝術形象，如這首《俳句》，是他深厚的情感必然，寫來自然饒富意趣，很優美的：

陽光普照
在蔥蔥鬱鬱的山丘上——
鳥兒在橄欖上歌唱

在茂密的松林中
在山頂上
一隻烏鶇[illegible]

古塔內
長滿常春藤
燕子飛圈圈

被雪覆蓋的
毛茸茸溝上
風箏碰撞

藍天
被一隻金鷹穿過
在太陽下山之前

許多桃樹花
被蜜蜂授粉
每天——都是春天

鳥兒整天嘰嘰喳喳
用不同的聲音
充滿空中

一片雛菊花海
盛開
在鄉家的草地上

一陣陣白色的花瓣
緩緩飄落
自高大的櫻桃樹

有一天太陽
將永遠降落
但我們會活下來
和無數的生命。

眾所周知，俳句是一種有特定格式的詩，而喬凡尼的這首詩是對鄉土的吟唱後激發出新奇景象的感受。他雖然喜愛到國外旅行，但大半生的時光一直和故鄉生活在一起。他熱愛故鄉，懷有理想與抱負，在出版許多書籍之餘，也投入許多心血於詩歌的創作與研究中，且大多採用情景交融的手法，這首詩，也為他創造俳句藝術和生活情趣提供了最佳的手法表現。

林明理

再如這本詩集裡的一詩（救可救的），顯示出喬凡尼詩歌不只是借景物抒情，還體現自己的悲憫胸懷：

火焰高燃
在點亮的天空，
烈日炙灼
浮遊漂蕩的灰燼
所覆蓋的焦土
而風對著強烈的火焰
越吹越猛。
你能聽到劈啪聲和火焰的氣味
進入你的鼻腔。
那些只靠快跑能力的動物群沒有庇護所
當必須逃避掠食者的時候，
而他們，掠食者，
反過來也成為火的獵物
沒有任何東西
或任何人能逃過，連卑微的土壤
在不斷的腳下分崩離析
那些試圖逃命的人
即使轉身
聽到那些刺耳的斷氣的尖叫聲
也只會讓你損失那也許能救你命的
千分之幾秒，
即使救不了命，你也不能確定
你會被救贖。

我的感想，閱讀喬凡尼的詩，在於它有一種欣喜靜寂的氣息在內，也充滿了對詩美的堅持，令人激賞。他的詩寫得清純，恰似深山中的野百合般，樸素恬淡，但內裡卻洋溢著對祖國鄉土強烈的感情，他讓此詩集不但有了生命，還有了自己以詩讚頌大自然的個性。對一個知名的義大利詩人、翻譯家及出版家來說，詩作能達到這般境地及自我要求，實為難能可貴，亦對讀者有更深的啟示。

-寫於2023.01.06. 此書的定版日。

（林明理（1961-），生於台灣，曾任教於大學，詩歌評論家）

To participate in the diffusion of poetry in the world, just send a collection of ten poems and specify in which languages you want to translate it. A team of excellent translators (including poets) will translate your works with high professionalism and competence, putting at your disposal, not only their linguistic knowledge of both countries, but above all the poet's touch, to give new melodic sounds to your poetry in the language or languages into which it will be translated.

Notiziario d'informazione culturale non periodico a cura di Giovanni Campisi – Tiratura: 15.000 esemplari – Data di pubblicazione, 6 gennaio 2023
Edizioni Universum | Via Italia 6 | 98070 Capri Leone (ME) | E-mail: edizioni.universum@hotmail.it | Sito:eduniversum.altervista.org

－中文版刊義大利《國際詩新聞 INTERNATIONAL POETRY》，2023.01.06。

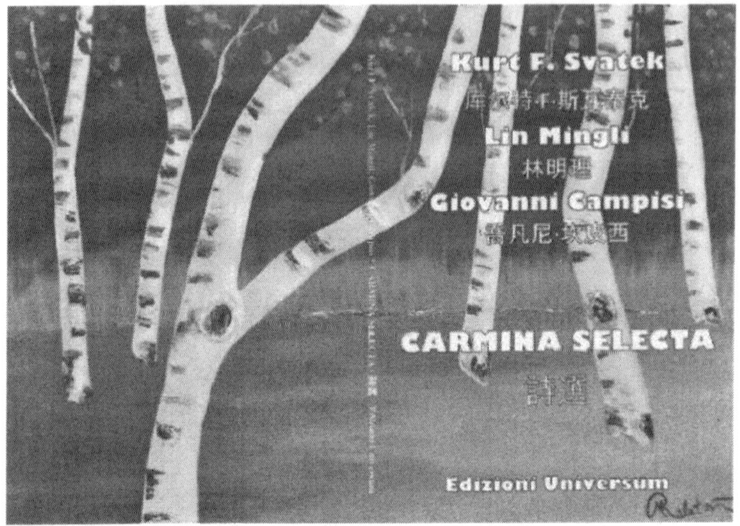

90. Lyrics Rooted in the Country

— Analysis of Giovanni Campisi's Poems

Lin Mingli

“Carmina Selecta” (“Selected Poems”) by Kurt F. Svatek, Lin Mingli, Giovanni Campisi, is a special collection of poems translated into Chinese and English and vice versa. It is special, because it is rare for someone in the international poetry world to compile it in this way. It contains the selected poems of the three poets, each of whom swiped their pens to leave a chanting of love and care for their hometown, and then sublimated it into the experience of poetic artistic image; and this is also a work compiled with his heart by Giovanni Campisi's.

The picture on the cover of the book is drawn by a Greek painter who has a high level of attainment in visual art, and the internationally renowned poet Kurt F. Svatek supervised this collection of poems, which also represents the overall poetic pursuit of this book and language style.

After reading it carefully, one can come to an understanding of the Italian poet Giovanni, that is, most of his poems contain a delicate feeling, and colorful artistic image. For example, this (haiku) by his deep nostalgia, and it is written naturally, sincerely, and beautifully:

The sun shines
on the lush hills –
the birds sing on peach tree

In the thick pinewood
on the tops of mountains
a black raven croaks

In the ancient tower
overgrown with ivy
swallows fly in circles

On the lake Maulazzo
covered with snow
kites fly light

The blue sky
is crossed by a golden eagle
before sunset

Many peach-tree flowers
are pollinated by bees
every day – it's Spring

Birds chirp all day
filling the air
with different sounds

A sea of daisies

flourish
in the meadow next door

A shower of white petals
fall down slowly
from tall cherry trees

One day the sun
will set forever
but we will have lived
and infinite number of lives.

As we all know, haiku is a kind of poem with a specific format, and this poem by Giovanni is the feeling of a novel scene associated with the wonderful understanding of the countryside. Although he loves to travel abroad, he has been living with his hometown for most of his life. He loves his hometown and has ideals and ambitions. Apart from publishing many books, he also puts a lot of effort into the creation and research of poetry, and most of them use the technique of blending scenes with each other. This poem also provides the best expression for him to create haiku art and life interest.

Another example is a poem in this collection of poems

(SAVE THE SAVABLE), which shows that Giovanni's poems not only express emotions through scenery, but also reflect his own compassion:

The flames were high
in the brightly lit sky.
The scorching sun burned
the already burnt earth covered
with boiling ash and the wind
blew hard on the increasingly
imposing flames.
You could hear the crackling and the smell
of fire entering your nostrils.
There was no shelter for the fauna
that relied only on its
ability to run very fast,
as when it was necessary to escape
from predators and they, the predators,
in turn prey to the fire
that spared nothing
and anyone, not even the humble clod
that it fell apart under the constant
trampling of those who tried to escape
certain death, even if, turning around
hearing the piercing screams of those
who were leaving their lives, it only served

to make you lose fractions of thousandths
of seconds in which you could save
your life, even if not, you didn't have
the certainty of reaching salvation.

The general style, reading Giovanni's poems, lies in the fact that it contains a kind of back-to-basics philosophical thinking, and is also full of persistence in poetic beauty, which is admirable. His poems are written purely, just like the wild lilies in the deep mountains, simple and tranquil, but they contain strong feelings for the motherland and the countryside. He made this collection of poems not only have life, but also his own personality of caring about nature through poetry. For a well-known Italian poet, translator and publisher, it is commendable that his poems can achieve such a state and self-requirement, and it also has a deeper inspiration for readers.

— Written on 2023.01.06. The final edition date of this book.

Dr. Lin Mingli (1961-) , born in Taiwan, once taught at a university, poetry critic

一義大利《國際詩新聞》2023.01.06 日（英文版）

EDIZIONI UNIVERSUM

INTERNATIONAL POETRY

NEWS

LYRICS ROOTED IN THE COUNTRY

Analysis of Giovanni Campisi, Poems

紮根於鄉土的行吟——析喬凡尼•坎皮西的詩

Giovanni Campisi

"Carmina Selecta" ("Selected Poems") by Kurt F. Svatek, Lin Mingli, Giovanni Campisi, is a special collection of poems translated into translated into Chinese and English and vice versa. It is special, because it is rare for someone in the international poetry world to compile it in this way.

It contains the selected poems of the three poets, each of whom swiped their pens to leave a charting of love and care for their hometown, and then sublimated it into the experience of poetic artistic image; and this is also a work compiled with his heart by Giovanni Campisi's.

The picture on the cover of the book is drawn by Maria Kalatzi, a Greek painter who has a high level of attainment in visual art, and the internationally renowned poet, Kurt F. Svatek supervised these three collections of poems, which also represent the overall poetic pursuit of this book and language style.

After reading it carefully, one can come to an understanding of the Italian poet Giovanni Campisi, that is, most of his poems contain a delicate feeling, and colorful artistic image. For example, this (haiku) of deep nostalgia, and it is written naturally, sincerely, and beautifully:

The sun shines
on the lush hills –
the birds sing on peach tree

In the thick pinewood
on the tops of mountains
a black raven croaks

In the ancient tower
overgrown with ivy
swallows fly in circles

On the lake Maulazzo
covered with snow
kites fly light

The blue sky
is crossed by a golden eagle
before sunset

Many peach-tree flowers
are pollinated by bees
every day – it's Spring

Birds chirp all day
filling the air
with different sounds

A sea of daisies
flourish
in the meadow next door

A shower of white petals
fall down slowly
from tall cherry trees

One day the sun
will set forever
but we will have lived
and infinite number of lives.

As we all know, haiku is a kind of poem with a specific format, and this poem by Giovanni is the feeling of a novel scene associated with the wonderful understanding of the countryside. Although he loves to travel abroad, he has been living with his hometown for most of his life. He loves his hometown and has ideals and ambitions. Apart from publishing many books, he also puts a lot of effort into the creation and research of poetry, and most of them use the technique of blending scenes with each other. This poem also provides the best expression for him to create haiku art and life interest.

Another example is a poem in this collection of poems (SAVE THE SALVABLE), which shows that Giovanni's poems not only express emotions through scenery, but also reflect his own compassion:

Lin Mingli

The flames were high
in the brightly lit sky.
The scorching sun burned
the already burnt earth covered
with boiling ash and the wind
blew hard on the increasingly
imposing flames.
You could hear the crackling and the smell
of fire entering your nostrils.
There was no shelter for the fauna
that relied only on its
ability to run very fast,
as when it was necessary to escape
from predators and they, the predators,
in turn prey to the fire
that spared nothing
and anyone, not even the humble clod
that it fell apart under the constant
trampling of those who tried to escape
certain death, even if, turning around
hearing the piercing screams of those
who were leaving their lives, it only served
to make you lose fractions of thousandths
of seconds in which you could save
your life, even if not, you didn't have
the certainty of reaching salvation.

The general style, reading Giovanni's poems, lies in the fact that it contains a kind of back-to-basics philosophical thinking, and is also full of persistence in poetic beauty, which is admirable. His poems are written purely, just like the wild lilies in the deep mountains, simple and tranquil, but they contain strong feelings for the motherland and the countryside. He made this collection of poems not only have life, but also his own personality of caring about nature through poetry. For a well-known Italian poet, translator and publisher, it is commendable that his poems can achieve such a state and self-requirement, and it also has a deeper inspiration for readers.

Written on 2023.01.06. The final edition date of this book.

(Dr. **Lin Mingli** (1961-), born in Taiwan, once taught at a university, poetry critic)

－英文版 刊義大利《國際詩新聞 INTERNATIONAL POETRY》，2023.01.06。

91

林明理畫作

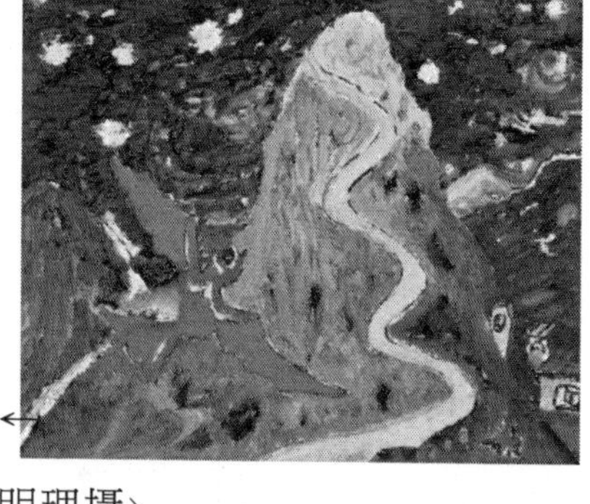

←

←林明理攝↘

91. 庫爾特·F·斯瓦泰克的詩歌藝術

在當今國際新詩潮成為一股澎湃的詩歌浪潮之中，體現了詩人們思維的藝術表現是最為明顯的，其中，有一位投身於文學創作裡耕耘最耀眼的詩人之一，是庫爾特·F·斯瓦泰克（Kurt F. Svatek，1949-）。

他的一生是傳奇的，許多文評家曾稱他的文學成就豐富了審美詩歌的內涵，並在促進國際和平之間形成了一個長久推展的橋樑。而我卻明白地認為，Svatek 詩歌的勝境與其至性深情的關聯無法忽略，也正是因為藝術灌注了生命給他，才能夠使我從欣賞的角度去探討 Svatek 對於自己詩歌的藝術創新。

出生於維也納的 Svatek，憑藉著一股過人的志氣，苦學有成。他從年輕時就開始嶄露頭角，進而贏得了國際間無數獎項，而其詩歌被翻譯成多種語言，在他浩瀚的書籍之中，有許多首詩歌則成了當代文學的經典之作。比如在今年新春義大利出版的《詩選》中，他歌詠了窮苦的、無家棲身的人，也把現實人生中悲傷的一面與創作詩歌的美好境界勾勒出來。身為詩人，他為追求詩歌的審美趣味的直抒胸臆，既有感性，又有其真切同情弱者的儒者情懷。

〈為我歌唱這一天〉一首，是詩人放在這本詩選的第一首，描寫愛情的憂鬱與剎那間心的搏動，抒發了愛情的美麗與憂傷、夢想與渴望之間的反思：

不要對我歌唱昨天；
過去的，消失了。
不要為我歌唱明天，
夢想的
可能永遠不會實現
只會讓心痛
或使心煩躁不安。
為我歌唱那剛開始綻放的玫瑰，
被柔和的風親吻
為我翻譯漸漸融入沙灘的
海浪之歌，
鳥兒的歌聲
或不知疲倦的蟬鳴。
為我唱這首
對這一天的愛的歌，
而不是遙遠的嚮往。只給我唱這首
現在，
獨一無二的時刻，
因為只有在這裡，生命才會搏動。

這首詩對愛情的痛苦與悸動的幸福的率性揭示中體現了

對愛情虛偽和嚮往的反思，也是一種浪漫主義的美麗的想像。再如〈瓶子裡給你自己的信息〉，這首詩中描寫了從回憶的沙漏中的審美感受，以達到一種唯美的寧靜詩意：

就連最美麗時刻的
記憶
都會隨著歲月的流逝而褪色，
因為記憶
有時會遺漏細節。
你該用瓶子
裝滿當時的氣氛
然後你該為特別的時節
打開它
有如打開一瓶陳年的老酒。

夜讀 Svatek 的詩，讓我想像自在的馳騁，似乎直入天際。若引用後期印象派名家文生•梵谷的名言是：「痛苦即是人生」。在這首詩裡，我所看到的是，詩人所回憶中的一切都是寧靜與感性。或許，對 Svatek 來說，故鄉城鎮的景物培育了他的靈感，奧地利文化藝術的南部環境也為其詩歌創作注入了強烈的鄉土情懷。他在〈片刻〉這首詩中描寫了熱愛鄉土這種精神狀態，這是他嚮往從大自然中尋找靈思的具體形象，又象徵詩人開始振醒，並顯示其鮮明而純淨的靈魂之光：

一朵小白雲
正帶著你的夢想飛走。

飛鳥抓不到它，
蝴蝶更別夢想，
最重要的是
蒲公英的小降落傘，
——某時，某地——，
遵從風的低語指示，會飄到地上：
也許在高草上，
也許
飄進季節性乾燥的小溪河床，
那裡有一顆小鵝卵石
在陽光下向他們閃閃發光／如翡翠。

類似這種以真情為美的情感表現，已在 Svatek 諸多以多種藝術形式所創造的詩美之中。其中，我最喜歡的一首，是他在長期寫詩的創作中，以這首〈詩〉寫道：

詩懸掛在絲線上
在樹上
以及風聲裡。
他們打開到房間的
百葉窗
在我們自己身上。
用文字建造一座大教堂。
這樣黑度
失去它的重量。
它們是生命洪流中
閃爍的蠟燭

他們是人生的夢想。

在過去的文評界，大多認為 Svatek 是最講究詩的想像力和真情的美感的，因為，他自己就是一位對詩歌藝術進行過專門探討的大家，而且他也對翻譯的要求是很嚴謹的。他有時確實像一位多采詩歌形式的建築大師，逐一細心建構他的詩歌堡壘，從而創造出別具一格的美感，也體現了他以真情為美的詩歌藝術特徵，故而廣為國際文壇敬佩。

—2023.01.04 作

6 浯江副刊　2023.1.16　金門日報

浯江夜話

說朕

一絲白髮

逃

庫爾特・F・斯瓦泰克的詩歌藝術

◎林明理

—刊臺灣《金門日報》副刊，2023.01.16，及畫作 1 幅。

馬祖日報 2023.2.08

2023年海峽兩岸民俗文化節感受非遺文化魅力

振興觀光業補助 最快4月上路

開學日強冷空氣來襲 強度直逼寒流

澎湖縣公教人員離島加給 5月起調整爲9,790元

海大與日本館山市簽創生合作協議

免疫不足引發5疾病 輕如嘴破、重則長皮蛇

元宵乞龜改祈福智慧 澎湖湖西天后宮飄書香

夜讀庫爾特·F·斯瓦泰克的詩

—此詩評的詩作排版方式及內容有修改（夜讀庫爾特•F•斯瓦泰克的詩），刊臺灣《馬祖日報》副刊，2023.02.08，及畫作 1 幅，攝影 3 張。

91. The Art of Poetry by Kurt・F・Svatek

Lin Mingli

In today's international tide of new poetry, which has become a surging wave of poetry, the artistic expression of poets' thinking is the most obvious. Among them, one of the most dazzling poets devoted to literary creation is Kurt · F • Svatek (Kurt F. Svatek, 1949-).

His life is legendary, and many literary critics have said that his literary achievements have enriched the connotation of aesthetic poetry and formed a long-lasting bridge between promoting international peace. However, I clearly believe that the relationship between the beauty of Svatek's poetry and his deep affection cannot be ignored, and it is precisely because art has instilled life into him that I can explore Svatek's artistic innovation of his own poetry from the perspective of appreciation.

Svatek, who was born in Vienna, succeeded in studying

hard with his extraordinary ambition. He emerged from a young age, and has won numerous international awards, and his poems have been translated into many languages. Among his vast books, many poems have become classics of contemporary literature. For example, in the "Selected Poems" published in Italy in the Spring Festival this year, he sang about the poor and homeless people, and also outlined the sad side of real life and the beautiful realm of poetry creation. As a poet, he expresses his heart directly in pursuit of the aesthetic taste of poetry. He has both sensibility and Confucian feelings of genuine sympathy for the weak.

(SING TO ME OF THIS VERY DAY) is the first poem that the poet put in this anthology. It describes the melancholy of love and the pulsation of the heart in an instant, and expresses the beauty and sadness of love, the gap between dreams and longing reflection:

Do not sing to me of yesterday.
what was, is gone.
Do not sing to me of tomorrow,
of dreams
that may never come true
and only make the heart ache
or cause the mind to flutter restlessly.
Sing to me of the rose

that is just starting to bloom,
kissed by a soft wind.
Translate for me the song of the waves
gradually melting into the beach,
the song of the birds
or the chirping of the tireless cicadas.
Sing to me the song
of love for this very day,
not of faraway yearning.
Sing to me the song only
of this present,
unique moment,
for it is only here that life is throbbing.

The poem reveals the pain and throbbing happiness of love embody the reflection on the hypocrisy and yearning of love, and it is also a kind of romantic and beautiful imagination. Another example (TIME IS A PRINCESS WITH MANY GARMENTS), this poem describes the aesthetic feeling from the hourglass of memories, in order to achieve a beautiful and peaceful poetry:

Despite the stillness, you sense time going by,
you see how the light
changes in the course of a day,
or how the rocks

change colour to the rhythm of the hours.
Towards sunset time, drive to the reservoir
and scream until all the sadness has been expelled from your being.
The evening breeze
will spread it across the surface
and, ultimately, let it sink down,
yet after a few minutes,
it will return with the frogs' croaking.
The moon will never come to you,
but maybe one time you will be able
to visit her.

If I quote the famous post-impressionist Vincent van Gogh's famous saying: "Pain is life". But in this poem, what I see is that everything the poet recalls in his memory is tranquility and sensuality. Perhaps, for Svatek, the scenery of his hometown town cultivated his inspiration, and the southern environment of Austrian culture and art also injected strong local feelings into his poetry creation. He described the spiritual state of loving the country in (For a moment) this poem, which is a concrete image of his longing to find spiritual thoughts from nature, and it also symbolizes that the poet is awakening and showing the light of his pure soul .:

A small, white cloud

is flying away with your dreams.
The birds cannot reach it,
the butterflies even less so,
and least of all
the little parachutes of dandelion,
which – sometime, somewhere –,
following the whispered instructions of the wind,
will float to the ground:
Perhaps onto the high grass,
and perhaps
into a seasonally dry bed of the brook,
where a tiny pebble
is glittering at them in the sun
like an emerald.

This kind of emotional expression with true feelings as beauty has been included in many poetic beauty created by Svatek in various art forms. Among them, my favorite one is that he wrote this (poem) in his long-term creation of poetry:

Poems hang on silk threads
in the trees
and sound in the wind.
They open the window shutters
to rooms
which are in ourselves.

Building a cathedral from words.
So the blackness
loses its weight.

They are in the stream of life
the flickering candle.
They are dreams of life.

In the past literary critics, most people thought that Svatek was the one who paid the most attention to the poetic imagination and the beauty of true feelings, because he himself is a master who has specially discussed the art of poetry, and he also has very strict requirements for translation. . Sometimes he is indeed like a master architect with various poetic forms, carefully constructing his poetic fortresses one by one, thus creating a unique aesthetic feeling, which also reflects his poetic artistic characteristics of taking true feelings as beauty, so he is widely admired.

—2023.01.04.

Dr. Lin Mingli (1961-), Taiwanese scholar and poetry critic

*2023 年 1 月 4 日 週三 於 下午 4:32MAIL
Hi Mingli,

Making a good book requires expertise, dedication and a love for literature.

I was fortunate to meet three wonderful people who possess the above qualities: Mingli, Kurt, William.

Together we managed to lay the first literary milestone between two very different and yet similar worlds.

I hope to continue this journey with you for a few more years.

I send your message of thanks for his corrections on your poems and your review on his poems.

A warm greeting

Giovanni

林明理畫作(此畫存藏於台灣臺北的「國圖」)

92. 夜讀張智中的詩

與張智中教授相識已多年了，原來只知他是一位勤奮的博士生導師，近日，讀了他的詩，才知他同時還是一位靈感豐沛且又語言質感非常抒情的詩人。用一句話來概括其生活態度:「癡迷於英譯及文學」，在燈下，他專於翻譯與研究，出版編輯、譯著等百餘部，這樣的經歷在這一位詩人型的學者身上令人難以置信的是，他的詩作深深地根植於他的全部思考和熱情之中。

走進張智中的詩世界，幾乎都表現著詩人對生活、自然、人生或命運的深刻感悟，不乏對故鄉的緬懷和詩美的追求；可謂都是在那種直透歲月的月光中使其詩歌顯示出對自己人生的思考。也可以說，詩，正是他心靈之聲的交響。如〈故鄉春曉〉一詩，透射出詩人燃燒的思鄉激情：

這是母親走後
的第四個春天
我成年後第一次
乘春天回到老家
探望身體些微佝僂
卻仍健談的父親
春眠，老家的
春眠，當然
不覺其曉
一夜無風無雨無攪擾
房前屋後
鳥啼清脆
故鄉的春花
永不凋落

不但表現了詩人解剖自己心靈，也真實生動地寄予對父母思念深厚的情懷，讀來讓人覺得熟悉親切。再如〈母親的哲學〉，內裡蘊聚著詩人對母親深厚的愛與留戀之情：

母親生前常說
人就像割韭菜
一茬一茬的

今日立春
心裡的韭菜
不覺蔥鬱起來

別有意味的是，這首〈好大一棵樹〉，詩句想像奇特，已達到了詩藝更臻於成熟的地步。在他眼中的一草一木，或外在世界的狂風霜雪，都成為了詩人內心的圖景，也發出自己的聲音。此刻詩人以真切感人的詩筆寫道：

一群群的狂風如同暴徒
剝光了你的衣衫
一陣陣的霜雪如同刀片
在你身上留下
瘡痍的斑點
你只是微笑　岸然
一身的硬骨　不變

經歷了數十年四季的輪轉
永不消失的是
蘊藏在你年輪中心的
春天

在詩中，這棵「大樹」無畏狂風暴雪，但它在瞬間體現了自己的價值，給世界帶來了堅韌的勇氣，給人以精神上的強烈感染和莫大鼓舞；也隱喻了詩人欲把自己的審美理想融入了抒情詩的意象中，從而反映了張智中的詩歌才華和看到他感情深厚、堅強不屈的個性。

張智中在教學與英譯研究之餘，其詩歌創作上的主要傾向，是形式要精煉、抒情，也同樣是其赤子情懷的流露。我很喜歡波蘭現代詩人辛波絲卡寫過的一首〈微笑〉最後一節：

高興春天到了，所以才動動臉。／然而人類天生憂傷。／就順其自然吧。那也不是什麼壞事。

而張智中教授在詩歌美學和西方文學的翻譯與學術的探索上雖已取得了可喜的成績，但他只有在詩創作中才能更好的認識自我；也可以說，詩，是他內心的一種情感表達。他就像深山一棵峭拔向上的大樹，以嶄新的勇敢的姿態，在發揮著它旺盛的生命力。而他所有的詩作，都是用他自己對生活中切身的感受，因而才能從平凡中寫出不平凡，增添詩作的力度。

—2023.01.21 作

中華日報

中華副刊 A8

夜讀張智中的詩

文/圖 林明理

春秋紀念日

你沒有取走的床墊

粉撲如花

－刊臺灣《中華日報》副刊，2023.02.04，及林明理畫作 1 幅。

93. 追求光明的勇者 — Sara Ciampi 的詩世界

在蓬勃發展的國際詩壇中，Sara Ciampi（1976-）的新詩脫穎而出，彷若一顆耀眼的藍星呈現於世界面前。她出生在義大利西北部一個叫熱那亞（Genova）的小鎮裡，度過了自己艱難卻不平凡的童年和少年時代。然而正是那岬角與海浪花輝映，那矗立著藝術的建築和海邊的美景，培育了詩人對自己的家鄉的深情厚意；而生活中所經歷的磨難又鍛鍊了她堅強不屈的傲骨和沉靜而樸實無華的性格。

走過風雨的苦痛歲月，Sara Ciampi 在獲得文學碩士後，她那激情澎湃、用心血釀成的諸多詩集與詩篇，她的深情低吟，正是從熱那亞這裡萌生出來的；最終成為熱那亞大學備受矚目的當代作家之一，且多次獲得諾貝爾文學獎提名等殊榮。

雖然在某一段成長的時間裡，Ciampi 的思想也曾一度苦悶徬徨，但她透過詩歌創作逐步建立了自我生命的體驗與感觸而生的文學意象的同構關係，努力以赴，成為詩思敏捷的著名詩人，因而被譽為「義大利之新星」。她的詩，充滿了悲憫的思想感情和強烈的時代精神，如今更以嶄新的勇者姿態，繼續揮灑著她的詩筆，且深深地烙印在廣大讀者的心田裡。如〈流星〉中寫道：

浩瀚星空，
在這個八月的夜晚，我著迷
於你的神奇，
趁著涼風
輕輕搖曳
高大的松樹，
我看著你，若有所思。

流星啊，
蒼穹的飛逝之淚，
多少模糊的目光
充滿喜悅和希望
等待你的通過！

多麼甜蜜的夢
幸福和愛的幻影
你是否有能力給予
我們悲慘的靈魂！

流星啊，
小水滴閃爍
在壓抑的夜色中，
但你如何改變

人類命運的進程？

噢，慾望，幻想，
你多像那些
快速的星星，
只是帶來
最為虛榮和轉瞬即逝的幻想
最後消失
被最深的黑暗所吞噬！

她以詩歌詠生命中的快樂或痛苦，熱愛或內心深處的聲音，偶爾也會以理性思辨來表達某種深沉的思索。〈沉默的聲音〉一詩，便是超越時間和空間的界限，創造出一種純粹詩美的境界，並冀望充滿友善、寧靜、思想自由馳騁的境界的到來：

浸在微弱的光中
我溫暖的房裡，
我獨自在夜裡聆聽
悦耳甜美的聲音：
沉默的聲音。

絕對的平靜中
與白天的噪音一點也不和諧，
多少淒涼悲傷的回憶錄
多少愉快的回憶，

讓我痛苦，讓我快樂
在我的記憶中，再次醒來！

親愛的，沉默的聲音，多麼重要，
只有你，能夠安撫
我那顆飽受考驗之心的憂慮，
只有你，回憶
鳥兒悅耳的歌聲，
枝葉的沙沙聲，
大海的破裂聲
以及小溪的潺潺聲！

沉默的聲音啊，
只有那些能夠
聽到你的聲音
夢想並召喚你，
安靜的崇高耳語，
在充滿噪音的粗糙世界中，
震耳欲聾的愚蠢
以及嘈雜的髒話！

詩裡的筆調雖然是抒情婉約，但隱逸其中的是，對社會人生的思考，也奔湧在她的血液中；從而給人一種層次清晰、讀來鏗鏘悅耳的感覺。她總能運用豐富的想像力，使詩作出現的意象有著眾多面目。比如〈蹺蹺板〉一詩：

沉浸在公園的寧靜中，
我記得遙遠的時光
我是個快樂的孩子
跑在陽光明媚的路上
像其他孩子一樣
在可愛的蹺蹺板上
我高興地搖晃：
輕鬆省心的蹺蹺板。

悶熱的午後
我追溯那些舊路
現在竟如此靜默，
如此孤單，
如此費勁。

我累了，但我現在
只有一個蹺蹺板：
人生的蹺蹺板，
命運之風
搖擺
痛悔之間
從未真正活過的日子
明天的崇高夢想。

這首詩暗示著在夏日公園的景色中一舒懷抱的潛意識，它必然也在整體上包含了 Sara Ciampi 的審美意識和崇高的人格特質。這些都是詩人尋求心靈淨化而寫下富有特色的抒情詩。

義大利航海家哥倫布（Cristoforo Colombo）曾說：「世界是屬於勇者的。」細讀 Ciampi 的詩，其實內裡也蘊聚著一種強烈的現代詩人的生命律動。她的身心似能與宇宙融合，也具有深刻的批判精神。她對家鄉的情韻仍是她詩歌創作的一根臍帶，更貼近於對民族的愛國精神，對受苦者的痛感同身受。

她已全心投身於義大利詩歌史上勇於追求光明的詩家之林，猶如冬夜的一顆璨星，閃著同等的光芒。顯然地，在 Sara Ciampi 的詩的王國裡，已打開了一座更廣闊的審美天地。

－2023 年 01 月 13 日，寫於台灣。（作者：林明理，學者詩人，詩歌評論家）

（**譯者**：張智中，南開大學外國語學院教授、博士研究生導師）

93. The Warrior-Pursuer of Light

— The Poetic World of Sara Ciampi

Lin Mingli

In the flourishing international poetry circle, the new poems of Sara Ciampi (1976-) stand out like a dazzling blue star appearing in the world. She was born in a small town called Genoa in northwest Italy, where she spent her difficult yet extraordinary childhood and adolescence. However, it is the reflection of the headland and the waves, the artistic buildings and the beautiful scenery of the sea that have cultivated the poet's deep affection for her hometown; the hardships experienced in life have tempered her indomitable pride and calmness, as well as her unpretentious character. After going through the bitter years of winds and rains, and after Sara Ciampi has obtained a master of arts, her passionate collection of poems through painstaking efforts was born in Genoa.

Eventually she became one of the high-profile contemporary writers, and has time and again been nominated for the Nobel Prize in Literature.

Although in a certain period of her growing up, Ciampi's thoughts were once depressed and hesitant, through poetry creation, she gradually established the isomorphic relationship between her own life experience and literary images born of feelings, and she worked hard to become a poet of profound thinking, for which she is famed as the "Rising Star of Italy". Her poems are full of compassionate thoughts and feelings and a strong spirit of the times, and now she continues to write her poems with a brand-new brave attitude, which is deeply imprinted in the hearts of her readers. As in *Falling Stars*:

Immense starry universe,
on this August night I am enchanted
by your wonders and,
while a cool breeze
gently bends
the tall pines,
I look thoughtfully at you.

O falling stars,
fleeting tears of the firmament,
how many vague glances
full of joy and hope

await your passage!

What sweet dreams
and what illusions of happiness and love
are you capable of giving
to our miserable souls!

O falling stars,
little drops flickering
in the oppressive darkness of the night,
but how can you change
the course of human destiny?

O desires, o chimeras,
how much you resemble
those rapid stars,
which give only
the most vain and fleeting illusion
and finally disappear
swallowed by the deepest darkness!

She sings the joy or pain in life, love or inner voice in her poems, and occasionally she expresses some deep thinking with rational thinking. *The Voice of Silence* is a poem which transcends the boundaries of time and space, to create a realm of pure poetic beauty, hopeful for the arrival of a realm filled with friendliness, tranquillity, and freedom of thought:

Dipped in the faint light
of my warm room,
alone I listen in the night
a pleasant and sweet voice:
the voice of silence.

In this absolute calm
so discordant from diurnal noise,
how many sad and sorrowful memoirs
and how many cheerful remembrances,
that make me suffer and rejoice
wake up again in my memory!

How much are you dear, voice of silence,
just you, able to appease
the worries of mine tried heart,
just you, that recall
the sweet songs of birds,
the rustle of leafy branches,
the break of sea
and the murmur of brooks!

O voice of silence,
only those people

who are able to hearing you
dreaming and invoking you,
o sublime whisper of quiet,
in a rough world full of noises,
deafening stupidities
and noisy obscenities!

Although the tone of the poem is lyrical and graceful, what is hidden in it is that the thinking about social life is interwoven in her blood, thus giving people a feeling of clear layers and sonorous and pleasant reading. She can always use her rich imagination to lend many-faceted images to her poems. Take *The Carousel* for example:

In the gentle quiet of the park
happy voices and laughter
of happy and lively children were heard,
who enjoyed shooting
on bright coloured rides.

How sweet, tender and playful were
those little children with serene glances,
who played so carefree
yet unaware of human evils, tragedies,
misfortunes and tribulations!

What immense nostalgia and great regret

arose strong from the bottom of my heart
at the sight of joyful creatures,
who only savoured the exquisite taste
of childhood on that carousel!

By now it has fled and lost forever
that distant season so dear to me,
source of gaiety and pleasant memories,
and now during my sad run
on the merry-go-round of existence
vague yearnings, sublime hopes
and ephemeral enjoyments alternate
quick to pains, anxieties and suffering,
until the last lap is inevitable
and everything will stop sadly
in the most total, oppressive darkness
and perpetual, absolute silence.

The poem is suggestive of the subconsciousness of embracing the landscape of a summer park, which is sure to contain Sara Ciampi's aesthetic sense and sublime personality as a whole. These are the characteristic lyric poems by poet in seeking spiritual purification.

Cristoforo Columbus, an Italian navigator, once said: "The world belongs to those who are brave." After carefully reading Ciampi's poems, there is actually a strong pulse of life in modern poets. Her body and mind seem to be able to be integrated with the universe, and she boasts a profound critical spirit. Her affection for her hometown is still an umbilical cord of her poetry creation, which is closer to her patriotic spirit, and she empathizes with the painful and suffering people.

She devotes herself wholeheartedly to the forest of poets who have the courage to pursue the light in the history of Italian poetry, like a bright star on a wintry night, shining with the same rays of light. Obviously, in the kingdom of her poems, Sara Ciampi has opened an aesthetic world which is wider.

Author: Dr. Lin Mingli, (1961-), a Taiwanese scholar and poetry critic; written on January 13, 2023

Translator: Zhang Zhizhong, professor, doctoral supervisor and dean of the Translation Department of Foreign Languages College, Nankai University）

－刊 2023.02.19 義大利，EDIZIONI UNIVERSUM（埃迪采恩尼大學），《國際詩新聞》《INTERNATIONAL POETRY　N E W S》，張智中教授譯，及林明理在義大利出版的第二本中英對照的合著詩集封面。

2023.2.17日意大利EDIZONI UNIVERSUM（埃迪采恩尼大学）《国際詩新聞》
《INTERNATIONAL POETRY NEWS》，刊林明理詩評〈
追求光明的勇者－Sara Ciampi的詩世界〉，張智中教授譯，及林明理在義大利的合著詩集封面。

EDIZIONI UNIVERSUM
INTERNATIONAL POETRY
NEWS

L'amore
è come
un raggio
di sole,
riscalda
il cuore.
G.C.

SARA CIAMPI ACHIEVES THE DIPLOMA

"Universal Literature Grand Prize for Peace"
for the English-Chinese bilingual authors' trilogy
"IN MEMORY OF DAPHNIS AND CHLOE"

The Warrior-Pursuer of Light
The Poetic World of Sara Ciampi

In the flourishing international poetry circle, the new poems of Sara Ciampi (1976-) stand out like a dazzling blue star appearing in the world. She was born in a small town called Genoa in northwest Italy, where she spent her difficult yet extraordinary childhood and adolescence. However, it is the reflection of the headland and the waves, the artistic buildings and the beautiful scenery of the sea that have cultivated the poet's deep affection for her hometown; the hardships experienced in life have tempered her indomitable pride and calmness, as well as her unpretentious character. After going through the bitter years of winds and rains, and after Sara Ciampi has obtained a master of arts, her passionate collection of poems through painstaking efforts was born in Genoa. Eventually she became one of the high-profile contemporary writers, and has time and again been nominated for the Nobel Prize in Literature.

Although in a certain period of her growing up, Ciampi's thoughts were once depressed and hesitant, through poetry creation, she gradually established the isomorphic relationship between her own life experience and literary images born of feelings, and she worked hard to become a poet of profound thinking, for which she is famed as the "Rising Star of Italy". Her poems are full of compassionate thoughts and feelings and a strong spirit of the times, and now she continues to write her poems with a brand-new brave attitude, which is deeply imprinted in the hearts of her readers. As in *Falling Stars*:

Immense starry universe,
on this August night I am enchanted
by your wonders and,
while a cool breeze
gently bends
the tall pines,

I look thoughtfully at you.

O falling stars,
fleeting tears of the firmament,
how many vague glances
full of joy and hope
await your passage!

What sweet dreams
and what illusions of happiness and love
are you capable of giving
to our miserable souls!

O falling stars,
little drops flickering
in the oppressive darkness of the night,
but how can you change
the course of human destiny?

O desires, o chimeras,
how much you resemble
those rapid stars,
which give only
the most vain and fleeting illusion
and finally disappear
swallowed by the deepest darkness!

She sings the joy or pain in life, love or inner voice in her poems, and occasionally she expresses some deep thinking with rational thinking. *The Voice of Silence* is a poem which transcends the boundaries of time and space, to create a realm of pure poetic beauty, hopeful for the arrival of a realm filled with friendliness, tranquility, and freedom of thought:

Dipped in the faint light
of my warm room,
alone I listen in the night
a pleasant and sweet voice:
the voice of silence.

In this absolute calm
so discordant from diurnal noise,
how many sad and sorrowful memoirs
and how many cheerful remembrances,
that make me suffer and rejoice
wake up again in my memory!

How much are you dear, voice of silence,
just you, able to appease
the worries of mine tried heart,
just you, that recall
the sweet songs of birds,
the rustle of leafy branches,
the break of sea
and the murmur of brooks!

O voice of silence,
only those people
who are able to hearing you
dreaming and invoking you,
o sublime whisper of quiet,
in a rough world full of noises,
deafening stupidities
and noisy obscenities!

Although the tone of the poem is lyrical and graceful, what is hidden in it is that the thinking about social life is interwoven in her blood, thus giving people a feeling of clear layers and sonorous and pleasant reading. She can always use her rich imagination to lend many-faceted images to her poems. Take *The Carousel* for example:

In the gentle quiet of the park
happy voices and laughter
of happy and lively children were heard,
who enjoyed shooting
on bright coloured rides.

How sweet, tender and playful were
those little children with serene glances,
who played so carefree

P. 1

Translator: Zhang Zhizhong professor, doctoral supervisor and dean of the Translation Department of Foreign Languages College, Nankai University

yet unaware of human evils, tragedies,
misfortunes and tribulations!

What immense nostalgia and great regret
arose strong from the bottom of my heart
at the sight of joyful creatures,
who only savoured the exquisite taste
of childhood on that carousel!

By now it has fled and lost forever
that distant season so dear to me,
source of gaiety and pleasant memories,
and now during my sad run

on the merry-go-round of existence
vague yearnings, sublime hopes
and ephemeral enjoyments alternate
quick to pains, anxieties and suffering,
until the last lap is inevitable
and everything will stop sadly
in the most total, oppressive darkness
and perpetual, absolute silence.

The poem is suggestive of the subconsciousness of embracing the landscape of a summer park, which is sure to contain Sara Ciampi's aesthetic sense and sublime personality as a whole. These are the characteristic lyric poems by poet in seeking spiritual purification.

Cristoforo Columbus, an Italian navigator, once said: "The world belongs to those who are brave." After carefully reading Ciampi's poems, there is actually a strong pulse of life in modern poets. Her body and mind seem to be able to be integrated with the universe, and she boasts a profound critical spirit. Her affection for her hometown is still an umbilical cord of her poetry creation, which is closer to her patriotic spirit, and she empathizes with the painful and suffering people.

She devotes herself wholeheartedly to the forest of poets who have the courage to pursue the light in the history of Italian poetry, like a bright star on a wintry night, shining with the same rays of light. Obviously, in the kingdom of her poems, Sara Ciampi has opened an aesthetic world which is wider.

THE PATH OF MEMORIES

by Sara Ciampi

On a sad autumn noon,
in the company of my solitude,
with weeping eyes
I, melancholic, remember my past.

How much nostalgia invades my soul
at the thought of my happy childhood!
I remember happy days
full of joy and health,
of games and deep affections
in my warm family nest.
Everything was carefree
in that typical age
of naivety and serenity! [...]

Author: Dr. Lin Mingli, (1961-), a Taiwanese scholar and poetry critic; written on January 13, 2023.

Sara Ciampi born in Genoa, Italy, on January 24, 1976, has won multiple awards in Italy and abroad. Her poems have been translated and published in 22 different languages. She has 93 bilingual poetry books to her credit. She has been included among contemporary writers in the study plan of the University of Genoa. 2019 Master of Literature. In 2022 she was awarded an important honour depicting Montecitorio in the Press Room of the Chamber of Deputies in Rome. She has been nominated several times for the Nobel Prize in Literature.

Notiziario d'informazione culturale non periodico a cura di Giovanni Campisi – Tiratura: 25.000 esemplari – Data di pubblicazione, 19 febbraio 2023
Edizioni Universum | Via Italia 6 | 98070 Capri Leone (ME) | E-mail: edizioni.universum@hotmail.it | Sito:eduniversum.altervista.org

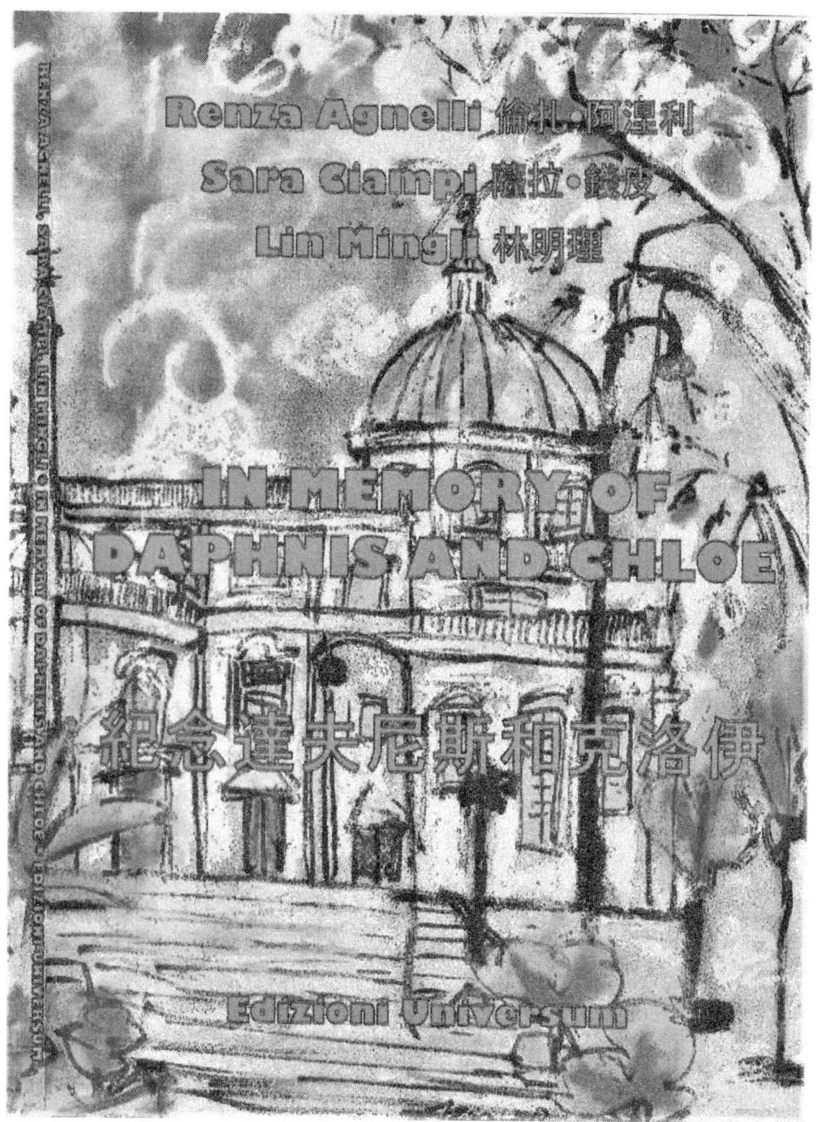
Renza Agnelli
Sara Ciampi 薩拉·錢皮
Lin Mingli 林明理
IN MEMORY OF
DAPHNIS AND CHLOE
紀念達夫尼斯和克洛伊
Edizioni Universum

94. 托馬斯•特蘭斯特羅默《巨大的謎語》賞析

一、其人其詩

閱讀瑞典詩人托馬斯•特蘭斯特羅默（Tomas Transtromer，1931-2015）詩歌，能夠明顯感受到他對於詩歌的凝鍊簡約性有一種較為自覺的追求。或許他集詩人、音樂家、作家與畫家於一身，著迷於為純粹的詩歌，以臻為藝術理想與美學思想的實踐者。他的詩節奏性強，常以深刻的比喻或諸多聯想來表達其強烈的感情；自覺地進行著思維層面的自問。

詩人曾著有詩集十餘卷，在斯德哥爾摩大學研究後，轉到一個青少年拘留所做心理學家。終其一生閱歷豐富，生性淡泊、生活簡約。五十九歲時，患腦溢血，致語言功能受到阻礙，但仍繼續努力於創作；直到八十歲那年，獲得二〇一一年諾貝爾文學獎的殊榮，四年後，安詳地走完人生。托馬斯的詩歌被翻譯成三十多國的文字，流傳於世。

其中，由瑞典漢學家、曾任諾貝爾文學獎評審委員的馬悅然（1924-2019）教授於生前翻譯了這本譯詩集，並在臺北出版。全書難能可貴的主要特點有：一是這種借助文學傳播增強國際詩歌視野的形式，對於研究托馬斯詩歌或賞讀者，將有一定的啟示意義。二是馬悅然教授也在序言裡對托馬斯詩歌的翻譯進行了微觀與宏觀的探討與分析，力圖通過此部譯詩集，體現他對托馬斯詩歌較為扎實的視角研究，實具有重要的譯介意義。三是托馬斯詩集本身的內容豐富，有一種超越純粹的完美主義和提升；也讓讀者視野開闊。

二、詩作賞析

當托馬斯•特蘭斯特羅默因中風而失去說話的能力時，他的愛妻莫妮卡不棄不離地照顧他，也激發他的創作鬥志，這首〈四月和沉默〉，正表達詩人對自己命運的慨歎：

荒涼的春日
像絲絨暗色的水溝
爬在我身旁。沒有反射。

唯一閃光的
是黃花。

我的影子帶我
像一個黑盒裡的小提琴。

我唯一要說的
在搆不著的地方閃光
像當鋪中的
銀子。

從主體上講，此詩是抒情的，強調藝術直覺和幻想。詩人以心靈的想像，把病中複雜微妙的感情與精神之間結合起來，也存在某種契合的關係，來表達他的思想感情，達到虛擬似的精神上的昇華；而詩的基調、色彩、光影的變化，都隨著他起伏的心緒而變化，也形成富有韻味的藝術效果。再如〈一八四四年的草圖〉：

威廉透納的臉是飽經風霜的
他的畫架放在遙遠的大海浪中。
我們跟從那銀光綠色的纜索沉入水中。

他涉水到緩緩傾斜的死亡的國度。
一列火車行進。來近一點。
雨，雨在我們頭上行走。

此詩境界開闊，有無限的深意。威廉•透納（1775-1851）是位英國畫家，也是詩人的好友，詩裡的畫面蘊含著詩人對人生與死亡的叩問和思考，也創造了一個多彩的意象世界，讓人遐思。恍惚中，我看到兩個孤獨卻心靈相依的好友，沙灘上的天空褪為早冬的淺藍，岸旁的纜索泛著微弱的陽光，有列火車急駛而過，又消失無蹤。唯一伴隨著他們倆的，是微雨開始下了……詩人幫忙倉促地收拾畫架的背影是孤寂的，只有蕈狀的北風輕輕呼喚他們的名字。

雖然俳句是源於日本的一種古典短詩，但托馬斯在五〇年代就已經寫過類似日本的連歌或俳諧的詩歌形式，但是他強調的不是由十七字音組成，而是音節。例如，他的這首〈俳句〉詩裡有許多美麗的斷句，這是其中的一節：

思想站住了
像宮殿廳宇裡的
彩色的石板。

陽台上的我
站在日光的籠裡——
像雨後的虹。

這些帶有邏輯地自問的意象，恰好地體現托馬斯的風格簡單，卻聯想力驚人的表現，因為，經過了歲月的洗禮和疾病的折磨，他的詩沒有不屈服於命運的搏鬥精神，卻有一種處之泰然的恬靜情懷，更具有感人的力量。誠如馬悅然教授在此書裡的序言提及譯者董繼平翻譯托馬斯《特蘭斯特羅默詩選》其中的一首詩〈暴雨〉，就是一例：

散步者在這裡突然遇見巨大的
橡樹，像一頭石化的麋鹿，它的冠
寬大。在九月的海洋那陰沉的

綠色堡壘前面。

北方的暴雨。花楸果串膨脹的
季節。
醒在黑暗中，傾聽吧：
星座在廊棚裡跺腳走動，在
高高的樹端上面。

托馬斯的詩絕少涉及抽象的哲理思考，大多是其日常生活中接觸的人物，在瞬間捕捉到詩音的感覺，或與大自然相處的反想。他的詩，常能讓人覺得新穎，畫境優美，反映出詩人內心的寧靜與超越，而畫面整體的和諧，宛若一首綺麗的小詩，是一種優美意象的伸展，包含著詩人既深又廣的意蘊，更有色彩、味道和音樂性，融入其中。

三、結 語

從文學史的觀點來看，有評論家認為托馬斯•特蘭斯特羅默和法國象徵主義後期詩人、法蘭西學術院院士保爾•瓦萊裏（Paul Valery，1871—1945）的純粹的詩歌相近。而瓦萊裏著名的一首〈海濱墓園〉曾被日本導演宮崎駿在其動畫電影作品《起風了》的法文片名中引用了一段詩句：「縱有疾風起，人生不言棄」，這也正是我在上面所談到的托馬斯的一生寫照。

如果他們兩位偉大的詩人之間還有什麼聯結的話，那麼我覺得他們都是為了讓詩歌意象表現藝術化，亦即那種綜合著想像、藝術直覺、感情，甚或結合和諧的旋律，以達到新奇、純粹的詩美，從而獲得靈魂的自由。我深信，他們都在我心中活著。而托馬斯這些動人的詩篇，也將留存給後人欣賞與瞭解。

註.全文詩句摘自《巨大的謎語》，托馬斯•特蘭斯特羅默著，馬悅然譯，臺北市，行人文化實驗室出版，2011 年 11 月。

—2022.01.21 作

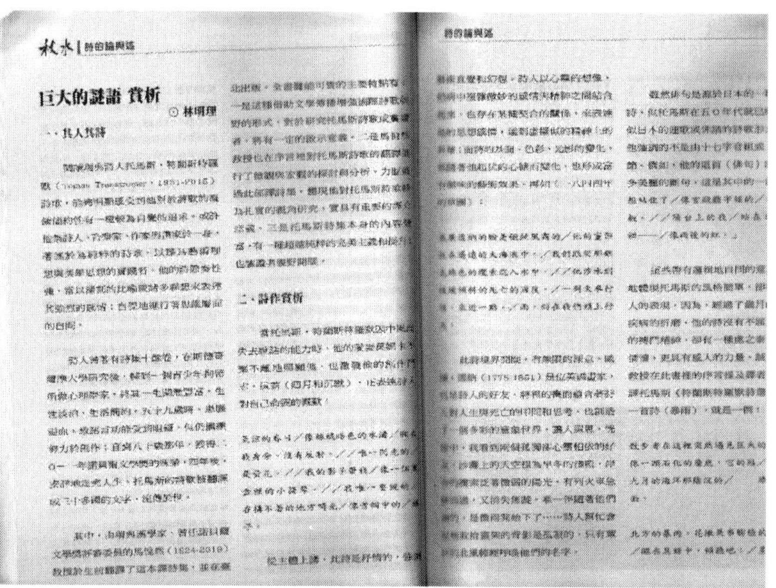

秋水 | 詩的論與話

巨大的謎語 賞析

◎林明理

一、其人其詩

二、詩作賞析

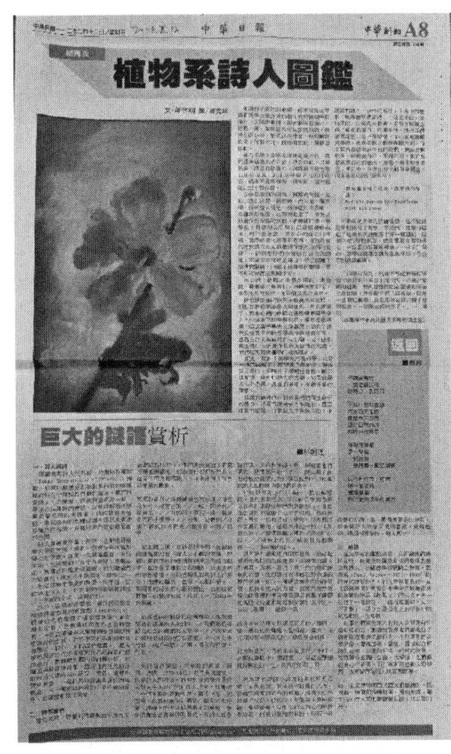
中華日報

A8

植物系詩人圖鑑

巨大的謊言賞析

秋水詩刊

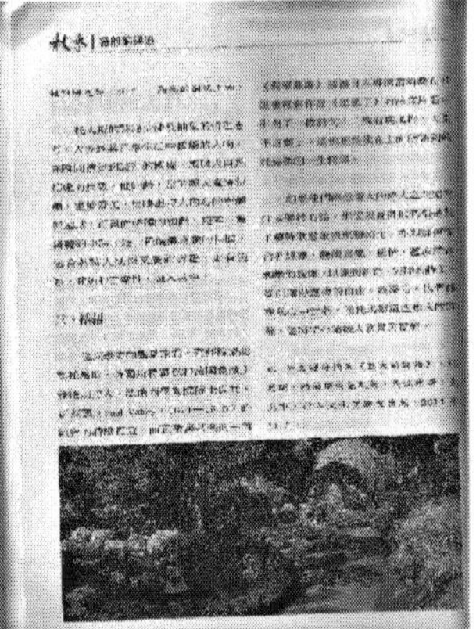

－刊臺灣《秋水詩刊》第 195 期，

2023.04，頁 72-74。

－刊臺灣《中華日報》副刊，2023.02.12。

（劉主編自選編輯）

95. 淺析蔡榮勇的詩

一、其人其詩

生於彰化縣北斗鎮的蔡榮勇（1955-），自幼勤奮、苦學有成，任教小學三十年，退休迄今仍筆耕不懈，致力於新詩的創作，著有詩集《生命的美學》、《洗衣婦》等。細細品味其血液裡流淌出來的真摯的詩句，可獲得這樣一個認識，即他詩作裡最突出的特色，是以樸實的筆觸，寫出生命的體驗與感悟，情感濃郁，耐人尋味。

他生於農村，成長於貧窮環境，即便出外教學，也時時心繫鄉土及親人。所以他的親情詩寫得特別富有感情，真切感人。誠如作者在詩中所言:「詩人朗誦詩歌／不需要任何樂器／聲音是樂器／詩人的精神／演奏著」這是他的詩學觀，也是他歌唱童年、親情、友情及愛鄉土以外的延伸表現形式。無論從其吟詠所及的場景來看，還是從其過往歲月中的回憶或是心靈中瞬間的感受來看，都能揭示出其純真篤實的個性與詩歌抒情的本質。

二、詩作賞讀

與蔡榮勇相識於詩歌聚會有十年了。他為人誠懇，詩句絕不矯揉造作、華而不實，反而帶有一種日常所用的鮮活的口語，以表達他的創作已深深地植根於鄉土之中，也只有深刻體會過農家困頓的境遇，把心靈根植於土地與生活的詩人，才能寫出深具特色的詩篇。

不妨來看看這首〈母親，不識字〉，便能即刻感覺到一個有力的形象佇立在詩句裡，這即是其母親偉大之所在：

不識字的母親
每個人的表情
是她感動的詩

每日的工作
是她必讀的散文

和人聊天
是她愛讀的小說

愛子女的心
是她讀不倦的哲學

她不知道

她是一本子女
想讀的百科全書

在詩人和其母親之間，不只止於一種表面化的感懷，還能句句清新，深入真實生活之中。換言之，首先是詩人對於自己不識字的母親卻有著無私的愛、謙卑與努力的影像，而感到由衷地感佩，從而讓人讀來明顯能感覺到詩裡的質感與力度。再看看出現在這首〈天空〉詩裡想念其母親的心音，讓人從一種看似平淡的語言中獲得了一種不可思議的詩性力量：

無論你站在何處
抬頭就可以看見天空

白天有黑雲、白雲
夕陽有美麗的彩霞
晚上有月亮、星星

夜深時站在窗外
母親在天空的另一邊

雖然詩人的母親大半生面臨著現實生活的磨礪，但磨難成就更多的愛，讓詩人仰之彌高，永難忘懷。與其他台語詩人比較，他以現代漢語為語言基礎，加以口語化譜出的新詩，使得詩歌感人方式的獲得，乃至詩語的表現方式，均發生了顯著的變化。簡單地說，他用真摯的語言來凝結詩意，是台語現代詩表現中一種值得特別注意的成就。全詩〈寫給阿爸的詩〉有許多可圈可點，極近口語的文字：

萬仔！萬仔！

阿爸往生後

阿母雙手拿著兩個五十箍銅板
一再的哭呻　阿爸的小名
「萬仔！萬仔！
我按呢做
　你會歡喜？」

失去六十年的老伴
阿母的　寂寞
比北極的冰雪　更冷

冰雪白白的　呼喚

子女黏袂著
阿母墜落的　心肝

蔡榮勇也是一位情感豐沛、極為孝順的詩人。從他筆下寫其幫人洗衣度日的母親，到辛苦騎車沿著街頭巷尾叫賣土雞的父親，把早期農村生活不易卻努力以赴的景象與緊緊地擁抱家人的愛的語言質感，這裡羅列詩人的家庭事跡，無非是要說明，這些生命中的深刻印象也使得蔡榮勇獲得了堅實的現實經驗，進而成就了獨樹一格的詩歌語言。

除了親情詩，他的三行詩也寫得很有韻味。比如：「坐在公車上／眼睛刷過的街道／影像追逐影子」，別有意味的是，這首詩裡車窗外的外在世界與詩人心中的思念最終同構一體，而其內心的圖景，讓思念成為了與現實畫面發生的強烈交集，從而有著一種莫名的感動與內在強度的激情。

再如這首短詩：「光穿過細縫／向我打招呼／我不寂寞了」，對照前詩，恰恰揭露了詩人心靈的孤獨，但孤獨，也是一種詩歌創作的力量，有助於詩人對於人類心靈的洞察。接著，下面這首三行詩，又在詩藝上跨前了一步：「阿嬤／好像一棵老榕樹／我站在那裏等待」，全詩感情真切，表達了思念阿嬤的心聲。又如這首三行詩，也有獨特韻味兒：

用雲的複眼看大地
用落日的單眼看大海
夜晚學會用星星看人間

詩人把大自然的雲、落日和星星擬人化，可謂奇想妙喻，也創造出更加符合自己寫詩個性的語言。而抒情詩也是詩人情緒的直寫表現，在蔡榮勇絕大部分發表的詩作上，始終是充滿現代生活氣息，也有一些是省思現實生存境遇下的諷刺詩，顯然，他希望讀者不要光瞧見美麗的光明的一面，也要看見「社會另一面值得深思的面層」。

三、結 語

蔡榮勇喜歡以距離洞悉生命的本質，其思想情感能有效地表現忠於自己，從而才能忠實地寫出許多感人的意象或比喻。我很喜歡他在（大風吹）詩裡的末段：

站在木樁上，有一隻海鷗
飛起來的姿勢
猶豫了一下，那是
我心中想了很久的
飛行

在論及蔡榮勇詩歌藝術性的文章中，人們往往可以看到有關詩人的親情詩的表現的論述，但我覺得研究其詩，更重要的是，詩歌一直是同蔡榮勇生活本身與情感寄託之所在，只有發自其內心的真誠才是詩歌感人的力量，而這一個標準也在他身上貫穿始終。他就像那隻高飛的海鳥，願意承擔詩歌所賦予的重擔，繼續迎向風雨，展翅飛翔……展現出對家人、社會的高度責任心和勇毅的詩人本色。

—2022.05.25 寫於臺東

淺析蔡榮勇的詩

一、其人其詩

二、詩作賞識

三、結語

－刊臺灣《笠詩刊》，第 353 期，2023.02，頁 150-153。

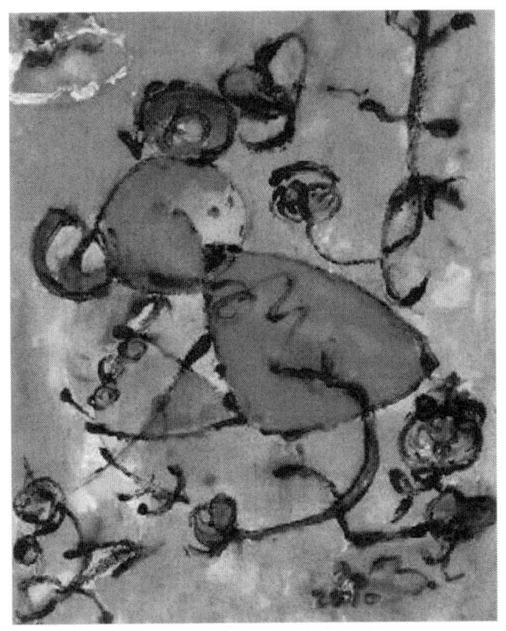

林明理畫作（此畫存藏於台灣臺北的「國圖」當代名人手稿典藏系統）

96. 瓦西里基·德拉古尼的詩歌藝術

奧德修斯·埃里蒂斯（希臘語：Οδυσσέας Ελύτης，1911 年－1996 年）是獲得諾貝爾文學獎的希臘詩人，曾在他的語錄中寫道：「藝術使我們接近超越自我的一切，這就是『詩』的真正涵義」的有名見解。而出生於雅典的瓦西里基•德拉古尼（Vasiliki Dragouni），在她的詩歌創作中，備受矚目的原因所自，很容易發現的一點，就是她有文學的學養與優雅的氣質。例如她在〈愛的方式〉一詩中自然流露說，「愛是通過多種方式創造的」，此一詩曾被我反覆吟詠，她對於詩歌的直覺，多屬於自己情緒上單純的直覺，從其生活的遐思或回憶中，透過多種藝術手法的運用，從而深契其內在的精神實質。

在希臘漫長的詩學歷程中，儘管優秀的詩人不乏其人，但真正勇於表現自我真摯的情感，且高於自然的女詩人還是在二十世紀左右。就 Vasiliki Dragouni 的詩歌藝術而言，有別於其他詩人用形象反映生活，表達感情的方式，有別於感受的一幅幅幾近逼真的生活圖畫，有別於為詩歌藝術特有的感染力或心理的素材。顯然，Vasiliki Dragouni 的詩歌藝術的根底，是立在感情上的。她以情為動力，去吹動自己腦海中想像力之帆。詩，是她自我超越的情感表現，也是一種經過美感的心靈催化作用，以使情感和形象獲得完美的結合。

試引其中的一詩〈海景〉：

寂靜的海浪湧上岸
像液體光層
破碎，在堅硬的岩石上泛起泡沫。
新鮮海藻、鵝卵石和空殼
急切地被沖上沙灘
讓人想起海風的味道。
海鷗伴永恆天邊
並隨著令人鼓舞的翅膀拍打而旋轉
在逝去的歲月的風中。
那天堂最後的光
傾斜和消逝於令人眼花繚亂的猜想

在時間的黑暗中。
並進入單調的沉默
波浪抵達了畫面的框架

詩人利用視覺、聽覺和觸覺去描繪了暮色海景的優美境界。她也把自己對過往歲月的悵惘之情，融匯在永恆的天邊和海上波浪起伏的意象中，構成一幅動人又恬靜的藝術境界。再如她也對詩歌藝術創造過程進行了詩意化的想像，比如〈烏托邦伊甸園，UTOPIAN EDEN〉一詩：

這是一個奇怪的夏天。
讓我們面對天空的另一邊
只要空氣是金色的，只要日子長
時間在透明中毫不費力地流淌
像沙漏
像蛇一樣蜿蜒盤旋在肥沃的土地上
當它滑過
童年的心跳之間。
來吧，我的影子
早晨是個有趣的笑話。
讓我們跟隨鏽跡斑斑的太陽，直到一天結束。
讓我們尋找一片荒野
在一些烏托邦伊甸園的挖掘中
在這藍色的背後，
遠離事物的陳腐表面。
伸手去拿我的濕鞋尖。

全詩的音韻結構完整，更著力追求對未來與光明的不懈追求。此詩除了表達夏天到來時的一種舒展的心境，詩人用熾烈的目光，也接近了童年的序曲，向內心開掘，以點燃其心靈之光。它的歌裡有她獨自知道的悲傷與快樂，所以，她的詩歌裡的痛苦與歡樂是渾成一片的，也往往形成一種獨特的詩美。

因為詩是她鼓舞自我生命的醍醐，也是她生命所在，所以令讀者的心靈深深為之震撼。因為，她不僅勾描出海邊的場景，更加倍地從回憶中加強了自己孤寂的情緒。總之，Vasiliki Dragouni 的詩歌熔鑄了自我成長過程的所有情感意識與寫作境遇，她賦予詩歌語言以更大的強度，也以正義的界線去闡述黑暗與光明，愛與悲涼之感。因而，她的詩，已深深印在讀者的心田裡。

6 浯江副刊　2023.3.11 日　金門日報

多元教育思維

瓦西里基・德拉古尼的詩歌藝術

一句話

－刊臺灣《金門日報》副刊，2023.03.11，及林明理畫作 1 幅。

97

義大利女詩人 RENZA AGNELLI 照片

〔平靜的河流〕林明理畫作（此畫存藏於臺灣的「國圖」「當代名人手稿典藏系統」，臺北市）

義大利詩選封面定版

林明理攝影：〔等待黎明〕

97. 眞摯的詩情與崇高美的融合
— 讀倫扎・阿涅利的詩

生長於義大利北部的一個小鎮特倫托的倫扎•阿涅利（Renza Agnelli），自幼感受著阿爾卑斯山遼闊的雪地之美與文學的薰陶，她最喜歡的自然是大自然、閱讀與創作。長大後，她遠嫁到意大利南部，成為一名奉獻教學三十餘年的教師，也獲得了來自國際的諸多文學獎項，成為詩苑備受尊榮的奇葩。

在她歌詠下的家鄉，詩歌語言獲具一種獨特的質感，且帶有濃郁的思辨色彩，詞匯也充滿力度。閱讀阿涅利的詩，也可以說是一部情感史，她擅長從生活細節中展開抒情，並賦予崇高性的語言以臻於更大的詩性能量。如〈在教堂「廷達里的聖母」〉：

羅卡有個小教堂
我真心喜歡。
最初是簡單構造，但後來
越來越漂亮，越來越有人氣，
它現在可以容納
市中心所有的人。
在神聖的穹頂之下
你可以親密呼吸，
淡定，有家庭氛圍
給精神注入和平
這會把你帶入靈魂。
在人性之上，
忠於主的話，
廷達里聖母守望著
帶著無限的憐憫和愛意。

這首詩使用的是一種帶有虔誠的宗教信仰的口語，來摹寫自我的心靈感悟。正因詩人有一顆白雪般澄淨的心，從她身上所體現出來的那種純真的喜悅，也就具有了神性寫作的尊榮和光采。她對世人的關愛，對故鄉的思念與頌揚，這正是她的詩給人以心靈的愉悅所在。

德國詩人里爾克（1875-1926）曾說：「一顆愛戀著的心促使我們歌詠世界。」事實上，在阿涅利的寫作之中，每一首詩的思想，都彷若是自己的生命情愫在躍動。從美學角度講，這種抒情的韻律，恰好表達了詩人源源不絕的詩思。再如〈等待黎明〉，詩人的想像力是豐富的，意在抒發她的日常生活的所見所思，不但把詩裡的畫面描繪得飛動起來，而且具有濃重的感情色彩：

在這奇怪的照片匯總中
我想獻上我短暫的一瞥
看看定居在我日子裡的人們。
我一大早醒來
暖暖的南方太陽
窗含全景
在我眼裡始終如一。
目光被我的鄰居俘獲
總是忙於家務，開朗、
勤勞、健談、大方。
瑪律齊亞很忙
洗衣，清潔，擦洗
美麗的欽齊亞與其呼應，
忙著照顧孩子，事情沒完沒了。
街上，商店的百葉窗捲起

準備接待客户，
男孩上學，男人上班，
像那勤勞的蜘蛛
忙著織網再織網。
我環顧四周，終於找到自己。
我花了很長時間，才找到自己的路；
夜裡，我數到一千顆星星，
直到黎明終於破曉，
我意識到
我不想在別的地方，
因為黎明在我心中……

從中可看出，阿涅利從文學、史學和神學等知識中汲取了不少有價值的思想，融入她的詩篇，也為她創造詩美提供了別具一格的風格美。其真摯的詩情，深深地印在我的心田裡。義大利詩人夸西莫多（1901-1968）曾說：「人的千情百感，對自由的嚮往，擺脫孤獨的渴求，這就是詩歌的嶄新內容。」而我覺得阿涅利的詩，不論是描景記事，已構成了一個恬靜又美好的藝術境界，這是她對生活中的回顧與展望，也是由她心靈綻放出來潔淨的花朵，從而完成了詩美的創造。

Keng-Shen Daily News (KSDN)

7 更生副刊　更生日報　2023.4.22

投稿 e-mail: keng-shen3@umail.hinet.net

奉獻使生命更美好　◎何佩梅

真摯的詩情與崇高美的融合
——讀倫扎·阿涅利的詩
◎林明理

心境轉換樂看人生　◎楊森永

偶遇一節節草　◎李影琴

分手　◎耿邇理

平靜的河流　林明理畫

等待黎明

－刊臺灣《更生日報》副刊，2023.4.22，林明理詩評（真摯的詩情與崇高美的融合--讀 RENZA AGNELLI 的詩），及林明理畫作（平靜的河流）1 幅，義大利女詩人 RENZA AGNELLI 照片 1 張，林明理在義大利出版的合著詩集（庫爾特・F・斯瓦泰克，林明理，喬凡尼・坎皮西　詩選）書封面，林明理攝影「等待黎明」1 張。

後 記 *postscript*

感謝文史哲出版家彭正雄先生編輯的辛苦，感謝義大利出版家暨詩人喬凡尼•坎皮西 Giovanni Campisi 今年以來邀請我在義大利宇宙出版社出版合著詩集，並且以我的畫作製作書封面數本。感謝報刊的主編及讀者，因為有您們的支持，我才能勇於邁向寫作之路。

林明理 寫於臺灣臺東市 2023 年 4 月 30 日

〔義大利出版的合著詩選封面，希臘女畫家繪畫〕，宇宙出版社，2023.01。

〔義大利出版的合著詩集封面，採用林明理畫作：「聖母大殿」〕，宇宙出版社 2023.01.

〔義大利出版的詩集封面，採用林明理 畫作：「山居歲月」days of the mountains〕，宇宙出版社，2023.02。

〔義大利出版的詩集封面，採用林明理畫作：「遠方的大海」The distant sea〕，宇宙出版社，2023.03。

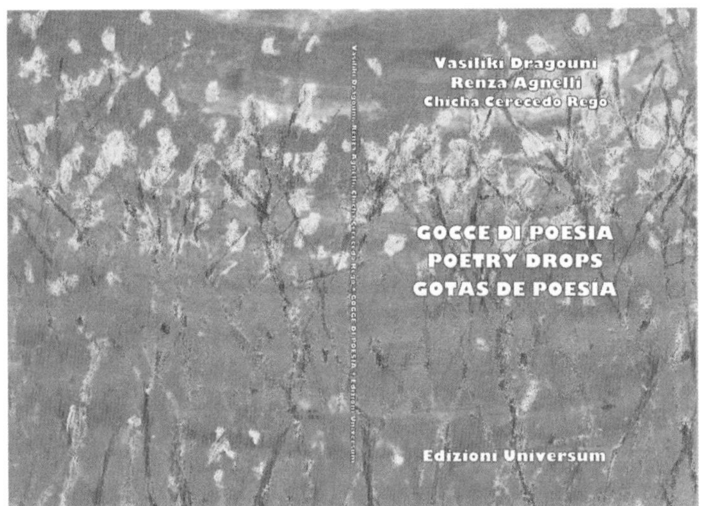

義大利宇宙出版社，詩集詩集《Poetry drops》《詩滴》封面，採用林明理畫作:「春天的海洋」Painting by Lin Mingli： 〔Ocean in Spring〕，2023.04。